부산의 비석

부산의 비석

동길산 쓰다

돌에 새겨진 부산이야기

비석은 무얼까. 10년 전만 해도 나는 '비석 문외한'이었다. 비석을 제대로 봐야겠단 생각이 든 건 우연이었다. 조선시대 있었다던 동래 동헌 구경 갔다가 거기서 동래부사 공덕비를 처음 봤다. 외양이 장했다. 비석 앞뒤를 들여다보는데 젊은 아빠와 아이가 비석 앞에 섰다. "아빠, 저 글자가 뭐야?" 아빠가 당황했다. "됐다. 가자!" 아빠와 아이는 동헌을 그냥 빠져나갔다.

민망했다. 민망했고 미안했다. 아이에게 미안했고 젊은 아빠에게 미안했다. 그리고 비석에 글자를 새기고 세운 그 옛날 부산 사람에게 미안했다. 한지에 한 글자 두 글자 쓰기도 떨리는 일이거늘 저 딴딴한 돌덩이에 글자를 새겼을 때는 분명 이유가 있었다. 그동안의 내 무심과 내 방관이 아이에게 미안했고 젊은 아빠에게 미안했고 그 옛날 부산 사람에게 미안했다.

비석은 문화다. 비석을 세운 당대의 문화를 미주알고주알 새겼다. 누구누구가, 언제 언제, 무슨 무슨 일이 있었는지를 일일이 밝혔다. 돌덩이에 새겨서 천년만년 후대에 남기고자 했던 당대의 문화며 당대의 마음이 비석이었다. 그 문화, 그 마음에서 멀어진 건 순전히 지금 우리 탓이고 지금 내 탓이었다. 무심하거나 방관했으며 다가가더라도 너무 어렵게 다가갔다.

재밌는 비석! 동네 꼬맹이를 모아놓고 '옛날, 옛날에'로 시작하는 비석 이야기를 들려주면 좋겠단 생각이 들었다. 아빠가 들려주는 쫄깃한 비석 이바구에 아이가 귀 쫑긋 세워서 듣는 장면을 상상했다. 비석에 글자를 새기고 세운 그 옛날 사람 굳은살 손바닥, 그리고 비석 세웠다고 마을 잔치 벌이며 그 모두가 흐뭇한 미소를 짓는 장면도.

부산은 변방이고 갯가. 한양 중심의 조선 500년 내내 변방이고 갯가였다. 그러나 돌덩이에 새겨서 천년만년 후대에 남기고자 했던 문화며 마음은 내륙 그 어디와도 다르지 않았고 그 어디에 견줘도 무르지 않았다. 그 문화, 그 마음을 새긴 300기 넘는 부산의 비석들. 그중 절반 이상을 이 책《부산의 비석》에 담았다.

책에 담은 비석은 하나하나 부산 대표 비석이다. 하나하나 뼈에 새겨서 잊지 않으려는 각골난망 비석이고 하나하나 돌에 새겨서 잊지 않으려는 각석난망(刻石難忘) 비석이다. 비장하고 장엄한 각오로 새기고 세웠기에 부산의 비석은 언제 만져도 딴딴하다. 그 비석들을 여기 펼친다.

이 책은 도움에서 시작해 도움으로 마무리했다. 비석 원문과 번역은 부산시와 경성대 한국학연구소가 공동으로 2002년 펴낸《부산 금석문》도움이 컸다. 부산시가 운용하는 인터넷 백과사전 부산향토문화전자대전, 부산박물관과 대학 박물관, 안락서원을 비롯한 공공기관, 지자체와 지자체 문화원, 부경근대사료연구소, 기장학연구소, 동래역사문화연구소, 다대문화연구회 등의 민간 연구소, 그리고 부산 향토 사학의 어른들께도 감사를 드린다.

현장 사진 역시 도움을 받았다. 비석 답사에 일일이 동행한 박정화 사진가를 비롯해 박수정 사진가, 손영수 전 학산여중·고 교사, 이영미 문화해설사 등등. 그리고 멀리서 가까이서 자료사진을 기꺼이 보태주신 분들, 낯선 데를 동행해 주신 분들. 그분들 덕분에 그나마 나은 책이 나올 수 있었다. 이 책 발간을 지원한 부산정보산업진흥원,《부산의 고개》에 이어《부산의 비석》을 '콕' 집어서 지원받도록 나서준 도서출판 비온후도 고맙다.

이 모든 당신. 이 모든 당신과 내가 이 책을 가운데 두고 하나가 된 기분이다. 당신과 내가 하나가 된, 둘이 하나가 된 이이일(二而一). 고맙고 고맙다.

당신과 내가 하나, 이이일
二而一

2024년 한여름

동길산

부당과
비정상에 맞선
부산 사람
'피의 기록'

동래 금강공원 육총비

육총비(六塚碑)는 동래 여섯 무덤 앞에 세웠던 추모비다. 비석에 새긴 정식 명칭은 임진전망유해지총(壬辰戰亡遺骸之塚)이다. 임진동래의총비(壬辰東萊義塚碑)라고도 한다. 비석엔 한자가 빽빽하다. 헤아리다가 놓치고 헤아리다가 놓치기를 반복하다가 간신히 알아낸 글자 수는 무려 250자. 비석은 자그마한 편인데 250자를 새겼으니 더 빽빽해 보인다.

250자의 첫 다섯 자는 '오호차육총'이다. '오호, 이 여섯 무덤은'으로 시작한다. 오호(嗚呼)는 마음이 찢어지도록 애달프다는 말. 찢어지도록 애달픈 마음을 억누르고 한 글자 한 글자 새겨서 세운 추모비가 육총비다. 1592년 임진왜란 동래읍성 전투에서 순절한 이들 유해를 1731년 수습해 여섯 무덤에 나누어 모시고 육총비를 세웠다.

비문은 동래부사 정언섭이 썼다. 정언섭은 1730년 8월부터 1733년 1월까지 동래부사로 있었다. 임진동래의총비의 의총(義塚)은 의로운 무덤. 250에 이르는 빽빽한 한자는 의총이 어째서 의로운 무덤인지 밝힌다.《부산금석문》번역을 소개한다.《부산금석문》은 '부산뿌리찾기' 두 번째 총서. 역대 부산의 비석을 망라해 2002년 부산시와 경성대 한국학연구소가 공동으로 펴냈다.

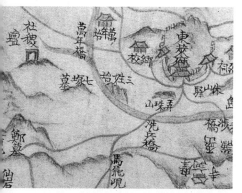

1894년 편찬한《영남읍지》삽입 지도에 보이는 칠총묘 온천천 천변 내중중학교 자리가 거기다. ⓒ규장각

임진년에서 140년이 지난 1731년 임진왜란으로 허물어진 동래읍성을 쌓다가 남문 좌우에서 유해가 나왔다. 형체가 온전한 유해는 12구지만 조각조각 떨어져 부서진 것은 이루 헤아리지 못했다. 거두어서 함에 담아[斂匣(염갑)] 동래부 남쪽 삼성대 서쪽 산기슭에 묻었다. 동래부사 정언섭이 썼고 1731년(신해년) 7월 세웠다.

정언섭 이름 석 자는 다른 비석에도 보인다. 양정동 정묘비(1732
년)와 동래읍성 내주축성비(1735년)다. 정묘비는 동래 정씨 2세
조의 묘비. 비문을 쓴 이가 후손이자 당대 동래부사인 정언섭이었
다. 내주(萊州)는 동래의 다른 말. 동래읍성을 새로 쌓은 것을 기
념하는 내주축성비는 1735년 세웠지만 공사는 1731년 했다. 공사
를 진두지휘한 이가 그때 동래부사 정언섭이었기에 이름 석 자를
새겼다.

임진동래의총비와 동래읍성 공사는 시기가 겹친다. 둘 다 1731년
이다. 요약하자면, 동래읍성 축성 공사를 하다가 유해가 나와서 묘
를 조성하고 임진동래의총비를 세웠다. 그러기에 내주축성비도
이러한 정황을 언급한다.

동래 금강공원 육총비. 1731년 동래읍성을
쌓으면서 수습한 유해를 여섯 무덤으로 나
눠 묻고서 세웠다. 정식 명칭은 '임진전망유
해지총'이다.

땅을 파나 유해가 쌓여 있었고 옆에 화살촉이 있었다. 임진왜란 때
전사한 병사들이었다. 종이와 베로 염을 하여 관에 넣어 제사를 지
내고 묻어주었다. 그 후에 발견된 해골은 모두 이렇게 했다.

其開基也有積骸傍帶箭鏃 盖壬亂戰亡士也
斂以布褚納之櫃致祭以□之後有骸骨發者咸如之
기개기야유적해 방대전족 개임란전망사야·
염이포저납입궤 치제이□지 후유해골발함여지
鏃 화살촉 족, 盖 모두 개, 斂 거둘 렴, 褚 닥나무 저, 櫃 궤짝 궤·느티나무 거

장지(葬地)는 동래부 남쪽 삼성대 서쪽 산기슭. 삼성대는 내성중학교 부근 나지막
한 언덕이었다. 옛날 지도에는 온천천 천변으로 나온다. 삼성대 육총은 이후 칠총
이 된다. 1788년 샘을 파다가 수습한 유해를 새로 모셨다. 그런데 부산시 기념물

육총비 비문. 당시 동래부사 정언섭이 썼다. '오호차육총(嗚呼此六塚)'으로 시작한다. 여섯 무덤을 조성한 경위와 의미, 그리고 당부를 담았다.

제13호 금강공원 임진동래의총은 무덤이 하나뿐이다. 왜 그럴까. 일제강점기 부산을 개발한다며 의총을 동래 변두리로 이장했고 이장하면서 하나로 합장했다. 무덤 하나로 합장한 의총은 동래구 복천동 영보단 부근에 있다가 1974년 지금 자리로 이장했다.

유해와 함께 유물도 나왔다. 정언섭 부사 비문은 당시 정황을 구체적으로 전한다. 비문 전체와 해석은 단행본《부산금석문》에도 실렸고 부산시 홈페이지에도 나온다. 홈페이지에 들어가 부산소개, 부산의 역사, 향토사도서관, 부산금석문을 차례차례 검색하면 된다. 한 대목이다.

성명을 몰라 충렬사에 모시지 못하지만
무덤을 밟지도 말며 상하지도 말거라

其姓名無以考據 勿踐勿夷
기성명무이고거 물천물이

맨 끝 한자 이(夷)는 오랑캐. 상(傷)하다는 뜻도 있다. 산 백성도 당연히 돌볼 백성이고 죽은 백성도 당연히 돌볼 백성이란 목민관 애틋하고 절절한 심정이 '물천물이' 네 글자다. '밟지도 말며 상하지도 말거라' 당부한 뒤에 연이어 당부한다. '해마다 농주산(弄珠山) 4월의 제사 때는 이 무덤에 따로 제사를 지내 달라'고.

동래읍성 전투가 벌어진 날은 음력 4월 15일. 그날이 순절자 기일이다. 기일이 되면 농주산에서 제사를 지냈다. 농주산엔 1608년 이안눌 부사 때 세운 전망제단(戰亡祭壇)이 있었다. 송상현을 비롯한 1592년 동래읍성 전투 순절자를 추모하는 제단이었다. 그때부터 지내던 제사에 1731년 발굴한 순절자 제사를 별도로 지내 달라는 게 정언섭 부사의 신신당부였다.

금강공원 임진의총 입구. 외삼문 안으로 들어서면 오른쪽에 동래부사 송덕비가 20기쯤 있고 내삼문 안으로 들어가면 임진왜란 때 돌아가신 분들을 모신 의총과 육총비가 있다.

순절자 제사는 국가 행사였다. 4월에는 농주산에서, 추석에는 동래향교에서 지냈다. 제사 비용은 나라에선 내린 제전(祭田)으로 충당했다. 농주산 전망제단 제사는 1742년 송공단(宋公壇)을 세우면서 거기서 지냈다. 농주산 전망제단은 일제강점기인 1925년 헐렸다.

농주산은 읍성 남문 바깥 야산. 동래경찰서 자리다. 동래고지도에 지명이 나온다. 1740년 편찬한 부산의 백서인《동래부지(東萊府誌)》는 동래부 주산이며 용의 형상이라고 치켜세운다. 농주산은 일제강점기 도로를 내면서 깎였다. 도로를 낸다는 명분으로 부산의 주산이 깎였고 용의 형상이 깎였다.

임진동래의총은 봉분이 단출하다. 다른 입석 없이 상석이 전부다. 상석이 전부지만 갖출 것 다 갖춘 무덤보다 우러러보인다. 죽음을 무릅쓰고 부당함에 맞선 이들이고 비정상에 맞선 이들이다. 합장하고 고개를 숙인다. 나도 제법 뻣뻣한 축에 들지만 고개가 저절로 숙어진다. 나이가 들어서 그런 건지도 모르겠다.

육총비에서 기념 촬영한 동래 인문학 참가자들. 동래구 평생학습관에서 2023년 5월 주최한 '동래 천년, 문학 천년' 행사의 하나다. 당대의 문장가 정언섭이 쓴 육총비 비문은 문학 중의 문학이다.

임진의총에 참배하는 동래구 관광자문위원들. 원래는 여섯 무덤이었으나 1788년 샘을 파다가 수습한 유해를 더해 칠총이 되었다. 그러다 일제강점기를 거치면서 무덤 하나에 합장되는 수난을 겪었다.

부당함은 뭔가. 비정상은 뭔가. 사례는 많고 많겠지만 그 전형은 침략일 것이다. 부당함에 맞서 비정상에 맞서 목숨을 내어놓은 금강공원 임진의총 동래 사람들. 우리보다 몇백 년 앞서 부산에 살았던 부산 사람들. 목에 칼을 들이대도 '아닌 것은 아니다'라고 말하는 부산 정신의 알갱이가 임진동래의총이다. '오호 차육총'으로 시작하는 육총비다.

한 무덤인가, 여섯 무덤인가?

"육총이 여섯 무덤이 아니고 다른 뜻일 가능성은 없겠소?"

2023년 정월 초순 이구섭 선생의 전화를 받았다. 학교 졸업 후 첫 직장의 같은 부서 상사였다. 몇 년 전 타계한 이주호 애국지사의 장남이며 부산일보 주필과 부산문화재단 대표이사를 지낸 이문섭 선생의 친형이다. 오랜만의 전화라서 더욱 반가웠다.

이 선생은 육총에 대해 의문을 제기했다. 사학계에선 한 번도 제기되지 않은 의문이었다. 솔깃했다. 선생의 의문은 이것이었다. 여섯 육(六)에는 '죽이다'라는 의미도 있으니 임진동래의총비가 언급한 육총이 '여섯 무덤'이 아닐 가능성이었다.

그럴 수도 있겠다 싶었다. 옛날 지도를 다시 살폈다. 육총을 표기한 지도는 없었지만 다행히 칠총이 나오는 지도는 있었다. 1894년 편찬한 《영남읍지》에 실린 지도였다. 자세히 살피니 칠총의 무덤은 일곱이 아니라 둘이었다. 하나는 크고 하나는 작은 무덤을 그리고선 칠총묘(七塚墓)라 표기했다.

이 선생의 지적이 타당해 보였다. 칠총이 두 무덤이라면 기존 육총은 '여섯 무덤'이 아니란 이야기였다. 무덤은 일곱이 맞는데 일일이 그리기가 뭐하니 둘로 그리지 않았을까. 그럴 가능성은 별로다. 옛날 지도는 숫자를 허술하게 다루지 않았다. 지명에 3이 들어가면 셋을 그렸고 7이 들어가면 일곱을 그렸다.

그 증명이 삼성대며 칠점산이다. 옛날 지도는 칠총묘 인근 삼성대는 봉우리를 셋 그렸고 낙동강 대저 칠점산은 봉우리를 일곱 그렸다. 칠총의 무덤이 둘이라서 둘만 그렸을 공산이 크다. 동래읍성을 쌓다가 무더기로 나온 유해를 수습해 육총에 모신 임진동래의총비 비문도 '육총은 한 무덤'이란 가능성을 높인다.

숫자 육(六)은 뜻이 다양하다. 이 선생의 지적대로 '죽이다'라는 뜻도 있다. 옥편에 그렇게 나온다. 여섯 육(六)은 살육(殺戮)이니 도륙(屠戮)으로 쓰이는 육(戮) 대신으로 쓴다. 발음이 비슷하다. 주역에선 9를 양으로 보고 6을 음으로 본다. 왜군에게 도륙되고 참륙된 조상의 유해를 묻고 비문을 쓰면서 정언섭 부사인들 왜 고뇌하지 않았을까. 섬뜩한 륙(戮)을 차마 입에 담을 수 없어서 숫자 육을 대신 썼을 개연성은 충분하다.

그렇지만 동래읍성 내주축성비 비문은 그게 아니라고 한다. 육총이 실제로 여섯 무덤일 가능성에 무게를 두도록 한다. 앞에 인용한 '종이와 베로 염하여 관에 넣어 제사를 지내고 묻어주었다. 그 후에 발견된 해골은 모두 이렇게 해주었다.'라는 구절은 무덤이 차차로 늘어났음을 의미한다. 대체 무얼까. 한 무덤일까, 여섯 무덤일까. 아, 어렵다.

동래읍성 북문 초입에 있는 내주축성비. '내주(萊州)'는 동래의 다른 말로 1731년 동래읍성 쌓은 것을 기념해 1735년 세웠다. 부산에서 가장 크다. 천하장사 이만기는 '저리 가라'다.

1695년 3월
온천천
돌다리 옆에
세우다

온천천 이섭교비

이섭교(利涉橋)는 온천천 돌다리였다. 동래에서 수영 방면으로 가려면 이섭교를 건너야 했다. 광제교(廣濟橋)로 불리던 세병교(洗兵橋)는 부산진으로 가는 다리였다. 대동여지도 동래부 항목을 보면 부산 전체 돌다리는 네 곳. 이섭교, 광제교, 동천교(東川橋), 그리고 기찰(譏察) 다리였다. 모두 동래를 중심에 두고 놓였다. 동천교는 동래에서 해운대를 거쳐 기장으로, 기찰다리는 온천장을 거쳐 범어사나 금정산성으로 가는 석교였다.

이섭교 섭은 건널 섭(涉). 이섭교는 건너는 데 이로움을 주는 다리란 뜻이다. 이섭교비는 온천천에 돌다리 놓은 자초지종을 기록한 사적비(事蹟碑)다. 비석 몸통인 비신(碑身)을 받치는 대석(臺石)은 무뚝뚝한 네모꼴이고 상단은 밋밋한 반달꼴이다. 방부원수(方趺圓首) 비석 전형이다. 높이는 237cm. 동래구 복천동 내주축성비 다음으로 높다.

이섭교는 홍예교(虹霓橋)였다. 홍예교 홍(虹)은 무지개 홍. 무지개다리였다. 1695년 온천천에 들어섰다. 그로부터 딱 220년 후인 1915년. 일제는 홍예 이섭교를 철거하고 시멘트 다리를 놓았다. 그러면서 비석은 다리만큼이나 모진 풍상을 겪었다. 일제강점기 온천천에 반쯤 처박혔다가 1931년 일본인 개인정원 동래 금강원

1872년 제작한 군현지도에 보이는 온천천 이섭교(利涉橋)와 배산 토현(兎峴), 그리고 수영강 강변 정과정(鄭瓜亭) 정자. 동래와 수영을 잇는 가교가 이섭교와 토끼고개 토현이었다. ⓒ규장각

온천천 천변에 있는 이섭교비와 안내판. 동래와 수영을 잇던 조선시대 돌다리가 이섭교였고 이섭교 건립을 기념해 1695년 3월 세운 비가 이섭교비다.

으로 옮겼다. 조경용이었다. 2012년 10월 옛터 표석이 있던 지금 자리로 돌아왔다. 비석 상단에 새긴 제목은 굵고 짧다. 단 석 자. '이섭교'다. 비석 앞면은 돌다리 놓은 내력을 새겼고 뒷면은 수고한 이들과 세운 연도를 새겼다. 비석 제목은 제액(題額), 비석 앞면은 비양(碑陽), 뒷면은 비음(碑陰), 비음에 새긴 글은 음기(陰記)다. 비양, 비음을 비표(碑表), 비배(碑背)라고도 한다.

深屬淺揭 人皆病涉 則此橋之 所以作也
심려천게 인개병섭 즉차교지 소이작야

이섭교비 비양 첫대목이다. 각자(刻字)는 선명한 편. 경성대 한문학과 정경주 교수
번역이다.

> 물이 깊으면 옷자락을 띠 댄 데까지 걸어 올리고 물이 얕으면 옷을 아랫도리까지
> 걸어 올려 모두가 어렵게 강을 건넜는데 이것이 이 다리를 만들게 된 까닭이다.

한 구절 더 보자.

> 나무판으로 만든 탓에 다리가 쉬 썩었다.
> 然以板爲橋易致朽腐   연이판위 교이치후부

그런 탓에 돌다리를 놓는다는 구절이 이어진다. 다리는 언제 놓았을까. 음기에 나
온다. 숭정후을해 계춘(崇禎後乙亥季春). 숭정(崇禎)은 부산의 비석에 가장 자주
등장하는 용어 가운데 하나다. 명나라 연호로 1628년에서 1644년까지다. 명나라
가 망하고 청나라(1616~1912) 들어선 마당에 명
나라 연호를 사용한 데서 조선의 우직한 의리를
읽을 수 있다.

숭정후을해는 1644년 이후 을해년을 말한다. 이
섭교를 놓은 동래부사는 이희룡. 재임 기간은
1694년 9월부터 1696년 9월까지였다. 동래부사
부임 다음 해인 1695년이 을해년이었다. 계춘은
음력 3월. 그러므로 1695년 3월 이섭교를 놓았다.
일각에선 1635년 또는 1634년으로 표기한다. 오
류다.

이섭교비 상단. 위는 둥글고 아래는 네모난 방부원수 비석의 전형
이다. 비석 제목인 제액은 '이섭교' 3자. 단아한 해서체다.

運石之役 民自來移 翌年春訖其功
운석지역 민자래이 익년춘흘기공

돌다리 공사는 갑신년 겨울[甲申冬(갑신동)] 시작했다. 동래부 수삼인이 뜻을 모아서 돈 댈 사람을 찾았고 재력을 모았다. 그게 고마워 돌 나르는 일은 백성이 자발적으로 나섰다. 그렇게 뜻을 모으고 돈을 모으고 손을 모아서 이룬 대역사가 온천천 돌다리 이섭교였다.

김진한(金振漢, 1637~1704). 돈 댄 이였다. 경주 김씨로 서동과 금사동 일대 큰부자였다. 경신 대기근(1670~1671)과 을병 대기근(1695~1699)으로 조선팔도 100만 명에 이르는 아사자가 속출하자 사재를 흔쾌히 내놨다. 덕분에 고을 백성 한 명도 굶어 죽는 이가 없었다. 그런 그를 기리는 만고불망비가 금정구 윤산 등산로 길목에 있다. 원래는 서동 부산은행 뒤편에 있었다. 흥선대원군 때 비석이 깨지자 매안(埋安)하고 다시 세웠다. 매안은 신주나 물건, 비석 등을 땅에 묻는 것. 동생 김진해(金振海)는 이섭교 비문을 썼다.

1910년대 이섭교. 1915년 철거되기 직전의 모습이라 볼수록 애틋하다. 무지개를 닮은 홍예교였다. ⓒ이상길 (동래역사문화연구소)

비석 있는 곳은 온천천 천변. 낙민치안센터 맞은편이다. 도시철도 1호선 교대역에서 내려 세병교 오른편 아래로 내려가도 되고 수영강에서 운동 삼아 걸어가도 된다. 화신아

현재의 이섭교. 무지개다리로 지었으면 어땠을까. 아쉬움이 든다. 일직선 다리 너머에 비석이 보인다.

금정구 윤산 김진한 만고불망비. 서동과 금사동 일대 큰부자였던 김진한을 기리는 비석이다. 1600년대 대기근 때 사재를 내놓았다. 이섭교비 건립 비용을 댔다. ⓒ손영수

2023년 가을 책읽는사회문화재단이 주관한 '작가와 함께하는 부산 탐방' 장면. 이섭교비에 이어서 수영강 강변 정과정유적지를 답사 중이다. 지은이가 알려진 유일한 고려가요 '정과정곡' 시비와 정자가 있다.

파트와 중앙하이츠 사이 다리 입구에 있다. 비석에서 온천천 건너편 아파트 뒤로 수영구 망미동 배산이 살짝 보인다.

배산 토현은 조선시대 부산의 길목이었다. 토끼고개 또는 톳고개로 불리는 토현은 동래와 수영의 가교였다. 옛사람은 이섭교를 건너서 토현을 넘어서 좌수영성으로 가거나 정과정으로 갔다. 좌수영성은 조선시대 수군부대가 주둔하던 곳이다. 수영사적공원이 조성돼 있다. 정과정은 고려 동래 정씨 정서(鄭敍)가 지내던 정자다.

정과정(鄭瓜亭). 고려가요 '정과정곡'의 산실 정과정은 고려와 조선 500년 내내 충절의 상징이었다. 도읍지나 내륙 양반이 부산 오면 정과정에 들러서 눈도장을 찍었다. 그들의 충절을 내보이려는 '인증샷'이었다. 수영강 강변엔 정과정유적지가 조성돼 있다. 400년 팽나무며 정서가 오르내렸다던 바위 경암(鏡巖)이 볼 만하다.

다리 알면
길이 보이고
원래의
부산 보여

부산박물관 석교비

부산시립박물관은 남구 대연동에 있다. 국보를 비롯해 소중한 유물의 보고다. 늘 전시하는 상설전과 수시로 전시하는 기획전, 그리고 각종 단행본과 유인물 등등은 부산의 역사와 문화가 얼마나 금쪽같고 은쪽 같은지 알려준다.

부산박물관 야외전시장 비석거리도 볼 만하다. 정문으로 들어가면 건물 바깥 왼편이 거기다. 비석거리 양쪽에 늘어선 비석은 '양보다 질'이다. 숫자는 얼마 안 되지만 하나하나 새겨둬야 할 비석들이다. 하나하나 부산 박물의 진수다.

호천석교비와 서문외석교비. 비석거리 양쪽 늘어선 비석 중에서 오른쪽 첫 두 비석의 명칭이다. 원래는 맨 첫 자리에 사처석교비가 있었다. 지금은 본관 2층 전시실로 옮겼다. 세 비석 모두 명칭에 '석교비(石橋碑)'가 들어갔다. 돌다리 놓고 그걸 기념해 세웠다. 이들 석교비를 부산박물관에 모셨다는 건 귀하다는 방증이다. 석교비 사연을 알면 누구라도 공감한다. 석교비 중에서도 나는 호천석교비를 특히 귀애한다.

이 비석은 현재 범일동 범내(虎川)에 있는 나무다리가 썩어 돌다리로 바꾸면서 1711년(숙종 37)에 세운 기념 비석이다. (…) 부산시 동구 범일4동 옛 범곡파출소 뒤편 길가에 있던 것을 2000년 현재의 위치로 옮겼다.

부산박물관 전경과 비석거리. 부산박물관은 국보를 비롯해 소중한 유물의 보고다. 부산의 역사와 문화가 얼마나 금쪽같고 은쪽 같은지 알려준다.

부산박물관 비석거리의 호천석교비와 서문외석교비. 범일동 호천과 부산진성 서문 바깥에 돌다리 놓은 걸 기념해서 세웠다.

호천석교비 안내판 설명이다. 원래 자리인 범일골목시장 안쪽에는 모형 비석을 세웠다. 부산박물관 안내판에는 비석의 높이와 너비, 두께도 나온다. 높이는 150cm. 사람으로 치면 그다지 크지 않아도 비석으로 치면 결코 낮지 않다. 비석 제목 제액은 옆으로 쓴 횡액. '호천석교비(虎川石橋碑)' 다섯 자다. 제목 아래는 잔글씨로 한 자가 가득하다. 무슨 내용일까.

비석이 닳아 비문은 판독하기 어렵고, 가로로 새겨진 '호천석교비'라는 비명만 확인할 수 있다.

아쉽게도 내용 파악은 현재로선 불가다. 디지털 백과사전 한국향토문화전자대전은 그 이유를 '비석이 닳아' 그렇단다. 2002년 펴낸《부산금석문》은 비문 설명 없이 제목과 사진만 실었고 1984년 펴낸《부산시 금석문》은 아예 언급이 없다.

아쉬움은 크다. 지금은 닳아 판독하기 어려운 잔글씨 비문을 한 글자 한 글자 쓰고

호천석교비 상단. 1711년 세운 비석으로 상단에 새긴 호천(虎川) 두 글자가 호랑이 눈매 같다. 동천의 이전 이름이 범천이었고 범천의 이전 이름이 호천이었다.

호천석교비 모형. 비석이 원래 있던 자리 근처인 범일골목시장 안쪽에 있다.

한 글자 한 글자 새겼을 각석난망의 그 마음! 뭔가 큰 것을 놓친 기분이고 뭔가 크게 죄지은 기분이다. 이 비석이 지닌 가치를 안다면 첨단기술을 빌려서라도 해석했으리라.

나는 왜 이 비석을 특히 귀애하는가. 제목에 호천(虎川)이 들어가서다. 호천과 범천(凡川)은 같은 뜻이고 실제로 같이 썼다. 1740년 《동래부지》는 범천으로 언급한다. 부산에 돌다리가 다섯 있는데 그중 하나가 범천교였다. '동래부에서 20리 떨어진 부산에 있다'고 했다. 이때의 부산은 모너머고개 저쪽, 지금의 송상현 광장 저쪽 부산진 방면으로 보면 된다.

동래부에서 20리 떨어진 부산

20리 떨어진 거기는 정확히 어딜까. 사진이 없던 시절 사진 역할을 했던 옛날 지도에 정확히 나온다. 1800년대 후반 제작한 '부산고지도'와 1899년 편찬한 《동래부읍지(東萊府邑志)》에 실린 지도에 범천이란 하천이 등장한다. 《동래부읍지》 지도엔 범천에 무지개다리를 그려 넣었다. 범천교는 밋밋한 돌다리가 아니라 곡선미 두드러진 홍예교였다.

그랬다. 범천은 홍예교 멋진 하천이었다. 수정산에서 발원해 부산진성 옆으로 해서 문현동 바다로 빠졌다. 곧, 지금의 동천이다. 옛날 지도는 부산의 산과 들을 적시며 굽이굽이 흐르던 부산 도심의 젖줄이 동천 아니라 범천이었음을 웅변한다.

범천은 왜 동천(東川)이 됐는가. 일제의 농간, 그 이상도 그 이하도 아니다. 일제가

조선팔도 득세하면서 호랑이 기상이 서린 범천을 한
낱 동쪽 하천, 동천으로 전락시켰다. 지명 하나하나
간교를 부렸던 일제의 심술이 그대로 묻은 지명이 동
천이다.

하필이면 동쪽이고 동천인가. 혹자는 부산진성 동쪽
이라서 그랬다지만 천만의 말씀이다. 부산진성은 왜
에 대든 군사시설. 일본이 깡그리 없앤 조선의 군사
시설을 작명의 기준으로 삼을 리가 없었다. 왜관에서
비롯한 일본인 중심지가 중구 일대였고 중구의 동쪽
에 있다고 동천이었다. 아직은 내 지론에 불과하지만
누군들 그걸 부정하랴.

호천석교비 옆에는 서문외석교비(西門外石橋碑)가
있다. 호천석교비와 마찬가지로 나무다리를 돌다리
로 바꾼 걸 기념해서 세웠다. 1785년(정조 9) 부산진
성 서문 바깥에 세웠다. 오래돼서 글자가 흐릿하긴
해도 각석난망의 그 마음은 충분히 해독할 수 있다.

서문외석교비. 1785년 부산진성 서문 바깥에 돌다리를 놓고 그
걸 기념해 세운 비석이다. 동구 성남초등학교 뒤편에 있던 것을
1983년 부산박물관으로 옮겼다.

(…) 이제 석교로 바꾸니, 만년토록 교체하는 일 없을 것이오(…)

今改石橋 萬示異不逓
금개석교 만시이불체

인용한 '금개석교' 네 글자는 서문외석교비 오른쪽에 새긴 글자다. 왜 비석을 고쳤
는지 밝힌다. 비석 중간쯤 수고한 이들을 새겼다. '대시주(大施主) 박봉대, 사(寫)

왕상신'이 눈길을 끈다. 박봉대, 기록은 전하지 않지만 돌다리 건립에 큰돈을 낸 고마운 부산 옛사람이다. 기록을 찾아보면 어딘가 나오지 싶다.

베낄 사(寫)는 집 면(宀)과 신발 석(舄)의 조합. 신발을 가지런히 정돈한 신발장을 이른다. 경전을 가지런히 베끼는 사경(寫經)을 떠올리면 되겠다. 부산에서 사(寫)를 새긴 비석은 귀하다. 부산의 비석을 망라한 단행본《부산금석문》에 실린 308기 중에서 서문석교비가 유일하다. 무슨 뜻일까. 한지에 쓴 초안이 난필이거나 졸필이어서 또박또박 다시 정서하거나 정서해서 새긴 경우다. 참고로, 사자관(寫字官)이란 벼슬이 있었다. 외교문서나 임금 관련 문건을 또박또박 정서한 공무원을 그렇게 불렀다.

비석은 1785년 10월 세웠다. 정조 임금 때다. 비문에는 '건륭(乾隆) 50년 10월' 세웠다고 새겼다. 건륭은 중국 연호. 뜻이 좋아 송나라도 썼고 청나라도 썼다. 서문외석교비에 새긴 건륭은 청나라 고종 건륭제(乾隆帝) 때 연호다. 1736년에서 1795년까지다. '건륭 50년'은 1736년에서 50년이니 1785년이 된다. 정조 때는 건륭 이전에 옹정(雍正)이란 연호도 썼다. 청나라 세종 연호. 1723년부터 1735년까지 사용했다. 서문외석교비는 동구 성남초등학교 뒤편에 있던 것을 1983년 부산박물관으로 옮겼다.

동래부 남문 밖에 나무다리 네 곳이 있는데 매번 1, 2년마다 한 번씩 고쳤다.

府之南門外 有木橋四處 每一二歲一改
부지남문외 유목교사처 매일이세일개

사처석교비는 워낙에 유명한 비석이다. 비석을 좀 아는 분은 부산 석교비 가운데 으뜸으로 친다. 비석에 새긴 명문이 분명하고 내용 역시 분명하다. 동래읍성 남문

밖, 지금의 동래경찰서 자리 바깥에 있던 네 군데
나무다리를 돌다리로 바꾸는 내력을 일목요연 새
겼다. 비석을 세운 때는 1781년 3월. 250년 저쪽
의 이야기지만 오늘 여기 우리의 살아가는 이야
기를 그대로 보는 듯하다. 글씨는 동래 화가 변박
이 썼다.

가까이서 본 사처석교비. 첫 구절 '府之南門外有木橋四處每一二
歲一改'이 선명하다. 250년 저쪽의 이야기지만 오늘 현재 우리의
살아가는 이야기를 그대로 보는 듯하다.

> 나무다리는 매 1, 2년마다 고쳐야 해 비용이 많
> 이 드니 돌다리로 바꾸자고 가선대부 강위성이
> 제안했다. 박도유, 박사인 등 사오 명이 연고자
> 를 찾아 자금을 모았으며 돌은 산에서 캤다. 동
> 래부사 이문원은 자신의 녹봉을 기부했다.

호천석교비, 서문외석교비와 사처석교비. 그리
고 온천천 이섭교비와 기장 청강교비. 모두 부산
의 강과 하천에 돌다리 놓은 걸 기념해서 세운 비
석들이다. 나무다리 대신 돌다리 놓은 기쁨은 고
생고생 끝에 자기 집을 구한 기쁨 그것이었으리
라. 부산 옛사람의 고진감래가 이들 비석이다. 무
엇보다 이들 석교비는 조선시대 부산 어디에 다
리를 놓았고 부산 어디로 도로가 났다는 '결정적
증거'다. 다리를 알면 길이 보이고 원래의 부산이
보인다.

부산박물관 2층 사처석교비. 동래읍성 남문 바깥 네 군데 나무다
리를 돌다리로 바꾸고 그걸 기념해 1781년 3월 세웠다. 글씨는 동
래 화가 변박이 썼다

좀더 알아봅시다 / **범천 변천사**

동천의 원래 이름은 호천 또는 범천

범천은 하천이면서 마을이었다. 마을은 워낙에 커서 범천 1리와 범천 2리로 나누었다. 그러다가 일제가 조선에서 득세하면서 지명이 바뀌었다. 자기들 편의대로 행정 구역을 변경해 범천 1·2리를 합쳐 범1동, 평범(平凡)한 지명으로 은근슬쩍 바꾸어 놓았다. 조선의 호랑이 기상 지명을 그런 식으로 능멸했다.

지명 '범천'은 1900년 전후가 확연하게 다르다. 1800년대 후반 제작한 '부산고지도'와 1899년 편찬한 《동래부읍지》에 실린 지도는 '범천'으로 표기하지만 그 이후 일제강점기 제작 지도는 한결같이 '동천'이다. 조선총독부가 1924년 제작한 '부산지형도'의 경우 동천을 두 가지로 표기했다. 하류를 풍만천(豊滿川), 중류를 동천이라 했다.

호천 또는 범천. 동천의 본래 이름이다. 1711년 세운 석교비엔 호천으로 나오고 1740년 《동래부지》 이후엔 범천으로 나오니 역사적으로는 호천이 앞선다. 부산 도심을 대표하는 하천 동천의 지명 변경을 논의할 때가 됐다 싶다. 현재 부산진구 지명인 범천이란 이름이 부담스럽다면 호천도 좋겠다.

1800년대 후반 제작한 '부산고지도' 부분 확대. 이 지도에 보이는 '범천(凡川)'이 지금 동천 자리다. ©동아대 박물관

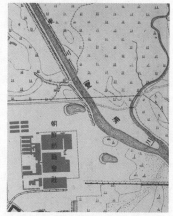

1924년 조선총독부가 제작한 '부산지형도' 부분 확대. 조선시대 범천을 동천(東川)과 풍만천(豊滿川)으로 표기했다. ©부경근대사료연구소

'본문만 958자'
부산서
비문
가장 길어

부산박물관 동래남문비

남문구(南門口). 한 세기 이전 부산 전차가 서던 정거장 명칭이다. 동래읍성 남문 입구 내지는 동래읍성 남문으로 가는 길목이란 뜻이다. 거제동에서 온천천 넘어가기 직전 어디쯤이다. 동래읍성 서문 입구는 서문구라 했다. 부산 전차는 1909년 12월 2일 증기기관차로 영업을 시작했다. 부산진과 동래 쪽을 오갔다.

부산에서 본격적인 전차 시대는 1915년 11월 1일 열렸다. 도로 한가운데 선로를 따라서 전차가 다녔다. 전차끼리 충돌하는 사고도 있었다. 50년 넘게 잘 다니다가 1968년 5월 19일 멈췄다. 도시 개발에 밀렸고 시대에 밀렸다. 그런데도 전차가 다니던 때는 물론 2020년대 지금까지 남문구는 부산을 대표하는 지명 가운데 하나다.

전차는 나도 타 봤다. 엄마 손 잡고 딱 한 번이었다. 중구 영주동 파출소 도로변 전차역에서 타 부산진시장에서 내렸다. 엄마가 시장에 볼일이 있었다. 말 나온 김에 내 어릴 때 전차 노선을 소개한다. 전차 이야기는 나이든 이들 감성을 자극한다. 내 나이 이상의 사람에겐 그런 게 있다. 부산에서 전차 노선은 두 갈래였다. 공설운동장-동래 온천장 노선과 공설운동장-영도 노선이었다.

온천장 구간: 공설운동장-대신동-부용동-재판소-시립병원-토성동-충무동-남포동-중앙동-부산역전-영주동-초량 입구-초량-고관 입구-부산진역-좌천동-시장(현 부산진시장)-범일동-광무교-차고 앞-서면-부전-신좌수영(현 양정)-거제리-남문구-사대(현 부산교육대학교)-동래-서문구-온천장.

영도 구간: 공설운동장(현 구덕운동장)-대신동-부용동-재판소(현 동아대학교박물관)-시립병원(현 부산대학교병원)-토성동-충무동-남포동-시청(현 롯데백화점 광복점)-영도 입구(현 영도대교)-영도-영도 종점(현 남항동).

동래읍성 남문(현 동래경찰서 부근)으로 들어가는 입구에 있다고 하여 붙여진 이름이다.

디지털 한국향토문화전자대전의 남문구 설명이다. 설명에서 보듯 남문구는 동래읍성 남문에서 유래했다. 남문은 규모가 대단했다. 얼마나 대단했는지는 '부산고지도'에 나온다. 부산의 옛날 지도란 뜻이 아니고 이름 자체가 '부산고지도'다. 몰운대에서 금정산까지 부산 전체를 10폭 병풍에 담았다. '동래부산도병(東萊釜山圖屛)'으로도 불린다.

이 지도는 1900년대 막 들어섰을 무렵 그렸다. 일제가 조선의 땅을 무도하게 뒤틀기 직전이다. 그러므로 부산의 원형 그대로를 드러낸다. 부산시립박물관에서 소장한다. '부산고지도'는 지도라기보다 산수화에 가깝다. 산과 물길, 사람의 길을 그림처럼 묘사한 것도 그렇고 10폭 병풍으로 제작한 것도 그렇다. 산수화에 가까운 지도를 회화식 지도라고 한다.

동래읍성 남문은 제6폭에 보인다. 서문이 보이고 임진왜란 때 숱한 인명을 살린 인생문이 보인다. 두 겹의 석벽과 이중의 대문으로 지은 남문은 서문이나 제5폭 동문과는 비교가 되지 않을 만큼 강고하다. 남문은 부산진과 수영, 온천장, 구포로 이어지는 사통팔달이지만 동문은 해운대로 이어진다. 동문에도 인가는 꽤 보이지만 그런 면에서 남문과는 '잽'이 안 된다.

남문은 부산을 대표하는 성문이었다. 부산에 좌수영성이며 부산진성, 다대진성, 또 무슨 성들이 있었고 성마다 남문이 있었겠지만 지명도와 이용도에선 동래읍성

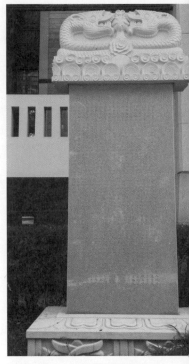

동래남문비 모형. 1592년 4월 임진왜란 왜적에 분연히 맞서서 순절한 송상현 동래부사와 동래 사람들을 추모하려고 1670년 세웠다. 원형은 글씨를 새긴 석면이 모두 떨어져 나가고 머릿돌만 온전히 남았다. 일제강점기 누군가의 농간이란 혐의가 짙다.

부산박물관 비석거리. 오른쪽 끝에 보이는 비석이 동래남문비 모형과 이수다. 머릿돌 이수는 원형이다.

동래남문비 비양. '본문만 958자'로 비문이 부산서 비문 가장 길다. 동래부사 송상현이 왜적에게 '죽기는 쉬우나 길을 내어주기는 어렵다[사이가도난(死易假道難)]'고 답하자 왜적이 세 겹으로 포위하였다는 문구가 보인다

동래남문비 머릿돌. 용을 머릿돌 양쪽에 새긴 이수(螭首) 비석이다. 남문비 원형이 얼마나 정교하고 힘이 넘쳤는지 짐작할 수 있다.

남문에 미치지 못했다. 동래읍성 남문이라면 엔간하면 알아들었고 부산에서 가장 북적이는 데도 거기였다. 남문으로 이어지는 길은 그러므로 부산의 길이었다. 조선시대 부산의 길은 남문에서 시작하고 남문에서 끝났다.

남문 바깥 농주산에는 듬직한 비석이 있었다. 동래남문비였다. 비석에 새긴 정식 제목은 동래남문비기(東萊南門碑記). 모르고 보면 이해 안 되는 구석이 있다. 임진왜란으로 허물어진 동래읍성을 반듯하게 다시 쌓은 해는 1731년. 남문비는 이보다 훨씬 이전인 1670년 세웠다. 남문비를 세울 그때는 성벽이니 성문이며 죄다 허물어져 볼품이 없었을 텐데 듬직한 비석은 왜 세웠을까.

답은 비문에 나온다. 동래읍성을 새로 쌓고 1735년 세운 기념비 내주축성비 비문도 대단히 긴데 동래남문비 비문는 훨씬 길다. 부산에서 비문이 가장 긴 비석이 이 동래남문비다. 제목 빼고 건립 연도 빼고 건립 관계자 빼고 정확하게 본문만 무려 958자다. 두 차례나 헤아렸으므로 한두 자 차이 날지 몰라도 1,000자에 육박하는 한자 비석은 부산은 물론이고 조선 어디에도 유례가 드물다.

동래남문비 비문이 길어진 이유는 '격정'이었다. 속 깊은 데서 치받는 격정이 부산 최고로 긴 비문으로 이어졌다. 남문비는 남문을 세우고서 이를 기념하는 비가 아니라 임진왜란 왜적에 분연히 맞서서 순절한 송상현 동래부사를 비롯한 동래 사람들을 추모하는 비였다. 순절자는 천백 명 중에서 한둘만 살아남았을 만큼 많았다.

비문이 길어졌고 비문 곳곳에 격정이 담겼다.

> 부사 송상현 공은 부임한 지 오래지 않았지만 남문
> 문루에 올라가서 군사와 주민을 거느리고 적을 막았
> 다. 적은 취병장에 진을 치고 먼저 나무판자에다 글
> 을 써서 성문 밖에 세우게 하였는데, '싸울 테면 싸우
> 고, 싸우지 않으려면 우리에게 길을 비어 달라[전즉
> 전 불전즉가아도(戰則戰 不戰則假我道)]' 하였다. 공
> 역시 나무판자에다 글을 써서 적에게 던져 이르기
> 를, '죽기는 쉬우나 길을 비어주기는 어렵다[사이가
> 도난(死易假道難)]' 하였다. 적은 이에 세 겹으로 포위
> 하였다.

동래남문비는 현재 대연동 부산시립박물관 비석거
리에 모셨다. 원래는 남문 바깥 농주산에 모셨다.
1670년 거기 세웠다가 1688년 부사 이덕성이 중창했
다. 1709년 부산 권이진이 충렬사에 별사(別祀)를 세
우면서 별사 앞뜰로 옮겼다. 1736년 영조 때 별사를
없애면서 동래읍성 남문 안으로 옮겼다. 1976년 도로
를 확장하면서 부산박물관 야외전시장 비석거리로
옮겼다.
비문은 1688년 송시열이 짓고 송길준이 썼다. 천하의
송시열이었고 천하의 송길준이었다. 제목은 이정영
이 썼다. 이정영 역시 천하의 이정영이었다. 병자호

1909년 남문구 주변 선로. 거제리에서 동래 사이 정거
장이 남문구였다. 부산교대 부근이다.
©부경근대사료연구소

란으로 세자가 청나라 잡혀가자 같이 갔다. 대통령 비서실장에 해당하는 도승지를 비롯해 숱한 장·차관을 지냈다. 천하의 대가들이 짓고 쓴 동래남문비는 현재 원형이 크게 훼손됐다. 비문이 면도날로 밧긴 듯 벗겨졌다. 비석이 비석인 만큼 일제강점기 해코지당했지 싶다. 1600년대 비석이라서 자연 마모일 가능성은 없지 않지만 누군가의 농간이란 의심을 지우기 어렵다.

그나마 다행이었다. 탁본을 떠 놨다. 비문이 무슨 내용인지 아는 것도 탁본 덕분이다. 대구에 사는 구정길 선생이 보유한 '대구방(大邱坊) 소장 자료 목록'에 그 탁본이 실렸다. 이 탁본에 힘입어 부산박물관은 모형을 만들었다. 박물관 비석거리에 비문 벗겨진 원형 비석과 함께 전시 중이다. 또 다행은, 남문비 머릿돌 원형이 남았다. 용 두 마리가 마주보는 화강암 이수(螭首)다. 동래읍성 남문과 동래남문비 쌍용 전설은 그렇게 이어진다.

동아대 부민캠퍼스에 전시한 1960년대 전차. 대신동 공설운동장에서 동래온천장을 오갔다. 당시 실제로 사용했던 전차 노선표를 보는 반가움이 크다.

조선과
왜의 약속,
돌에 새겨
포고하다

부산박물관 약조제찰비

부산은 한국을 대표하는 국제무역항이다. 옛날부터 그랬다. 부산항 무역은 강화도 조약으로 3포가 개항한 1876년 시작된 걸로 알고들 있지만 천만의 말씀. 조선 세종 때 이미 조선과 대마도 왕래 무역선 수와 무역량을 제한하는 약조를 맺었다. 그때가 1443년이었다.

이후 부산항은 문을 닫았다. 임진왜란 여파였다. 부산항이 다시 열린 것은 왜란 끝나고 10년쯤 지나서였다. 1607년 동구 수정동에 일본인 거류지 왜관이 들어서고 1609년 국교를 맺으면서 다시 열렸다. 부산항에 대마도 무역선이 입항한 건 1611년 9월. 그때부터 잡아도 부산항 역사는 500년이 훌쩍 넘는다. 약조제찰비(約條制札碑)는 500년 훌쩍 넘는 국제무역항 부산의 위상을 보이는 금자탑이다.

호사다마였다. 좋은 일에는 안 좋은 일도 따랐다. 무역 규모가 커지고 빈번해지자 탈법과 불법이 늘어났다. 지켜야 할 것을 지키지 않는 경우가 다반사였다. 지켜야 할 것을 약정하고 이를 어기면 엄히 다스리겠다는 경고가 필요했다. 그 경고가 약조제찰비였다. 제찰은 제도로 금한 문서나 게시. 약조제찰비는 조선과 왜가 제찰 엄수를 약조하고 이를 돌에 새겨 천명한 포고문이다. 계해년(1683) 8월 세웠다.

약조 사항은 모두 다섯 가지. 계해년에 약조했다고 계해제찰이라고도 한다. 원문과 해석은 부산시가 2002년 발간한 《부산금석문》 책과 부산시 홈페이지에 실렸다. 다섯 약조는 다음과 같다.

1700년대 중반에 제작한 '여지도(輿地圖)'에 나오는 왜관(倭館). 왜관 둘레에 담장을 쳐서 안팎 출입을 엄격하게 단속했음을 알 수 있다. ©규장각

왜관 경계선 바깥에 함부로 나오면 죄로 다스릴 것.
왜인에게 돈을 빌리면 빌린 사람이나 빌려준 사람이나 모두 죄로 다스릴 것.

개시(開市)할 때 숨어서 몰래 물건을 사고 파는 모두 죄로 다스릴 것.
5일마다 잡물들을 공급할 때 조선 관리는 일본인을 끌고 다니며 때리지 말 것.
범죄를 저지른 조선인과 왜인은 모두 왜관 문 바깥에서 형을 집행할 것.

의문이 생긴다. 어떤 폐단이 어느 정도였기에 제찰비를 세울 지경이 되었을까. 근본적인 이유는 수요와 공급의 불일치였다. 수급이 맞아떨어지지 않았다. 조선에 의존하는 생필품이 많았던 왜는 원하는 게 늘 넘쳤다. 반면 조선은 제한을 두었다. 그 와중에 밀무역이 싹텄고 부정과 비리가 가지를 쳤다.

사례를 보자. 동래부사 어진익이 1675년 11월 조정에 올린 장계를 보면 왜가 요구한 물품은 녹두가루 300근, 붉은개가죽 100령, 마른대구 1,000속 등이었다. 반면 조선이 허가한 양은 녹두 200근, 붉은개가죽 50령, 마른대구 500속 등이었다. 부족한 양을 채우는 한 방편이 밀거래였다.

이런 사례도 있었다. 1676년 8월 동래부사 이복 장계에 나온다. 왜가 무역하기를 요구한 건 호두 100섬, 잣 30섬, 마른대구 300속, 대추 10섬이었다. 역관 등이 타일러 대구는 100속을 줄였고 호두와 잣, 대추는 절반으로 하였다. 그래도 수량이 과다해 호두는 30섬으로, 잣은 10섬으로 줄여 무역을 허락했다.

조시(朝市)와 개시(開市) 폐단도 컸다. 왜관에선 매일 아침 시장[조시]이 섰고 한 달 여섯 차례 오일장[개시]이 섰다. 아침 시장 조시는 수문 밖에서 열렸다. 일본인에게 생선과 과일, 채소 따위를 팔았다. 조시에선 조선

약조제찰비 상단 부분. '왜인에게 돈 빌리지 말라, 밀매매하지 말라' 등 조선과 왜가 약속한 다섯 가지 금지 사항을 새겼다. 두 가지를 만들어 한문 제찰비는 왜관 출입문 격인 수문(守門) 안에 세웠고 일본어 제찰비는 왜관 경계선에 세웠다. 현재 한문 제찰비만 남았다.

대연동 부산박물관 2층 전시실 약조제찰비. 제찰은 제도로 금한 문서나 게시다. 약조제찰비는 조선과 왜 사이의 약조를 돌에 새겨 천명한 포고문이다. 계해년(1683) 8월 세웠다.

2015년 부산박물관 비석거리. 오른쪽 두 번째에 약조제찰비가 있었다. 마모를 우려해서 옮겼다. 귀한 비석, 귀한 곳으로 옮긴 그 마음이 미쁘다.

인 남녀노소 누구나 장사할 수 있었다.

문제는 왜관이었다. 왜관은 남정네 세계였다. 어리고 예쁜 여자가 파는 물건이 잘 팔렸다. 조선의 남자가 파는 물건은 찬밥 신세였다. 나중엔 아낙 장사치만 드나들었다. 동래부사 권이진은 어채(魚菜)를 파는 게 아니라 여자를 판다고 한탄했다. 개시에선 1678년 통용된 상평통보를 본뜬 위조 동전이 유통됐고 허가받지 않은 잡인이 시장을 드나들었다. 나라의 비밀이 팔리기도 했다.

제찰비를 세운 1683년에는 왜관이 용두산 일대 있었다. 1678년 수정동에서 용두산으로 옮겼다. 수정동 왜관이 좁고 방파제가 부실하다며 왜가 밤낮으로 떼쓰는 바람에 옮겨 주었다. 제찰비는 용두산 왜관에 세웠다. 한문과 일본어 각 한 기였다. 한문 제찰비는 출입문 격인 수문(守文) 안에 세웠고 일본어 제찰비는 왜관 경계선에 세웠다. 현재 한문으로 새긴 비석만 부산박물관에 남았다. 일본으로선 눈엣가시 같았으니 일본어 비석이 온전했을 턱이 없다.

"여기서 한 5년 근무했는데 처음 근무할 때도 여기 있었어요."

내가 부산박물관 약조제찰비를 처음 본 건 2015년. 그때는 본관 바깥 비석거리에 있었다. 그러다 사처석교비처럼 본관 2층 전시실로 옮겼다. 본관 바깥에서 본 기억이 있어서 2층 비석은 모조인가 싶었다. 5년 근무한 해설사는 언제 옮겼는진 몰라도 진품이라고 했다. 마모를 우려해서 옮겼다고도 했다. 귀한 비석, 귀한 곳으로 옮긴 그 마음이 미쁘다.

그러나저러나 왜관 수문은 어딜까. 부산시와
부산대가 2008년 공동 발간한《부산고지도》
책자에 거기가 나온다. 1783년 동래 화가 변박
이 그린 '왜관도'는 수문이 어떻게 생겼고 어디
에 있는지 세세하게 까발린다. 수문은 왜관 동
쪽 동광동 방면에 나 있다. 문을 나서면 왜관
담벼락을 따라 해안길이 기다랗게 이어진다.
길 끝은 초량객사. 영주동 봉래초등학교가 초
량객사 자리였다.

1965년 남성여중 졸업앨범 사진. 오른쪽 상단의 기차 연기 진행 방향에
보이는 공터 건물이 영주동 봉래초등학교다. 연기와 봉래초등 사이 가
늘고 구부러진 길이 왜관 수문으로 이어지는 옛길이다. 옛길은 지금도
통행량이 많다. 사진 왼쪽 넓은 공터는 용두산이다. 용두산 위쪽에 지
금 중구청 자리 복병산이 보인다

감시초소 격인 복병(伏兵)도 보인다. 왜관 주
위 동서남(東西南) 복병은 각각 두 군데, 북
(北) 복병은 한 군데였다. 남일(南一)·남이(南
二) 복병, 동일·동이 복병, 북(北) 복병 그랬다. 북복병은 왜관과 멀찍이 떨어져 현
재 중구청 자리에 있었다. 중구청을 품은 복병산 지명 유래다.

약조제찰비를 세운 근거는 계해제찰이었다. 1683년 조선통신사로 일본에 갔던 윤
지완과 대마도주가 다섯 금제 조항을 맺은 조약이었다. 국제무역과 관련한 조약은
몇 가지 더 있었다. 세종 때 맺은 계해조약(1443)이 있었고 임진왜란 이후 일본 재
교역과 조선통신사 출범을 알리는 기유조약(1609)이 있었다. 계해제찰은 세 번째
조약에 해당했다. 어느 조약이든 칼자루는 조선이 쥐었다. 조선의 위상이 절대적
으로 높았다.

역사는 참 어렵다. 알다가도 모르겠다. 이리 가는가 싶으면 저리 가고 저리 가는가
싶으면 이리 간다. 잘나가다가도 한순간 곤두박질친다. 조선의 위상이 높았던 때
세운 약조제찰비. 늘 깨어 있지 않으면 어깻죽지를 내려칠 것만 같은 역사의 죽비
가 이 제찰비다.

좀더 알아봅시다 / **범왜**

왜의 간사하고 방종한 버릇 막으라

'범죄를 저지른 조선인과 왜인은 모두 왜관 문 바깥에서 형을 집행할 것' 약조제찰비 다섯 번째 조항이다. 언뜻 보면 '문 바깥'에 방점이 있는 것 같다. 왜관 안에선 형을 집행하지 말란 말처럼 들린다. 하지만 방점은 '모두'에 찍힌다. 조선인과 왜인이 공범인데도 왜관 책임자는 범왜(犯倭)를 이리 빼돌리고 저리 빼돌렸다. 그것을 바로잡겠다는 천명이었다.

전객사(典客司)란 정부 조직이 있었다. 조선시대 예조에 속했다. 외국 사신 등의 접대를 맡았다. 《조선왕조실록》처럼 연도별로 날짜별로 기록을 남겼다. 《전객사별등록》이 그것이다. 부산시 시사편찬위에서 부산사료총서로 발간하였다. 거기에 관련 기록이 나온다. 제찰비를 세운 이후 기록이지만 '그래서 그랬구나.' 유추는 가능하다.

釜山史料叢書 16

國譯 **典客司別謄錄(Ⅰ)**
(1699.7 ~ 1736.11)

編譯 鄭景柱
監修 李源鈞

釜山廣域市史編纂委員會
2009. 7

부산시 시사편찬위가 펴낸 《전객사별등록》 표지. 조선시대 예조에 속했던 전객사란 부서에서 외국 사신 등을 접대하면서 연도별로 날짜별로 남긴 기록. 왜관 관련 기록이 나온다.

1709년(숙종35) 5월과 6월, 7월 기록을 보자. 동래부사 권이진이 장계를 올렸고 조정은 어떻게 처리했는지 나온다. 초량 여인이 왜인과 간통했다. 간통인데도 왜인에겐 죄를 묻지 못했다. 죄상을 묻는 예조의 서계 접수를 왜관은 거부했다. 접수는커녕 제 나라 법을 칭탁하여 미꾸라지처럼 빠져나갔다. 유배 보낸다며 범인을 대마도로 빼돌리는 일도 비일비재였다.

권이진은 탄식한다. 예조 서계 접수 거부는 범왜(犯倭)를 같은 법률로 적용하지 않으려는 의도다, 죄인을 대마도로 보내어 치죄한다는 건 믿을 수 없다, 이는 조선 조정이 모욕받는 것이다, 마을 여인 속여서 간통한 죄인을 엄하게 다스리지 않으면 훗날 폐단을 금단할 수 없다는 탄식이다. 조정은 주먹을 불끈 쥔다. 범왜를 조선인과 동률로 적용하라. 왜의 간사하고 방종한 버릇을 막으라.

몇백 년 전 그때나 지금이나 손바닥으로 하늘을 가리려는 섬나라 일본. 인성은 바뀌기 어렵고 국민성은 더욱 바뀌기 어렵다.

공사 100일에
귀신이
만든 것 같은
성을 쌓다

동래읍성 내주축성비

내주축성비(萊州築城碑)는 당당하다. 부산에서 가장 당당한 비석이다. 비석 높이
는 2m 70cm. 부산에서 가장 높다. 넓이도 1m가 넘는다. 멀리서 보면 만주벌판 광
개토대왕비 같다. 복천박물관과 동래읍성 북문 사이에 있다. 내주(萊州)는 동래.
임진왜란으로 허물어진 동래읍성을 다시 쌓은 것을 기념해 세웠다.

제액은 내주축성비기(萊州築城碑記). 횡액(橫額)이고 전제(篆題)다. 제액(題額)
은 비석의 제목, 횡액은 가로로 쓴 제액이다. 세로로 쓴 제액은 종액(縱額)이다. 전
제는 전서로 쓴 제목을 말한다. 받침석은 연꽃무늬 네모난 돌 연문방부(蓮紋方趺),
비두(碑頭)는 여의주를 문 쌍용이다. 비각 주춧돌 여덟이 비석을 에워싼다.

성 따로 비 따로. 내주는 읍성 새로 쌓은 해 다르고 축성비 세운 해 다르다. 성은
1731년 축성했고 비석은 4년 후인 1735년 10월 세웠다. 축성의 감격은 하늘에 닿
았다. 비석에도 이러쿵저러쿵 새겼지만 1740년 발간 《동래부지》도 미주알고주알
적었다.

석축 둘레가 3,090척으로 성안에 우물 6개가 있다. 임진년에 왜란으로 무너졌다. 신
해년에 부사 정언섭이 다시 쌓았다. 둘레가 2,881보 5척이고 여장(女墻)이 1,318타
(垜)이다. 기사비(記事碑)가 남문 밖에 있다.

여장(女墻)은 성벽 위에 낮게 쌓은 담. 여기 몸을 감추고서 총이나 활을 쏘았다. 타
(垜)는 갈라진 여장 한 부분. 여장의 타와 타 사이 틈이 타구(垜口)다. 타(垜)는 거
의 KS 규격이라서 타구가 몇인 걸 알면 성의 길이를 알 수 있다. 인용 구절 끝에 나
오는 기사비가 바로 내주축성비다. 옛날 지도에도 나온다. 1899년 제작 《동래부읍
지》에 실린 지도가 그것이다. 동래읍성 남문과 서문 사이에 비석을 그리고 '축성
비'라 적었다. 남문 바로 앞에는 농주산이 있었다. 지금 동래경찰서 자리다.

조선시대 남문 밖에 있던 야산 터로 임진왜란이 끝난 후 가장 먼저 이 고장에서

순사(殉死)하신 분들을 모신 전망제단(戰亡祭壇)이 있었
던 곳.

동래경찰서 '농주산 터' 표지석 문구다. 농주산엔 전망제
단이 있었고 전망제단이 있었기에 1735년 내주축성비를
여기 세웠다. 전망제단은 1608년 동래부사 이안눌이 송
상현 등 임진왜란 동래읍성 전투 순절자를 추모하려고 세
웠다. 순절일인 4월 15일 매년 제사를 지냈다. 1742년 김
석일 동래부사가 송공단을 세우면서 농주산 전망제단 순
절자 위패를 거기로 이전했다. 축성비도 1765년 이전했
다. 농주산 전망제단은 일제강점기 1925년 헐렸다.

숭정기원후 92년 을묘(1735년) 10월 세움
건륭을유(1765년) 가을 농주산에서 이전해 세움
후에 경진(1820년) 가을에 이전해 세움.

내주축성비에는 건립 날짜가 셋 나온다. 연도가 다 다르
고 필체 역시 다 다르다. 1735년 처음 세울 때는 동래읍성
남문 바깥 농주산에 세웠다가 30년 후 이전했고 55년 후
또 이전했다. 이전할 때마다 그걸 비석에 새겼다.
그랬다. 전망제단이 있는 농주산에 처음 세웠다가 이후
전망제단 순절자 위패를 송공단으로 옮기자 1765년 내주
축성비도 옮겼다. 1820년 비석의 성격을 고려해 동래읍
성 자리로 다시 옮겼다. 일제강점기 또 옮겼다. 도로 확장

동래읍성 북문의 바깥쪽과 안쪽. 바깥 성문은 우주를
상징해 둥글고 안쪽 성문은 지구를 상징해 네모나다.
조선의 성이 가진 특징이다.

동래읍성 북문과 내주축성비. 성의 안쪽 문이라서 네
모다. 사진 오른쪽에 보이는 내주축성비는 부산에서
가장 높은 비석이다. 2m 70cm이다. 멀리서 보면 만
주벌판 광개토대왕비 같다.

내주축성비. 내주축성비에는 필체가 다른 각(刻)이 두 군데 보인다. 을유년(1765) 가을 농주산에서 이전해 세웠다는 문구와 경진년(1820년) 가을에 이전해 세웠다는 문구다. 농주산에 1735년 세운 비석은 1765년 강필리 동래부사 때, 송공단이지 싶은 곳에 이전했다가 1820년 다시 동래읍성 남문 자리로 옮겼다.

내주축성비 머릿돌 부분은 두 마리 용을 새긴 귀부이수 비석의 전형이다. 제액(題額)은 횡액으로 '내주축성비기(萊州築城碑記)'다. 내주(萊州)는 동래. 임진왜란으로 허물어진 동래읍성을 다시 쌓은 것을 기념해 세웠다.

을 명분으로 온천천 이섭교비와 함께 동래
금강원으로 갔다. 강제 이주였다. 2012년 10
월 복원한 동래읍성 북문 안쪽으로 모셨다.
내주축성비 비문은 대단히 세세하다. 이것
도 밝히고 싶고 저것도 밝히고 싶을 만큼 들
인 공이 컸고 뿌듯함이 컸다. 성을 고쳐 쌓은
내력과 동원 인원, 규모 등에서 그러한 정황
이 나타난다. 앞면은 축성 내력을 20행으로
새기고 뒷면은 축성에 종사한 임원의 명단
을 새겼다.
다시 쌓은 동래읍성은 어마어마했다. 1731
년 정월에 성터를 측량한 이후 각 패장(牌

일제강점기 내주축성비. 비석 뒤로 보이는 돌담은 동래읍성 남문에서 서
문으로 이어지는 성벽이었다. 내주축성비는 1735년 농주산에 세웠다가
1765년 송공단, 1820년 동래읍성으로 이전했다. ⓒ동래 변천 150년사

將)에게 일을 분담했다. '장수와 병사들은 다투어 힘을 내고 기뻐 뛰어다니며 모두
사력을 다하였다.' 4월 성을 완성하고 5월에 성문 완성, 7월에 문루를 완성하면서
100일 만에 새로 쌓은 성은 몰라보게 웅장해졌고 반듯해졌다. 둘레는 2,280보(步)
로서 8리(里) 정도 되었고 높이는 수십 자가 되었다. 게다가 사대문까지 갖추었다.
길이는 전보다 길어졌으며 돌은 모두 새것을 썼다. 일꾼 5,200명, 쌀 4,500섬, 베
1,550필, 돈 13,000냥을 썼다. 완공의 기쁨은 하늘에 닿았다. 그 완공의 기쁨을 귀
신이 만들어 놓은 것 같다고 비문에 새겼다.

공사를 시작한 지 백여 일 **만**에 견고하게 우뚝 솟은 성이 마치 귀신이 **만**들어 놓은
것 같았다.

自始役百餘日 而屹屹堅城 若神施而鬼設焉
자시역백여일 이흘흘견성 약신시이귀설언

잔치가 열렸다. 공사 중에 술과 음식, 돈과 베를 아낌없이 썼듯[궤이주식 사이전포(饋以酒食 賜以錢布)] 공사를 다 마치자 또 아낌없이 썼다. 잔치를 열었고 돈과 곡식을 넉넉히 나누었다. 네 곳 문루를 지키는 장교들에게 문루 술자리를 열었고 음악을 연주하며 마음껏 놀게 했다.

《동래부지》에는 이때 세운 동서남북 네 곳의 문루 명칭이 나온다. 동문은 지희루(志喜樓), 남문은 무우루(無憂樓), 서문은 심성루(心成樓), 북쪽 암문(暗門)은 은일루(隱一樓)다. 암문은 적의 관측이 어려운 곳에 설치하던 비밀 통로였다. 적에게 포위당했을 때 병기나 식량 따위를 들이고 적의 눈에 띄지 않게 구원을 요청하거나 원병을 받아 역습하는 통로가 암문이었다.

정말로 백성에게 걷은 것도 아니고 국고를 축낸 것도 아니다.

비문은 전반적으로 정언섭 부사 노고를 치하한다. 자비를 들여 축성했으니 백성에게 걷은 것이 아니라며 한껏 치켜세운다. 정언섭 공은 컸다. 그러나 그러한 공도 그 바탕은 임란 때 순절한 장삼이사 남녀노소 동래 사람이었다. 그들이 목숨 걸고 항전했기에 성은 무너졌다. 순순히 항복했으면 성은 온전했으리라. 목숨 걸고 항전해 성은 무너졌고 다시 쌓았다. 그리고 축성비를 세웠다.

이곳의 버주축성비는 성완게띠앙 신축공사를 계기로 원래 버주축성비가 있었던 인근 지역인 이곳에 지역주민의 역사의식을 고취하고 자라나는 청소년들의 역사 교육 자료로 활용하기 위해 2005년 4월 버주축성비와 같은 모양과 크기로 복제·제작하여 설치한 것이다.

축성비가 현재 있는 곳은 복천박물관 부근. 동래 중심지에선 좀 멀다. 무엇보다 원

'농주산 터' 표지석. 동래읍성 남문 바깥에 있던 농주산은 임란 때 순절한 이들을 추모하는 전망제단(戰亡祭壇)이 있었다. 내주 축성비를 처음 세운 곳이 여기다. 전망제단은 1925년 헐렸으며 그 자리에 지금 동래경찰서가 들어섰다.

동래구 수안동에 있는 모형 내주축성비. 일제강점기 헐린 농주산 자리가 여기였다. 내주축성비를 맨 처음 세운 곳이다.

래 자리에서 많이 벗어났다. 축성비를 저렇게 놔줄 수 없다는 마음이 빗방울처럼 모여 동래 중심지이자 축성비 맨 처음 건립지 농주산 자리에 모형을 세웠다. 거기 가 수안동 세띠앙아파트다. 모형이긴 해도 실물과 똑같은 모양, 똑같은 크기다. 모 형 비석을 보고서, 비석 안내판을 보고서 마음이 움직이면 복천동으로 가 보라. '여 기에 이런 비석이!' 다들 눈이 둥그레진다.

천 줄기 푸른 옥, 여의주와 뒤섞여

내주축성비가 있던 농주산(弄珠山)은 야산이었다. 일제강점기 허물었다. '용이 여의주를 희롱하는 산'은 헐리기 전에 어떤 모습이었을까. 사진으로 아직 못 봤다. 그림으로나마 남아 그 아쉬움을 달래준다. 사진보다 사진 같은 그림이다.

그림 제목은 동래부순절도. 1760년 변박이 그렸다. 변박은 동래부 공무원이면서 화가로 활동했다. 임진왜란 동래읍성 전투 장면을 재현하라는 동래부사 홍명한의 명으로 이 그림을 그렸다. 그림에 보이는 동래읍성 남문 바깥의 야산이 농주산이었다.

낙락장송과 대숲. 그림은 대단히 세밀하다. 농주산 이쪽저쪽 낙락장송 두 그루와 대나무 촘촘한 대밭은 사진을 보는 거나 진배없다. 그림을 가득 채운 전투 장면이 아니라면 이런 절경이 또 어디 있을까 싶다.

농주산은 실제로 절경이었다. 농주산 절경을 시에 담은 이가 있었다. 암행어사였으며 시와 술을 즐겼던 풍류객 이정제(1670~1737)였다. '봉래팔영'은 이정재가 부산에 영탄해서 쓴 시 여덟 편. 거기에 농주산이 나온다. 제목은 농부죽취(弄阜竹翠). '농주산 언덕의 푸른 대숲'이다. 대숲을 '천 줄기 푸른 옥'으로 표현했다. 시 쓰는 사람으로서 기가 막힌다.

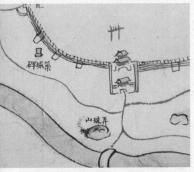

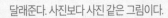

1899년 편찬한 《동래부읍지(東萊府邑志)》에 실린 지도에 보이는 내주축성비 농주산. 송공단을 거쳐서 1820년 동래읍성 남문과 서문 사이 이 자리로 옮겼다. ⓒ규장각

동래 화가 변박이 1760년 그린 '동래부순절도' 남문 앞에 보이는 농주산. '천 줄기 푸른 옥' 같은 대가 여의주와 뒤섞였다고 이정제(1670~1737)는 시에 썼다. 암행어사이자 풍류객이었던 이정제는 부산의 풍광에 감탄해 여덟 편의 시 '봉래팔영'을 남겼다. ⓒ육군사관학교 육군박물관

천 줄기 푸른 옥이 여의주와 뒤섞여
눈 속에 우뚝하게 누대를 비추네.
밤이 되어 찬바람 소슬하게 불면
꿈속에서 때때로 생황소리 듣겠네.

각석난망,
천만년 동안
입으로
비석으로
전하라

온천장 온정개건비

강필리(姜必履)는 동래 생사단에 포함된 동래부사다. 생사단(生祠壇)은 산 사람에게 제사 지내는 단. 강필리는 '나라의 어려움을 치료하는 솜씨로 동래의 백성을 소생시켜 일곱 가지 일을 밝히고 백 가지 폐한 것을 부흥'한 공덕이 하늘보다 높았다. 너무나도 고마워서 비석에 산 사람의 함자를 새기고 기일 대신 생일에 제사 지냈다. 생사단 비석은 대단히 귀했다. 역대 동래부사가 250명 넘지만 손가락 꼽을 정도다. 1740년 기준으로 2명, 현재도 5기에 불과하다. 동래시장 동래유치원 안쪽에 생사단이 있다.

본관이 경남 진주인 강필리는 벼슬길이 우여곡절의 연속이었다. 영조 임금 신임이 컸지만 사도세자를 옹호하다가 삭직(削職)의 된서리를 맞았다.

> 허패(虛悖)가 특별히 심하고 조행(操行)이 전혀 없으며, 겉보기에는 근후(謹厚)한 듯하나 속마음은 실로 음험하니, 자신도 속이고 남도 속인다고 사람들이 손가락질합니다.

동래시장 동래유치원에 있는 생사단 비석. 동래 온천장 온정을 개건한 강필리를 기리는 송덕비가 여기 있다. 강필리가 동래부사로 온 1764년은 동래에 돌림병이 돌았다. 농우(農牛) 폐사로 농사 차질이 막심했다. 강필리는 관아 비용으로 암소 70마리를 사들여서 소가 없는 면리(面里)에 나누고 돌아가며 경작토록 했다. 송아지 번식을 장려해 면리마다 영구히 소를 갖추도록 했다.

막말 수준의 비방까지 어전에서 나왔
다. 하지만 이내 복직했다. 아들을 뒤
주에 가두고 굶겨 죽인 임금이었지만
아비는 아비였다. 불쌍한 아들을 옹호
한 강필리가 내심 고마웠으리라. 복직
후 여러 곳 어사(御使)와 호조참의를
거쳐 동래부사로 왔다.

강필리가 동래부사로 온 때는 1764년
8월. 1766년 11월까지 2년 3개월 동래
부사를 지냈다. 동래부사 임기 300개
월을 거의 꽉 채웠다. 이는 대단한 기
록이었다. 징계 등 타의로 중도에 관
둔 부사도 적지 않지만 자의로 관둔

온천장 온정개건비. 강필리가 동래부사로 재임하던 1766년 낡아서 막힌 탕을 고치고 다시 세운 공을 기린다.

부사도 적지 않았다. 병을 핑계 대거나 노부모 모셔야 한다며 사
직했다. 임금 계신 한양에서 먼 동래는 그들에겐 모기 들끓는 험
지였고 왜와 맞대는 바람에 언제 어떤 사달이 날지 모를 변방이
었다.

강필리는 임기를 꽉 채울 만큼 일을 많이 했다. 부임 첫해 동래에
돌림병이 돌았다. 농우(農牛) 폐사로 농사 차질이 막심했다. 강
필리는 관아 비용으로 암소 70마리를 사들여서 소가 없는 면리
(面里)에 나누고 돌아가며 경작하도록 했다. 송아지 번식을 장려
하여 면리마다 영구히 소를 갖추도록 했다. 관아 소에 대한 사육
책임과 관리지침을 명시, 1765년 기준법령집을 내었다.

같은 해 《감저보(甘藷譜)》를 펴내었다. 조선통신사 조엄이 일본

'조선지도' 동래부. 1700년대 중반 제작한 이 지도에 동래 온정이 나온다. 한가운데 붉은 점은 동래읍성. 거기서 위쪽으로 기비현(其比峴, 지금의 만덕고개)과 윤산(輪山) 사이 온천천 천변에 온정이 보인다. ⓒ규장각

온정개건비와 석조 욕탕. 온천개건비에 석조 욕탕에 대한 기록이 보인다. '도산성(島山城) 석재를 빼서…무릇 9간이나 되는데 남탕과 여탕을 구분하였으니 상쾌하고 화려하여 마치 꿩이 날아가는 것 같았다.'

온정개건비 본래 모습. 동래를 대표하던 명필 삼형제 가운데 맏형인 송광적이 썼다. 동생 광제는 내주축성비를 썼다. 이들 삼형제는 동래 향반으로 1744년 동래향교 대성전 이전 상량문 등 여러 기록을 남겼다. 해운대구 반여동 삼어마을에 이들 위패를 모신 여산송씨 재실이 있다. ⓒ근대의 목욕탕 동래 온천(부산근대역사관), 동래 변천 150년사(동래구청)

에서 가져온 고구마 종자를 보급하고서 펴낸 한국 최초의 고구마 재배법 저서였다.《감저보》가 조선팔도 알려지고 구황작물 고구마가 조선팔도 퍼지면서 조선의 민초는 그나마 굶주린 배를 채울 수 있었다. 조선으로선 조엄 못지않게 고마운 이가 강필리였다.

천년을 자랑하는 동래온천

동래구 온천1동에서 제작한 온천 홍보 소책자 제목이다. 제목에서 보듯 동래는 온천의 명소. 백록(白鹿)과 백학(白鶴)의 전설이 전한다. 조선팔도 지리와 풍속, 인물 등을 기록해 1481년 발간한《동국여지승람》에 나오는 온천은 모두 34곳. 남한

8곳, 북한 26곳이었다. 남한은 경상도에 집중돼 3곳이나 있었다. 영산(지금의 부
곡), 창원, 그리고 동래였다. 이 셋 중에서 삼국시대 이래 한 차례도 폐장하지 않고
1,500년 이상 유지해 온 국내 유일의 온천이 동래온천이다.

예나 지금이나 뜨끈뜨끈한 물은 만병통치약. 병자가 목욕하면 문득 나아서 신라
때부터 왕들이 여러 차례 이곳에 와서 목욕하였다. 신라 문무왕 2년(682) 재상 충
원공이 동래온천에서 목욕했다. 온천 수온은 계란을 익힐 정도로 뜨겁다고 했다.
그들은 온천 표시를 남기고자 온천 네 귀퉁이에 구리 기둥을 세웠다.

온천은 특히 없는 자에게 명약이었다. 약이 귀하고 비쌌던 그 옛날엔 공공의료의
상징이 온천이었다. '탕에 들어가 목욕하면 온갖 질병이 낫는다'고 여겼다. 그런데
하필이면 강필리가 부사로 있을 때 탕이 막혀 버렸다. 강 부사가 부임하기 70년 전
인 신미년(1691) 돌로 두 개의 탕을 만들고 건물로 덮었는데 그 건물이 낡아져서
탕이 막혔다. 공공의료이기에 방치할 수 없었다. 고쳐야 했다.

유좌(酉坐, 서쪽에서 동쪽으로 보는 좌향)를 고쳐 임좌(壬坐, 서북 방향을 등진 자
리)로 앉히고, 도산성 석재를 빼서 [사도성재(寫島城材)] 7월 상현 개기(開基)하여 8
월 24일 입주하고 9월 7일 상량했다.

그때가 1766년이었다. 75년 전인 1691년 지은 온정을 1766년 다시 지었다. 이른바
개건((改建)이었다. 개건 공사 기간은 두 달. 딱 두 달이었다. 7월 7, 8일 착공해 9월
7일 준공했다.

'무릇 9칸이나 되는데 남탕과 여탕을 구분하였으니 상쾌하고 화려하여 마치 꿩이
날아가는 것 같았다.'

석조 탕을 만들고 마감도 했다. 마감은 공로비였다. 공사를 진두지휘한 부사에 대한 고마운 마음, 각석난망의 마음을 한가득 담아서 공로비 겸 기념비를 세웠으니 그게 온정개건비(溫井改建碑)였다.

공께서 온정을 수리하니 사람들이 질병이 없게 되었다. 천만년 동안 입으로 비걱으로 전하라.

온정은 온천의 옛날 말. 온정개건비는 동래 온천장 꼼장어집이 즐비한 길가 용각(龍閣)에 모셨다. 용각 용문(龍門)을 열고 들어서면 비석 둘이 좌우에서 마주본다. 오른쪽이 1991년 세운 용각재건비고 왼쪽이 1766년 10월 세운 온정개건비다. 정개건비 글은 송광적이 썼다.

송광적, 송광제, 송광순. 이 시대 동래를 대표하는 명필 삼형제였다. 맏형 송광적은

온정개건비를 썼고 광제는 내주축성비를 썼으며 막내 광순은 내주 축성의 전 과정을 기록했다. 이들 삼형제는 동래의 대표적 향반(鄕班)이었다. 1744년 동래향교 대성전 이전 상량문 등 여러 기록을 남겼다. 해운대구 반여동 삼어마을에 이들의 위패를 모신 여산 송씨 재실이 있다.

온천장 온정(溫井) 용각 입구. 용문(龍門)을 들어서면 왼쪽에 1766년 10월 세운 온정개건비가 있고 오른쪽에 1991년 세운 용각재건비가 있다. 용각은 용왕신을 모신 사당. 음력 9월 9일 열리는 동래온천 용왕대제 길행사를 여기서 시작한다.

1788년~1841년
낙동강 제방의
역사를 담다

덕포 강선대 비석

강선대는 신선이나 선녀가 내린 곳. 목욕하며 쉬어 갔다는 전설이 따라다닌다. 선녀가 벗어 놓은 옷을 탐하려 남정네는 오며가며 곁눈질했다. 남정네 없는 곳이 없으니 조선팔도 방방곡곡 강선대 없는 곳이 없었다. 부산에는 사하구 하단과 사상구 덕포가 거기였다. 덕포 강선대는 워낙에 빼어나서 상하로 나누어 상강선대, 하강선대라 했다. 도시철도 2호선 덕포역 1번과 3번 출구 사이 자연공원 같은 곳이 강선대다.

덕포 옛 이름은 덕개. 포구 순우리말이 '개'다. 언뜻 보면 오늘날 쓰지 않는 사어 같다. 그러나 '웬걸'이다. 현대 와서도 흔히 쓰인다. 개펄 갯가 갯낚시 갯바위 등등이다. 포구 옛 이름은 현재 쓰는 한자 지명 한글 뜻에다 개를 붙이면 열에 아홉은 맞

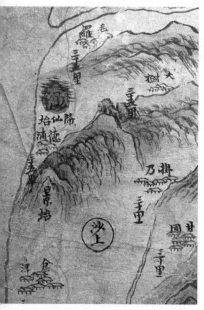

덕포와 강선대를 표기한 부산고지도. 1800년대 후반 제작한 지도로 낙동강 강변 독지(禿旨) 등 지금은 사라진 부산의 지명이 보이는 귀한 지도다. ©동아대 박물관

다. 부산진구 전포는 밭개, 거제 외포는 밖개 하는 식이다. 덕개는 언덕이 있는 포구. 덕포동주민센터 인근 바위 언덕에서 내려다보는 황포돛대 포구가 덕포였다.

덕포동 강선대는 지금도 바위가 일품이다. 장정보다 덩치 큰 풍채 좋은 바위가 방패인 듯 병풍인 듯 강선대를 에워싼다. 선녀는 저 뒤로 돌아가서 옷을 벗으리라. 욕망은 참을수록 얻는 게 많은 법. 바위 뒤를 들여다보려는 욕망 지그시 누르고 한 방향으로 가노라면 얻는 게 있으니 그게 조선시대 고풍스런 비석들이다.

강선대 비석은 넷. 셋은 송덕비고 하나는 효자비다. 송덕비 셋은 기리는 사람 다 달라도 비석 명칭은 다 같다. 모두 축제혜민비(築堤惠民碑)다. 둑을 쌓아 백성에게 혜택을 줬다는 뜻이다. 비석을 세운 연도다. 오래된 순이다. 건륭 53년(1788), 숭정기원후 4임진년(1832), 숭정기원후 4신축년(1841).

강선대 송덕비. 강선대 비석은 넷. 셋은 송덕비고 하나는 효자비다. 송덕비 셋은 기리는 사람 다 달라도 비석 명칭은 다 같다. 모두 축제혜민비(築堤惠民碑)다. 둑을 쌓아 백성에게 혜택을 줬다는 뜻이다.
맨 왼편은 강선대 이경일 부사 송덕비. 사상과 사하지역 홍수 피해가 막심하자 동래부사 이경일이 1788년 이 지역에 처음으로 둑을 쌓은 것을 기리는 축제혜민비다.

건륭은 청나라 고종 때 연호. 1736년부터 1795년까지 60년간 사용했다. 건륭 53년은 서기 1788년에 해당한다. 숭정은 명나라 마지막 임금 의종 때 연호. 1628년에서 1644년까지다. 숭정기원후 4임진년은 1644년 이후 네 번째 임진년을 말한다. 1832년이다. 숭정기원후 4신축년도 마찬가지다.

조선은 연호를 쓰지 않았다. 명나라 제후국을 자처하면서 독자적인 연호 대신 중국의 연호를 답습했다. 조선 말기에 이르러 비로소 연호를 사용했다. 1894년(고종 31) 갑오경장 때 개국기원을 사용했다. 조선왕조 개국연차를 계상해 1894년을 개국기원 503년으로 표기했다. 1895년 을미사변 이후 건양(建陽, 1896~1897) 연호를 썼고 대한제국을 수립하면서 광무(光武, 1897~1907) 연호를 썼다. 마지막 임금 순종 때는 융희(隆熙, 1907~1910) 연호를 썼다.

강선대 송덕비는 둑을 쌓을 때마다 세운 비다. 길게는 50년, 짧게는 10년 상간이다. 사상과 사하는 낙동강 하류라 홍수 피해가 막심했다. 1788년 무신년 비석은 이지역에 처음으로 둑을 쌓은 것을 기린다. 그 둑이 무너져 50년쯤 지날 무렵 다시 쌓았다. 1832년 비석은 그것을 기린다. 둑이 또 무너져 또 다시 쌓고 세운 비석이 1841년 비석이다. 송덕비들은 애초 덕포동 경부선 철로변 큰길에 있었다. 주민 손현재 선생과 주민대표들이 훼손을 우려하여 1971년 이리로 옮겼다.

둑 공사를 관장한 이는 동래부사. 송덕비 주인공도 그들이다. 이경일(1787. 2~1788. 9)과 박제명(1831. 2~1833. 6), 이명적(1839. 1~1840. 6)이다. 괄호 안은 재임기간이다. 이경일 부사는 파직당했고 박제명 부사는 임기가 차서 바뀌었다. 이명적은 사임했다. 이경일 부사 파직은 동일 사안을 두 번이나 조정에 들먹인 죄였다. 양식을 확보하고 운반하는 벼슬아치인 운량도감 폐해를 상소했다가 여의치 않자 국가 비상사태 대비 부서인 비변사 비국에 다시 들먹였다가 직에서 쫓겨나고 잡혀갔다.

세 비석은 뒷면에 한문이 가득하다. 할 말이 그만큼 많았다. 세 비석 음기를 시대 순으로 간추려 스토리텔링하면 다음과 같다. 전문은《부산금석문》참조.

사상과 사하면은 홍수 피해가 심해 씨앗을 뿌려도 여의치 않고 인가가 물에 잠겨 지탱하기 어려웠다. 이경일 부사가 도임해 그러한 민정을 살피고선 둑 쌓는 부역을 각 면에 하달하고 공사를 진행했다. 모라촌 뒤에 키(箕, 어릴 때 이불에 오줌 누면 뒤집어썼던) 모양으로 석축한 게 270발, 덕포리 큰 바위 일원에 350발 등 모두 4,520발에 이르렀다. 그때가 건륭53 무신년(1788)이었다. 10리 안 5천여 마지기 논 등이 혜택을 입었다. - 이경일 축제혜민비(1788년) 요약

무신년 제방이 갑술년(1814) 큰물로 무너졌다. 인근 고을에서 장정을 모았다. 기장 500인, 양산 700인, 김해 800인, 동래 6,800인이었다. 1832년 2월 12일 모라 뒤쪽 방축에서 공사를 시작하여 무너진 곳은 메우고 헐린 곳은 돋우어 3월 16일 주례 사목포에서 공사를 마쳤다. 10여 리 7,000발의 둑이 바다를 막는 성처럼 우뚝 서서 바다는 밀려가고 땅이 다시 열렸다. 보리농사라도 짓게 되었으니 이 얼마나 좋은가.
- 박제명 축제혜민비(1832년) 요약

기해년(1839) 큰물로 10리 긴 둑이 또 무너졌다. 사면(沙面) 한 면이 참담한 피해를 봤다. 이명적 부사가 부임한 다음 해 봄 이웃 읍 장정 2,600인과 동래읍 5,000명을 동원하였다. 3월 초하루 공사를 시작하여 26일 끝냈다. 강자도(綱子島) 둑이 또 침몰해 새로 쌓았다. 둑이 우뚝 솟아 바다를 밀어내니 그 피해가 없어졌다.
- 이명적 축제혜민비(1841년) 요약

상(上)강선대 가는 돌계단. 사상구 덕포동 강선대는 바위가 일품이다. 장정보다 덩치 큰 풍채 좋은 바위가 방패인 듯 병풍인 듯 강선대를 에워싼다.

둑 비(碑)는 여기 말고도 곳곳에 있었다. 농경사회에서 연례행사처럼 닥치는 홍수는 당대 최고의 재난이었다. 그러기에 둑을 쌓으면 공사를 관장한 방백에 감사의 마음을 담아 공덕비를 세웠다. 구포1동 주민센터 축은제비, 기장 장안 장안제비, 선두구동 조정언비 등이다. 축은제비는 양산군수 이유하를 기려 1809년 세웠다. 장안제비는 메마른 장안천에 1800년 축조한 둑을 기념해 1823년 세웠다. 조정언비는 저수지 조성에 기여한 아홉 분을 기려서 1827년 세웠다. 1930년 세운 북구 화명동 장우석기념비 역시 둑 비에 들어간다.

토막상식 하나! 조선시대 동래를 중심으로 동쪽이면 동면, 서쪽이면 서면이었다. 면이 커지면서 각 면마다 상하를 두었다. 동상면 동하면, 서상면 서하면 등등이었다. 면이 더욱 커지면서 동래에서 유일하게 상중하로 나뉜 면이 있었으니 거기가 낙동강을 낀 사면이다. 사상면 사중면 사하면이었다.

효자비는 강선대 비석 맨 왼쪽에 있다. 낮고 낡은 방부원수지만 단아한 해자 제액에 기품이 넘친다. 제액은 효자구주성지각. 1740년 발간 동래부지 29조 효자효녀 항목에 언급된다. 전염병에 걸린 아버지를 위해 손가락을 잘라 그 피로 목숨을 구하였다. 만력 경술년(1610)에 효행이 알려져 정문(旌門)을 세워 표창했다. 정문은 충신·효자·열녀 등을 기리려고 집 앞에 세우던 붉은 문이다.

강선대 비석은 강단진 삶의 유산이다. 둑을 쌓고 또 쌓아 큰물과 맞서던 강단진 삶이 여기 있고 제 손으로 제 몸에서 피를 내던 강단진 삶이 여기 있다. 우리보다 앞서 부산에 살면서 사상 사중 사하로 이어지는 낙동강의 번영을 일구었던 선인들의 강단진 삶, 그 증좌가 덕포 강선대 비석이다.

이건 수백 년 동안
없었던 은혜요,
뒤로 몇백 년 동안
썩지 않을 은택이라

명지 소금 비석

강서구 명지는 소금으로 유명했다. 요즘의 천일염이 아닌 자염(煮鹽) 산지였다. 자염은 불에 구운 소금. 대만에서 일본을 거쳐 들어온 천일염과는 전혀 다른 한국 전래의 소금이었다. 아쉽게도 일반의 기억에서 사라진 지 오래다. 일제강점기를 거치면서 천일염에 밀렸다. 주류에 밀렸어도 명맥은 지금도 이어져 그나마 다행이다. 명지 출신 조희조 명장이 대표적이다. 지금 울진에서 전래의 방식으로 자염을 생산한다.

소금 굽는 장면은 옛날 시에 나온다. 고려 시인 안축(1282~1348)은 그 유명한 '관동별곡' 지은이. 그의 시에 소금 굽는 장면이 있다. 늙은이가 자식, 손자와 함께 새벽부터 저녁까지 바닷물을 길어 열 수레나 되는 나무를 지펴도 소금 한 섬 얻기 힘든 극한의 생업 현장을 목격하고 썼다. 소금 굽는 염부(鹽夫)의 노고를 고스란히 드러낸 수작이다. 어딘지는 밝히지 않는다. 명지라고 단언할 수는 없어도 명지가 아니라고 단언할 수도 없다.

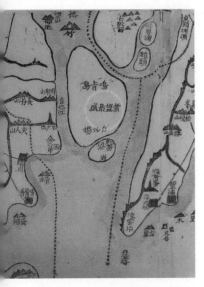

뜨거운 열기와 연기 그을음
끓이는 훈기에 눈썹이 까맣게 탔네.
하루 종일 100말의 물을 끓여도
소금 한 섬 채을 수 없네.
슬프다, 저 소금 끓이는 사람들이여.

고산자 김정호 지도에 나오는 낙동강 삼각주 명지. 명지도(鳴旨島)라 쓰고 그 아래에 '자염최성(煮鹽最盛)' 네 글자를 병기했다. 조선 전래의 소금인 자염의 생산이 조선에서 가장 성했다는 의미다. ©부산대 도서관

옛날 지도는 안축 시와는 달리 지명을 명확히 밝힌다. 그냥 옛날 지도가 아니고 한국을 대표하는 옛날 지도다. 김정호 '대동여지도'는 낙동강 하구 모래톱 명지 섬을 표기하면서 지명 바로 아래 '자염최성(煮鹽最盛)' 네 글자를 또렷하게 박아 넣었다. 조선에서 자염이 최고로

성하다는 뜻이다. 지도에 글자 집
어넣는 게 인색한 김정호가 인정할
정도로 명지 소금은 위상이 높았
다. 임금님 수라상에 올랐다.

명지 소금은 귀했다. 한 알 한 알 백
금이었다. 백금이다 보니 조선 태
조 때부터 나라가 소유했다. 이를
관청 소유, 관유(官有)라고 했다.
해마다 일정량을 나라에 바치고 쌀
과 옷감을 받았다. 현대 전매제도
원조가 소금 관유였다. 관유가 되
면서 현장에선 생산 의욕이 시들해
졌다. 일정량만 인정받았으니 그럴

강서구 명지 영강마을의 부산해경 명지파출소 담장에 있는 조선시대 소금 비석. 이 지역 소금 굽는 염부(鹽夫)의 어려움을 보살핀 데 대한 고마움을 새겼다. 왼쪽이 경상감사 김상휴, 오른쪽이 경상감사 홍재철 불망비다. ©박수정

만도 했다. 나라에선 부랴부랴 처방에 나섰다. 중종 때 사유화를 인정하고서야 생
산 의욕이 살아났다.

소금쟁이 염부(鹽夫)는 흥이 났다. 불가마가 늘었고 돈이 펄펄 들끓었다. 호사다마
였다. 돈이 펑펑 나오는 꿀단지를 마냥 놔둘 정부가 아니었다. 영조는 관이 염전을
점유하는 공염제를 시행했다. 그러면서 관리자를 임시직에 불과하던 별장에서 부
사로, 그리고 종2품 관찰사로 승격했다. 돈이 들끓자 비리가 생겼다. 소금 공무원
염색(鹽色)이 손을 내밀었고 소금을 운반하는 수군 군졸이 괴롭혔다. 낙동강 연안
곳곳의 읍에선 소금 운반선 염선(鹽船)을 이유 없이 붙잡아 두는 일도 잦았다.

원성이 자자했다. 급기야 경상도 최고위직 관찰사가 나섰다. 족집게로 집어내듯
비리를 집어내고 폐단을 바로잡았다. 명지 소금 비석은 그런 경상도 관찰사에 대
한 감사의 소금기둥이었다. 비석은 둘. 둘 다 송덕비다. 명지 영강마을 부산해경 명

경상감사 김상휴 불망비. 염민(鹽民)과 염선(鹽船)을 괴롭히는 병폐를 바로잡았으므로 영원히 잊지 않겠다는 다짐을 새겨 1824년 세웠다. ⓒ박수정

경상감사 홍재철 불망비. 삼천 냥(兩)을 내놓아 염민을 구한 공덕과 명지 공염전(公鹽田)의 규모와 소금 원가 대비 땔감 값, 그리고 땔감 값 3천 냥의 분배 방법 등을 새겼다. 1841년 세웠다. ⓒ박수정

지파출소 담장 바깥에 있다. 1959년 태풍 사라호 그 무렵 중리마을에서 이리로 옮겼다.

비석을 세운 해는 각각 1824년과 1841년. 1824년 경상도 관찰사는 김상휴, 1841년은 홍재철이었다. 제액은 1824년 순상국김공휘상휴영세불망비(巡相國金公諱相休永世不忘碑), 1841년 순상국홍공재철영세불망비(巡相國洪公在喆永世不忘碑)다. 순상국은 관찰사 겸 순찰사의 별칭이다. 순상(巡相)이라고도 했다. 관찰사보단 재상 상(相)이 들어가는 순상이 아무래도 있어 보였다.

풍속을 살피어 덕화(德化)를 베푸시니
그 은혜 염민(鹽民)들에게 두루 미쳤네.
한 번에 고달픈 폐막을 없애주시니
백성들 이제야 다시 살았네.

김상휴 불망비의 명(銘)이다. 비석 앞면 비양에 새긴 시를 명이라 하고 뒷면 비음에 새긴 산문을 서(序)라 한다. 일반적으로 명은 비석 주인공의 공덕을 노래하고 서는 비석을 세운 내력을 이야기한다. 김상휴 불망비는 명은 간결한 반면 서는 꽤 길다. 간추리면, 염민(鹽民)과 염선을 괴롭히는 병폐를 바로잡았으므로 영원히 잊지 않겠다는 다짐이다.

홍재철 불망비는 대단히 구체적이다. 소금 굽는 가마가 몇이고 소금 원가며 소금 굽는 땔감의 가격이 얼마고 등을 세세하게 새겼다. 비양의 명은 삼천 냥(兩)을 내놓아 염민을

구한 공덕을 기리며 비읍의 서는 명지 공염전(公鹽
田)의 규모와 소금 원가 대비 땔감 값, 그리고 땔감
값 3천 냥의 분배 방법 등을 밝혔다.

비문을 읽노라면 마음이 짭조름해진다. 구체적인
숫자는 여럿. 숫자가 혹여 틀릴까 썼다가 지우고 썼
다가 지우며 백성의 심사를 헤아렸을 목민관의 심
사는 소금 간수 같다. 간수가 스며든 명지 소금 비
석은 언제 읽어도 간이 맞다. 소금은 나중에 돈이
되고 땔감은 당장에 돈이 드는 염민의 딱한 처지

1950년대 강서구 명지 자염 공장. 소금을 얻으려고 때운 장작
불 연기가 하늘 높이 솟구쳤다. ⓒ강서구청

를 헤아린 데 대한 고마움이 구구절절이다. 불망비 비문 전문을 싣는다. 《부산금석
문》번역이다.

영조 을축년(1745) 처음 공염(公鹽)을 설치하였을 때 72개의 솥을 건 염전을 두었는
데, 점차 축소되어 37개의 솥만 남았다. 게다가 지금 땔감 귀하기가 금과 같다. 연례
로 공염 3천 석을 바치는데, 한 석의 원가가 한 냥 5전이니 합 4천 5백 냥이다. 그 외
임자년에 정한 한 석의 땔감 값이 5전으로, 합이 천오백 냥이지만 거의 만에 하나
정도 채울 뿐이라고 한다.

우리 관찰사께서 남쪽으로 오신 이듬해 신축년(1841) 가을에 걷어야 할 소금 1천 석
을 매 석당 열 냥으로 땔감 값을 보태어 채워주되 1천 냥을 먼저 버려 주시며 춘등
염(春等鹽) 2천 석에 땔감 값 2천 냥을 응당 시행할 전례로 만드셨다. 그래서 매년 3
천 냥으로 바로잡아 주셨다. 이천 수백 년 동안 없었던 은혜요, 뒤로 몇백 년 동안
썩지 않을 은택이다. 그러므로 썩지 않을 돌에 새겨 둔다. 숭정기원후 주상 8년 신
축년(1841) 10월 세우다.

좀더 알아봅시다 / **염색, 공염, 염선, 염민**

섬진강은 '염선고도 80리' … 낙동강은?

염색, 공염, 염선, 염민, 염부. 지금은 쓰지 않는 말들이다. 조선 전래의 소금 자염이 사라지면서 함께 사라졌다. 말은 그 시대를 반영한다. 그러므로 말의 실종은 그 시대의 실종이다. 자염이 사라지기 전에 일상적으로 쓰였으나 지금은 쓰지 않는 말들. 실종한 시대의 복원을 바라는 마음으로 살펴본다.

염색(鹽色)은 소금 담당 공무원이었다. 잡무를 보던 말단 관리를 색리(色吏)라고 했으니 염색 역시 하급 공무원이었다. 담당자를 별도로 둘 만큼 소금은 공적 관리대상이었다. 공염(公鹽) 내지 공염전(公鹽田)이란 용어도 거기에서 비롯한다. 염색은 산창(蒜倉)을 관리했다. 관이 관리하던 소금 곳간이 산창이었다. 이곳에 쌀 1,500섬을 두고 쌀 1섬과 소금 2섬을 맞바꾸는 일을 담당했다.

염선(鹽船)은 말 그대로 소금배다. 명지 소금은 낙동강 뱃길을 따라 경상도 전역으로 나갔다. 낙동강 배는 소금을 운반하는 염선 아니면 일반화물을 운반하는 화선(貨船)이었다. 땔나무 운반선은 시선(柴船)이라 했다. 낙동강 배는 컸다. 강선(江船), 광선(廣船)이라 했다. 큰 배는 500석까지, 작은 배는 150석 정도를 실었다. '염선고도(鹽船古道) 80리'는 섬진강 소금 뱃길을 이르는 말. 남한에서 가장 긴 낙동강의 명지 뱃길은 그 몇 배를 내세워도 된다.

염민(鹽民), 염부(鹽夫)는 소금 굽는 사람. 염간, 염한, 염정(鹽干, 鹽漢, 鹽丁)으로도 불렸다. 소금 굽는 일은 쉬워 보여도 쉬운 일이 아니었다. 쉬워 보이는 일이 더 어려운 법이기도 하다. 자염은 불의 세기와 굽는 시간 등 청자를 굽고 백자를 굽는 만큼이나 고도의 기술이 들어갔다. 요즘 말로 달인의 경지에 이르러야 불가마 앞에 앉을 수 있었다. 염민의 우두머리, 그러니까 달인 중의 달인을 수염민(首鹽民)이라고 했다. 지금 이 이름을 아는 이, 몇이나 될까.

구한말 염민(鹽民)의 소금 작업 모습. 소금 굽는 일은 쉬워 보여도 청자를 굽고 백자를 굽는 만큼이나 고도의 기술이 들어갔다. 염민의 우두머리를 수염민(首鹽民)이라고 했다. ⓒ부산시립박물관

사령관 이하는
모두
말에서 내려라

수영 하마비

하마평. 사전에 나오는 말이다. 임용 후보자나 인사이동 따위 떠도는 평판이라고 사전은 설명한다. 어원은 하마(下馬)다. '말에서 내려라'는 뜻이다. 안 내리는 사람이 있을지 몰라 비석까지 세웠다. 그게 하마비다. 상전이 말에서 내려 볼일을 보러 가면 마부는 하마비 부근에서 상전을 기다렸다. 마부는 둘만 모이면 상전을 헐뜯거나 주워들은 고급정보를 떠벌렸다. 그게 가지에 가지를 쳐서 하마평이 되었다. 하마의 반대는 범마(犯馬)였다. 하마비를 지나면서도 말에서 내리지 않는 범마는 엄히 다스렸다. 범마를 저지르면 인정사정없었다. 법보다 주먹이었다. 관가든 민가든 가두는 시설이 있으면 가두었고 매질했다. 그걸 지가(知家)라 했다. 하마한 사람을 며칠 길가의 집에 가두었다. 갇힌 사람을 풀어달라고 임금이 친히 부탁해도 어림없었다. 지킬 건 지키는 조선의 정신이 범마였다.

실화 한 토막! 상감 심부름을 하던 내시가 마음이 급해 범마했다. 가뒀다. 내시는 상감 명을 받들어 급히 가는 바람에 그리됐다고 해명했으나 상감을 빙자한 변명

수영사적공원 남문과 하마비. 조선시대 경상도를 지키던 수군부대 좌수영성이 여기 있었다. 경상도의 반으로 나눠서 낙동강에서 경북 영덕 근처까지를 경상좌도, 낙동강에서 섬진강까지를 경상우도라 했다. 부산 수영은 경상좌도 해안 경비의 핵심이었다.

동래구 명륜동 동래향교 하마비. '대소인원하
마비(大小人員下馬碑)'라고 새겼다. 높든 낮든
모두 말에서 내려 걸어가란 엄명이었다.

양정 하마정 교차로 하마비. 범어사 하마처럼
'하마(下馬)' 두 글자만 새겼다. 동래 정씨 시조
로 알던 정문도 공의 묘소가 있었기에 하마비
를 세웠다.

범어사 하마비. '하마(下馬)' 단 두 글자만 새겼
다. 그래서 더 있어 보인다.

이라 여겨 더 괘씸히 봤다. 자초지종 밝혀져 내시는 방면됐지만 가둔 자를 별달리
문책하진 않았다. 임금의 경호실장이 범마하는 바람에 갇혔고 임금이 부탁해도
며칠간 아랑곳하지 않는 일도 있었다. 그게 조선이 지키고자 했던 정신이었고 가
치였다. 지금 우리 사회는 권위가 앞서는가, 가치가 앞서는가. 하마비를 다시 보
는 이유다.

하마비는 비석인가. 엄밀한 의미에서 비석은 아니다. 척화비처럼 포고문에 가깝
다. 지키지 않으면 제재를 가했다. 궁궐과 문묘, 종묘, 향교, 서원, 거찰, 군부대, 충
신의 재실, 고관의 묘 등지에 세웠다. 부산 하마비는 네 군데 남았다. 동래향교와
범어사, 양정 정묘, 그리고 수영사적공원 남문이다. 향교는 공자를 모신 곳이라서,
범어사는 사찰의 격을 돋보이게 하려고, 정묘는 동래 정씨 시조 묘소에 경의를 표
하라고 세웠다.

'대소인원하마비.' 범어사와 정묘는 '하마' 두 글자만 새겼으나 동래향교는 꽤 길
다. 대소인원하마비(大小人員下馬碑)다. 인원(人員)은 뭘까. 조선시대는 신분에

따라 단위 명칭이 달랐다. 철저한 신분사회, 계급사회였기에 사람 수의 단위까지
차별을 두었다. 원(員)은 정식 관원, 인(人)은 정액 외의 품계를 가진 사람과 중인,
명(名)은 병졸, 구(口)는 노비였다. 3명 4구라 하면 병졸 셋, 노비 넷이었다.

수영사적공원은 사적지다. 수군부대가 주둔하던 좌수영이 여기 있었다. 수영(水
營)은 군사용어. 조선시대 해군사령부였다. 경상좌도 수군통제영을 줄여 좌수영
또는 수영이라 했고 사령관을 좌수사 또는 수사라 했다. 수영사적공원 하마비는
사령관 내지 군부대의 위엄을 상징한다.

수영과 통영은 일란성 쌍둥이쯤 된다. 경상우도 수군통제영 줄임말이 통영이다.
수영은 1592년 임진왜란 이전 수군이 잠시 주둔했다가 1652년 현재 자리로 이전
했다. 고종32년(1895) 군제가 바뀌면서 기능을 상실했다. 기능을 상실하기 이전엔
군부대 주둔지답게 동서남북 사대문이 반듯한 석성이었다.

좌수영성은 지금도 옛 모습을 간직한다. 성문이 남았고 성벽이 남았다. 성내는 25
의용단이 있고 수군 깃발이 있고 좌수사 송덕비가 서른 몇 기나 있다. 수영야류며
좌수영 어방놀이며 수영의 전통예술을 보전하고 보급하는 수영민속예술관, 수영
역사가 일목요연한 수영사적원이 있다. 수영사적공원은 이 모두를 아우른다.

하마비는 수영성 남문에 있다. 남문은 무지개를 빼닮은 홍예문. 둥글다. 홍예문 양
쪽 개 석상은 이빨이 사납다. 호시탐탐 엿보는 왜구를 언제라도 물어뜯을 기세다.
남문에서 스마트폰 나침반 앱을 켜면 동쪽을 바라본다. 제자리가 아니란 얘기다.
수난을 겪었단 얘기기도 하다. 사대문 중 유일하게 남은 남문은 일제강점기 천덕
꾸러기였다. 제자리 뺏기고 수영팔도시장 인근 수영초등학교 교문으로 쓰였다. 수
영초등이 1962년 광안동으로 이사 가면서 동문이 있던 지금 자리로 옮겼다.

수령이하개하마비(守令以下皆下馬碑). 수영사적공원 하마비에 새겨진 문구다.
수령 이하는 모두 말에서 내려 걸어가란 엄명이다. 수령은 부정적인 용어로 알고
들 있지만 그 수령과는 한자가 다르다. 여기 수령은 나라의 영(令)을 지키는 공복

을 지칭한다. 고을을 다스리던 지방관인 목민관의 별칭이었다. 동래부사도 수령, 기장현감도 수령, 좌수영 수사도 수령이었다. 수령칠사(守令七事)는 목민관이 반드시 지켜야 할 책무였다.

수영 하마비는 듬직하다. 군부대 위엄의 상징답게 부산 다른 하마비와는 비교도 안 되게 듬직하다. 전국 어디 내놓아도 앞자리에 든다. 엔간한 하마비 두세 배는 크다. 우리나라 하마비 가운데 가장 높다고 알려진 경북 영양 운곡서원 166cm 하마비와 어금버금하다. 부산을 대표하고 한국을 대표하는 하마비로 치켜세울 만하다. 참고로 하마비는 전국 방방곡곡 퍼져 있다. 부울경 50기, 대구경북 58기가 있다. 이희득《하마비를 찾아서》책에 나온다.

신해 2월축(辛亥二月築)

수영 하마비는 언제 세웠을까. 정확한 기록은 없다. 좌수영성 건립 이후로 추정한다. 좌수영성 건립은 언제일까. 남문 왼쪽 벽면 '신해 2월축' 각자가 단서다. 신해

수영사적공원 하마비. '수령이하개하마비(守令以下皆下馬碑)'라고 새겼다. 수령 이하는 모두 말에서 내려 걸어가란 엄명이다. 수군부대 앞에 세웠던 하마비라서 부산의 다른 하마비는 비교도 안 되게 듬직하다.

년은 언제일까. 1652년부터 1895년 사이 신해년은 1671년, 1731년, 1791년, 1851
년이다. 1700년대 중반 고지도부터 사대문을 갖춘 좌수영성이 등장하는 걸로 봐
서 1731년 2월이 아닐까 싶다. 당시 임금은 영조(재위 1724~1776). 해군력 양성과
신무기 개발로 국방을 튼튼히 다진 군주가 영조였다. 임란으로 무너진 동래읍성을
다시 쌓은 해도 1731년이었다.

군부대 하마비는 전국 네 군데 있다. 수영과 진주 포정사, 울산 병영, 전남 강진군
병영면이다. 통영 세병관 하마비는 2014년에 세웠으니 논외다. 군부대 하마비 각
자는 대개 엇비슷하다. 맨 앞에 지방관을 명기한다. 보통 '00이하개하마비'다. 00에
들어간 글자가 수영과 진주 포정사는 수령이고 울산 병영은 토포사다. 전남 병영
면 하마비는 수령변장(守令邊將)이다. 병영은 병마절도사영이 있던 곳. 요즘으로
치면 육군 주둔지. 토포사는 도적 잡는 관직. 수령 등이 겸직했다.

좀더 알아봅시다 / **수령칠사** ┄┄┄┄┄┄┄┄┄┄┄┄┄┄┄┄┄┄┄┄┄┄┄┄

동래부사는 7+1

수령(守令)은 고을의 우두머리였다. 관찰사, 목사, 부사, 수사, 군수, 현감, 현령 같은 지방관이 모두 수령이었다. 지방관의 최고위직은 관찰사(종2품 외관직. 절도사, 감사와 같이 쓰임)였다. 방백(方伯)은 관찰사의 별칭이었다. 관찰사와 예하의 수령을 합쳐 방백수령(方伯守令) 혹은 수령방백이라 불렀다.

수령은 법으로 정한 책무가 있었다. 이를 다섯 가지 책무, 오사(五事)라 했다. 오사는 시대마다 조금씩 달랐다. 하지만 큰 틀에서 보면 거기서 거기였다. 책무의 주안점은 위민(爲民)이었고 위민은 시대를 초월하는 가치였기 때문이다. 시대를 초월하는 가치가 하나둘 가지를 지면서 5+2가 되었다. 이른바 수령칠사였다.

동래부사 집무실인 동래부 동헌(東軒) 입구. 집무실을 동헌이라 했고 부사의 살림집을 서헌이라 했다.

1. 농상성(農桑盛, 농업과 잠업을 성하게 함)
2. 호구증(戶口增, 호구를 늘림)
3. 학교흥(學校興, 학교를 일으킴)
4. 군정수(軍政修, 군정을 닦음)
5. 부역균(賦役均, 역의 부과를 균등하게 함)
6. 사송간(詞訟簡, 소송을 간명하게 함)
7. 간활식(奸猾息, 교활하고 간사한 버릇을 그치게 함)

부산을 책임지는 동래부사는 책무가 하나 더 있었다. 7+1이었다. 플러스 원은 섬나라 왜(倭)에 기인했다. 국경을 맞댄 왜는 불가근불가원이었다. 군사시설을 수시로 손보는 일, 왜 사신을 맞는 일, 왜관을 통제하는 일 모두가 동래부사 책무였다. 밀수와 성매매 온상인 왜관은 특히 골칫덩어리였다. 동래부사를 무사히 마치면 다들 "우와!" 감탄할 정도였다. 위민과 강토 수호의 정신으로 격무를 극복한 일당백의 목민관이 동래부사였다.

관직 따라
단 높이,
비석 높이 달라

동래시장 송공단비

단비(壇碑)는 제단에 세운 비. 부산에는 임진왜란과 관련된 제단이 네 군데다. 송공단과 정공단, 윤공단, 그리고 의용단이다. 동래시장 송공단(宋公壇)은 동래부사 송상현과 순절한 이들을 기린다. 좌천동 정공단(鄭公壇)은 부산진첨사 정발과 순절한 이들을, 다대포 윤공단(尹公壇)은 다대진첨사 윤흥신 형제와 순절한 이들을, 수영 의용단은 수영에서 레지스탕스 활동을 펼쳤던 25인을 기린다. 제단마다 비석마다 사연은 절절하다.

송공단은 네 제단 가운데 가장 일찍 세웠다. 시초는 1605년 동래부사 윤훤이 동래읍성 남문 안에 세운 송공사(宋公祠)였다. 송상현 사당이었다. 부산진성 정발 장군을 같이 모셨으며 사액(賜額)은 충렬사(忠烈祠)였다. 1608년에는 동래부사 이안눌이 남문 밖 농주산에 전망제단(戰亡祭壇)을 설치했다. 1605년, 1608년 이때는 임란 종전 직후라 모든 게 불비했다. 1652년 동래부사 윤문거는 동래읍성 송공사를 내산(萊山) 아래 안락(安樂) 언덕으로 옮겨서 서원으로 확대했다.

1900년대 초 제작한 '부산고지도'에 보이는 송공단. 동래동헌 뒤에 있었고 바로 옆의 꽃이 아름다웠다는 도화동(桃花洞)이 보인다.
©부산시립박물관

사당이 남문 가까이 있어서 저습하고 좁은데다 옛 규모가 보잘것없어 영(靈)을 모시기에는 적당하지 않으므로 읍중(邑中) 사인(士人)들과 더불어 동래의 남쪽 안락리에 이건하고 규모를 크게 해서 서원으로 삼았다.

송상현 효충사업은 계속 이어졌다. 1670년 남문 바깥 농주산에 송상현의 충절을 정려(旌閭)하는 동래남문비를 세운 데 이어서 1657년 9월 시호를 내렸다. 충렬(忠烈), 충현(忠顯), 의열(義烈) 중에서 충렬로 정했다. 충렬은 무슨 뜻일까. 1808년 간행한 《충렬사지(忠烈祀志)》에 나온다.

동래시장 송공단 제단의 비석들. 오른쪽 가장 높은 비석이 동래부사 송상현 순절비다. 순절자의 직위에 따라, 신분에 따라 비석이 높이가 다르다. 맨 오른쪽 딘 아래 비석은 철수와 매동의 충절을 새긴 효충비다.

송공단 제단에서 본 송공단. 내삼문 바깥으로 동래시장 건물이 보인다.

위신봉상(危身奉上, 몸을 위태롭게 하면서 윗사람을 받든 것)을 충(忠)이라 하고 강극위벌(剛克爲伐, 강직하고 자기를 이겨 적을 물리치는 것)을 열(烈)이라 한다.

송공단도 별도로 지었다. 1742년 동래부사 김석일 부사 때였다. 송상현이 순절한 정원루 부근에 동서남북 네 방향의 단을 쌓고 송공단이라 했다. 1900년대 초 10폭 병풍으로 제작한 '부산고지도'에 송공단 위치가 선명하게 나온다. 동래읍성 성내에 송공단을 지으면서 농주산 전망제단도 이리로 옮겼다.

송공단 향사(享祀) 대상은 동서남북이 달랐다. 남쪽에 해당하는 전망제단 본단은 송상현·정발·조영규·노개방, 동단은 문덕겸·비장 두 사람·시종 한 사람, 서단은 노개방 부인·금섬·애향, 남단은 송백·김상·이촌녀(二村女)·민간 순절자를 모셨다. 정발은 동래읍성이 아닌 부산진성에서 순절했으나 농주산에서 이미 같이 제사를 지내는 중이었으므로, 노개방 부인은 동래가 아닌 벼랑에 투신해 죽었으나 노개방과 합사하느라, 애향은 농주산 전망제단 때부터 모셨기에 여기 모셨다.

현재 송공단 단비는 열다섯. 송공단 경내로 들어가 내삼문을 지나면 단비들과 맞닥뜨린다. 앞줄 열한 기는 남자 순절자를 기리고 왼쪽 뒤편 별단 네 기는 여자 순절자를 기린다. 단에 모시지 않은 비석도 하나 있다. 관노 철수와 평민 매동의 충을 기리는 정려비(旌閭碑)다. 임란 순절자가 아니라서 단에 모시지 않고 본단 오른편 뒤에 별도로 모셨다. 정려비 세운 해는 1800년. 임란 순절자 시신 더미에서 송상현 시신을 수습한 충이 인정돼 세웠다.

열다섯 단비는 높이가 저마다 다르다. 단 높이가 다르고 비석 높이가 다르다. 충렬공송상현순절비의 단과 비석이 가장 높다. 다음으론 송상현순절비 오른쪽 노개방과 조영규 순난비가 높다. 두 사람 다 신분이 높았다. 노개방은 동래향교 교수였고 조영규는 양산군수였다. 두 사람은 목숨을 버리고 의리를 택했다. 노개방은 귀가

송공단 본단 뒤편의 별단에 모신 순절기 4기. 의녀(義女), 기녀(妓女), 부녀(婦女) 등 모두 여자 순절자 비석이다. 조선시대 남녀의 구별이 비석의 위치도 구별했다.

부산박물관 '열녀금섬지사(烈女金蟾之祠)' 편액. 금섬 사당에 걸렸던 편액이다. 송상현의 첩 한금섬은 전사한 송상현을 곁에서 지키다가 순절했다. 그때 나이 14세였다.

했다가 비보를 듣고는 성인들 위패를 지키려고 부랴부랴 입성했으며 조영규는 양산에서 군사를 이끌고 입성했다.

송상현순절비 왼쪽 비석 여덟 기는 크기가 다 같다. 크기는 다 같아도 단 높이는 조금씩 차이가 난다. 왼쪽 첫 넷과 다음 셋, 그리고 마지막 하나의 단 높이가 다르다. 왼쪽에서 단이 가장 높은 첫 넷은 김희수, 송봉수, 양조한, 문덕겸 순난비다. 김희수와 송봉수는 송 부사를 경호하다 함께 순절한 군관이다.

칼 대신 붓을 든 유생도 안타까운 최후를 맞았다. 유생 양조한과 문덕겸. 그들은 노개방과 같이 성인들 위패를 지키다 순절했다. 동래 출신 화가 변박이 그린 보물 제392호 동래부순절도에는 유생 차림으로 2층 누각을 응시하는 세 사람이 보인다. 그들이 노개방과 양조한, 문덕겸이다. 2층 누각은 성인들 위패를 임시로 안치한

정원루다.

다음 세 기는 중간 높이. 김상과 송백, 그리고 신여로를 기리는 순절비. 평민 김상은 지붕에 올라가서 기왓장을 내던지며 저항하다가 순절했다. 송백은 향리였다. 동명이인 두 사람이라서 대송백, 소송백으로 불렀다. 군관 김희수와 송봉수 등 사오 인과 향리 대송백과 소송백, 관노 철수와 부민 매동 등이 송상현 부사 좌우에서 부사를 지켰다. 희수와 봉수, 대송백 등은 격투하다가 죽었다.

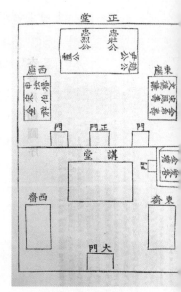

1808년 편찬 《충렬사지》에 실린 충렬사 합향도(合享圖). 여러 조상을 함께 제사 지내던 향을 그린 그림으로 여기에서도 남녀를 구별했다. 여자인 금섬과 애향 신위를 내삼문 바깥에 두었다

> 성은 드디어 포위되고 송상현은 성의 남문에 올라 반나절 동안 독전하였으나 성은 함락되고 말았다. 송상현은 갑옷 위에 조복을 덮어 입고 의자에 앉아 움직이지 않았다. 적병이 모여들어 산 채로 잡으려 하니 송상현은 신 끝으로 차서 아들을 막았으나 드디어 해를 당하였다.

송상현 최후는 비감하다. 의연하고도 결연하게 죽음에 임했다. 송상현의 비감한 최후에 마음이 움직인 적장은 그의 시신을 비단에 싸서 성 밖에 가매장하고는 '충신 송상현 묘'라고 썼다. 왜적의 칼날에 송상현이 눈을 부릅뜨고 수염을 치켜들며 순절하자 첩 금섬은 시신을 부여안고 통곡했다. 사로잡혀서도 사흘간 왜적을 꾸짖다가 살해되었다. 왜장은 금섬을 송상현 묘 아래 묻었다.

부산박물관 동래남문비 기록과는 약간의 차이가 난다. 남문비에는 송백과 철수, 매동이 공의 시신을 수습해 매장하자 왜적이 도왔고 금섬을 같이 묻었다고 새겼다. 넓게 보면 그 말이 그 말일 수도 있겠다. 한금섬(韓金蟾)은 본래 함흥 기생이었다. 13세에 송상현을 따라서 동래로 왔다가 이듬해 순절했다. 대연동 부산박물관

충렬사 외삼문과 '충렬사' 현판. 현판 글씨는
1972년 3월 당시 박정희 대통령이 썼다.

동래구 안락동 충렬사 '전사이가도난(戰死易
假道難)' 비석. 임진왜란 때 왜적에 결사항전
한 이들의 부산 정신을 기린다.

에 열녀금섬사당 편액을 전시한다.

서얼(庶孼, 서자와 그 자손) 신여로 최후 역시 비감하다. '늙은 어머니를 모셔라'는 송 부사 지시를 따르려고 집으로 가다가 동래성 함락 소식을 듣고선 되돌아가 함께 죽었다. 단 높이가 다른 마지막 비석의 제액은 동시사난민인위(同時死亂民人位). 당시 순절한 이름 모를 백성들을 기리는 비석이다.

뒤편 별단(別壇)은 여자 순절자를 모셨다. 비석은 네 기다. 의녀위(義女位) 둘과 금섬순난비, 동시사난부녀위다. 두 의녀는 지붕에 올라가 기왓장을 깼고 김상은 이를 받아 적에게 던졌다. 변박 동래부순절도에 지붕 두 의녀와 김상이 나온다. 충렬사지도 언급한다.

적이 떠난 뒤에 김상 어머니가 가서 보니 아들은 두 여인과 함께 죽어 있고 적 3인이 또한 그 옆에 죽어 있어서 김상이 죽인 것을 알 수 있었다.

敵去祥母往視之祥與二女同死
敵三人亦死於其側知爲祥所殺也
적거상모왕시지 상여이녀동사
적삼인역사어기측 지위상소살야

부산 정신은 전사이 가도난(戰死易假道難)이다. '싸워서 죽기는 쉬워도 길을 빌려주기는 어렵다'이다. 길을 빌려주는 대신 죽음을 택한 이들을 모신 송공단과 비석들. 부산 정신이 번갯불처럼 '버번쩍거리는' 곳, 거기가 송공단이고 송공단 단비다.

죽는 게
의義인가,
사는 게
인仁인가

송공단 철수·매동 효충비

"내 허리 밑에 콩알만 한 사마귀가 있으니 내가 죽으면 그것을 표적으로 삼아서 내 시체를 거두라."

송상현광장은 부산을 대표하는 광장이다. 부산진구 부전시장과 양정 사이에 있다. 송상현은 부산시장에 해당하는 동래부사를 지냈던 공직자. 1591년 9월 부임해 이 듬해 4월 임진왜란 동래읍성 전투에서 전사했다. 전사한 날은 4월 15일. 전사하기 직전 유언 몇을 남겼다. 그중의 하나가 신체 특징을 이야기하며 시신을 수습해 달란 거였다.

의문이 든다. 시신 찾는 일에 왜 신체 특징을? 왜군의 무자비성이 엿보이는 대목이다. 왜군은 무자비해서 참수가 횡행했다. 그러기에 얼굴 없는 시신을 예감하고서 사마귀 이야기를 꺼냈다. 동래읍성 전사자의 시신 수습은 실제로 난망했다. 송상현과 함께 전사한 양산군수 조영규 시신은 끝내 찾지 못했다. 조 군수 아들이 시신 더미를 헤쳐서 찾아보았으나 허사였다. 천백 명 중에 한둘 살아남았다고 했으니 산을 이룬 시신에서 어찌 찾았을 텐가.

동래 화가 변박이 1760년 그린 '동래부순절도'의 부분 확대. 1592년 4월 15일 동래읍성 전투를 묘사한 그림이다. 한가운데 분홍색 관복이 송상현 부사고 호위무사들이 에워쌌다. 이 어디에 철수와 매동이 있었을 것이다. ©육군사관학교 육군박물관

철수(鐵壽)와 매동(邁同). 송상현의 시신 수습 유언을 받든 관노(官奴)였다. 송상현의 행장을 정리한 《충렬사지》는 매동을 관노 또는 부민(府民)으로 표기한다. 송상현이 결사 항전할 때 철수와 매동은 송상현을 지켰다. 이름이 같아서 대송백, 소송백이라 불린 송백과 군관 몇 명이 함께했다. 소송백과 철수와 매동. 이들은 장렬한 죽음 대신 더 장렬한 삶을 택한다. 목숨에 대한 애착은 추호도 없지만 살아서 송상현의 유지를 받들고자 하였다. 송상현 등의 행적을 1767년 집대성하고

1808년 간행한《충렬사지》와 달리 이보다 훨씬 이전
인 1670년 세운 동래남문비는 이들 셋의 행장을 구
체적으로 새긴다.

> 동래부의 소리(小吏) 송백과 관노 철수와 매동이 공
> 의 시신을 수습하여 북산 밤숲[율림(栗林)]에 파묻
> 었는데 왜적이 그 상을 거들어 제문을 지어 제사하
> 고, (사흘간 왜적을 꾸짖다가 죽은) 금섬 또한 같이
> 묻는다. 그런 다음 적 중에 공을 해친 자를 끌어내
> 어 죽였다. 이로부터 남문 위에는 항상 붉은 기운이
> 하늘에 뻗쳐 있으면서 수년 동안 없어지지 않았다.

동래읍성 북산은 마안산(馬鞍山). 말안장을 닮았다
는 산이다. 복천박물관과 복천동 고분 있는 거기다.
동래 진산 윤산의 남쪽 봉우리며 옛 동래읍의 주산
이었다. 마안산 주 능선을 따라서 동래읍성 성터가
있고 마안산 동래사적공원 시민 휴식처라서 찾는 사
람이 많다. 부산 3·1독립운동 기념탑이 웅혼하다. 동
래읍성 북장대에선 새해 해맞이 행사가 열린다. 송
상현 시신을 처음 수습해 가매장했던 곳이 마안산
어디쯤 있던 밤숲이었다. 이를 알리는 표지석 하나
세우면 어떨까 싶다.
《충렬사지》는 여기저기 감동적 장면을 연출한다. 드
라마보다 드라마 같은 역사를 담았다. 구절구절, 그

동래시장 송공단에 있는 철수와 매동의 효충비. 정식 명칭은 고관
노철수매동효충비(故官奴鐵壽邁同效忠碑)다. 철수와 매동의 충절
을 본받자고 1800년 4월 세운 정려비다.

송공단 내부. 제단 가운데 보이는 가장 높다란 비석이 동래부사 송
상현을 기리는 비석이다. 맨 오른쪽 나무 아래 조그마한 비석이 철
수매동효충비. 철수와 매동은 관노(官奴)라서 단에 올리지도 않
았고 높이도 가장 낮은 단갑이다. 비를 처음 세울 때는 송공단 한쪽
틈[단측일극지(壇側一隙地)]에 세웠다.

리고 행간행간 소맷귀를 적신다. 왜란이 끝난 후 송상현 동생 상인과 매동의 상봉 장면은 특히 그렇다. 공의 관이 왜적 치하에 있을 때 동래부민 매동이 해마다 송공 제삿날 제사를 성대하게 지냈으며 뒷날 송공의 아우 상인(象仁) 집에 들러 공이 순절한 일을 상세히 말하며 애도했다는 일화다. 애도하는 장면이다.

> (부민 매동은) 후일 공의 동생 상인을 찾아와서 공이 절의에 죽은 일을 말하였는데 오열(嗚咽)을 스스로 이기지 못하며 고기를 대접하니 먹지도 않고 말하기를 "금일 우리 공의 동생을 뵈니, 마처 우리 공을 뵈옵는 것과 같은데 어찌 차마 고기를 먹겠나이까?" 하였다.

복이라면 복이었다.《충렬사지》발간이 예정보다 늦어지는 바람에 철수와 매동의 충절이 거기 실렸다. 앞에 썼듯《충렬사지》가 기록을 집대성한 때는 1767년. 영조 때였다. 발간은 1808년 순조 때 이뤄졌다. 이런저런 이유로 발간이 늦어지면서 철수와 매동 항목이 1800년 2월 기존 기록에 추가됐다.《충렬사지》권9 '송공단 시말(始末)' 끝부분에 실린 '고(故) 관노 철수매동 효충단 사적(事蹟)'이 그것이다. 사적은 철수와 매동의 행장을 동래남문비보다 구체적으로 밝힌다.

> (철수와 매동은 송상현의) 유언을 저버리지 않고 쌓인 시신 가운데서 마침내 공의 시신을 거두어 임시로 율림원(栗林原)에 묻어두고 매 휘일(諱日, 기일)과 절신(節辰, 명절날)에는 반드시 정찬으로 제사하였다.

속전속결이었다. 1800년 경신년 2월《충렬사지》에 추록(追錄)되자 그해 4월 효충비(效忠碑)를 세운다. 그때 동래부사는 김관주였다. 김 부사는 1799년 5월부터 1800년 7월까지 동래부사를 지냈다. 김 부사의 열린 마음이《충렬사지》추록과 효충비 건립으로 이어졌다. 효충은 충을 본받는 것. 비록 관노 신분이지만 그들이 보인 충은 충분히 돌에 새길 만했다. 충렬 사 춘계 제사 때 유생 김곤, 곽순형 등은 이들의 충을 본받는 비석 세울 것을 동래부에 청원한다.

마안산 부산 3·1독립운동 기념탑. 송상현 시신을 처음 수습해 가매장했던 곳이 마안산 어디쯤 있던 밤숲이었다. 이를 알리는 표지석 하나 세우면 어떨까.

> 아아, 죽음과 삶은 비록 다르나 충의는 같은 것이오, 그 포상의 은전은 마땅히 귀천의 구별이 없을 것인데 슬프다, 이 두 노복에게는 아직도 정수(旌酬, 장한 일에 대한 보답)의 도리가 빠졌으니 실로 불충분한 결전(缺典, 빠진 부분이 있는 의식)이라 하겠습니다. 단사(壇祀)의 경우는 본부(本府, 동래부)에서 의기(義起, 의롭게 시작)한 일이오니 마땅히 송공단의 단측(壇側) 한쪽 구석에 단갈(短碣, 자그마한 비석)을 세우고 표창하도록 하소서.

동래부의 응답은 전광석화였다. 만방에 널리 알려도 좋을 충 이라서 그랬겠지만 200년 넘게 '나 몰라라' 했던 철수와 매동에 대한 미안함은 왜 없었겠는가. '유생들의 장계로 인한 처분' 형식을 빌려 다음과 같이 결정한다. 여기 번역은 모두 충렬사 안락서원에서 1978년 발행한 《충렬사지》 인용이다.

> 판노에게 신칙(申飭, 단단히 타일러서 지키도록 함)하여 단의 담장 밖에 단갈을 세우고 고관노철수매동효충비(故官奴鐵壽邁同效忠碑)라고 써서 단제(壇祭)를 지내는 날에 판노로 하여금 행제(行祭)케 하고 제물은 관에서 마련하도록 하였다.

고관노철수매동효충비. 송공단(宋公壇)의 철수와 매동 효충비의 정식 명칭이다.

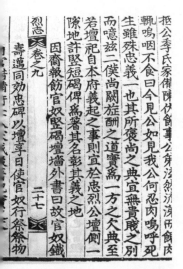

《충렬사지》의 철수와 매동에 관한 항목. 송상현
부사 등의 행장을 기록한 《충렬사지》는 1767년
원고를 마무리했으나 1808년 발간했다. 발간이
늦어진 바람에 철수와 매동의 행장이 실릴 수
있었다. 철수와 매동 항목은 1800년 2월 추록
(追錄)했다.

오래전 작고한 이들이기에 고(故)를 썼다. 송공단은 동래시
장에 있다. 임진왜란 때 순절한 송상현 동래부사 등을 기린
다. 철수·매동 효충비는 함께 순절하진 않았어도 충절을 지
킨 철수와 매동을 널리 알리는 정려비(旌閭碑)에 해당한다.
비음의 음기는 철수와 매동의 행장을 격정적인 문장으로 알
린다. 200년 넘게 '나 몰라라' 했던 철수와 매동에 대한 미안
함으로 각골난망 못지않은 각석난망(刻石難忘) 비석을 세
웠다. 이 글을 쓰는 나 역시 400년 넘게 그들을 몰랐던 미안
함으로 비음에 새긴 그들의 행장을 또박또박 읽는다.

아! 인(仁)이란 본래 자신을 죽임으로써 이루는 것이고, 의
(義)는 삶을 버림으로써 취하는 것이다. 그러나 오직 당면한
도리를 능히 다할 수 있다면 비록 자신을 보전하고 삶을 도
모하더라도 또한 인과 의라고 할 수 있다. 이 두 명의 관노
는 송상현 부사를 전쟁터에서 모시면서 사마귀를 징표로 자
신의 시신을 수습해 달라는 부탁을 받았다. 그런즉 삶을 버리고 공을 따라 죽는 게
의인가. 자신을 보전하여 공의 시신을 찾는 게 인인가. 도리를 아는 군자가 그 사이
에서 헤아려 보면 두 관노가 죽지 않은 마음을 반드시 알 수 있을 것이다. 그렇다면
오늘 정려(旌閭)를 세워 기리는 것도 어찌 그만둘 수 있겠는가? 또한 늦었다고 할
수 있도다!

붉디붉은
동백
'부산의 꽃'

좌천동 정공단비

정공단(鄭公壇)은 킬링필드였다. 임진왜란 첫 전투의 현장이었다. 전투는 치열했고 치열했던 만큼 보복은 잔혹했다. 남녀노소 가리지 않았다. 두 발로 걷든 네 발로 기든 닥치는 대로 죽였다. 움직이는 것, 피 흘리는 것은 죄다 도륙했다. 1592년 4월 14일, 양력으로 5월 24일이었다. 옷이란 옷, 핏물 들고 땅이란 땅, 핏물 들었다. 검붉게 핏물 든 현장에 1766년 세운 제단이 정공단이다.

정공단 단비는 다섯. 가운데 둘, 왼편 둘, 오른편 하나다. 《충렬사지》 정공단 편에 관련 언급이 나온다.

> 단은 부산진성 밖의 옛날 성터 정공 순절지에 있다. 단 앞에 비를 세워 정공단 석 자를 쓰고 단 서쪽에 남향으로 별단을 세워 이정헌을, 단 동쪽에 서향으로 별단을 세워 열녀 애향을, 서쪽 가에 남으로 가까이 동향으로 전망제인단(戰亡諸人壇)을 만들었다. 남쪽 층계 아래에 충노 용월의 단을 만들어 담을 둘러싸고 남으로 문을 버었다.

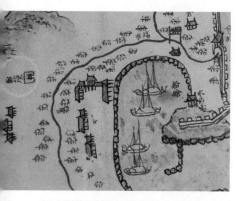

1872년 제작한 군현지도에 보이는 정공단. 지도 왼편 상단에 보인다. 부산진성 바깥 선창에는 거북선 4척이 정박했다. ⓒ규장각

정공은 정발 장군을 가리킨다. 정발은 부산진 첨사였다. 조선시대 부산진에 주둔했던 수군부대 지휘관 정발은 조선을 침범한 중과부적 왜적에 맞서 악전고투했고 순절했다. 이정헌은 막료다. 함께 순절했다. 열녀 애향은 정공 시신 곁에서 스스로 목을 찔러서 죽었다. 나이 열여덟이었다. 전망제인은 싸우다 죽은 부산진 모든 사람을 이른다. 노비 용월은 왜적에게 달려들어 죽었다. 단 한가운데 비석은 충장공정발장군비(忠壯公鄭撥將軍碑). 충장공은 정공 사후 내려진 시호

정공단 정발 장군 순절비. 뒷면에 '여기가 바로 옛날 (부산)진 남문 자리다. 공은 임진년 4월 14일 여기서 순절하셨다'고 새겼다.
광복 직후인 1948년 세운 개건비다.

다. 범일동 부산진성 정상에 있는 기공비의 주인공인 명나라 천마리 장군의 시호
와 같다. 정발장군비 바로 옆 비석은 증좌승지이공정헌비(贈左承旨李公廷憲碑)
다. 이정헌은 관직이 없는 막빈(幕賓)이었지만 정3품 당상관 좌승지로 추증됐다.
한 단 아래 동쪽 비석은 열녀애향비(烈女愛香碑), 서쪽 비석은 전망제인비, 다시
한 단 아래는 충복용월비(忠僕龍月碑)다.

여기가 바로 옛날 (부산)진 남문 자리다. 공은 임진년 4월 14일 여기서 순절하셨다.
址卽古鎭南門也 公於壬辰四月十四日 殉節此地
지즉고진남문야 공어임진사월십사일 순절차지

충장공정발장군비 음기다. 측면에는 건립 연도가 보인다. 그런데 좀 이상하다.
1808년 《충렬사지》에 언급될 정도로 옛 비석인데 국기(國紀) 4281년 건립이라 새

겼다. 국기 4281년은 서기 1948년. 광복되고 나서 세웠다는 이
야기다. 왜 그런가. 일제강점기 제단이 폐쇄당하고 유물과 비
품이 몰수되고 하면서 비석이 크게 훼손돼 해방 이후 새 비석
을 세웠다. 다른 단비도 같은 해 새로 세웠다. 옛 비석과 새 비
석은 한동안 같이 있다가 2009년 5월 옛 비를 제단 뒤에 묻었
다. 지금 단비는 새 비석, 개건비다.

개건비라 해서 아쉬워할 건 없다. 정공단을 조성한 해는 영조
42년(1766). 그보다 5년 앞서 세운 비석을 정공단 경내 고이 모
셨다. 제목은 개건비와 달리 '장군' 두 자를 뺀 충장공정발전망
비(戰亡碑)다. 정공을 추모하는 비다. 원래 자리는 자성대 바
닷가 영가대였다. 일제강점기 기찻길을 낸다며 해를 입혔다.

전망비는 대단히 위엄스럽다. 두 마리 용과 구름무늬를 새긴
이수며 비각이며 극존칭 비석이다. 비문은 산문인 서와 운문

정공단 비각에 모신 정발 장군 전망비(戰亡碑). 1766년 비석이다. 원래 자리는 자성대 바닷가 영가대였다. 일제강점기 기찻길을 낸다며 한갓진 이리로 옮겨졌다.

동구 좌천동 정공단비. 1592년 4월 14일, 양력으로 5월 24일 그날 벌어진 부산진성 전투에서 순절한 이들을 모시는 제단이다. 1766년 세웠다. 단비(壇碑)는 모두 다섯. 가운데 둘, 왼편 둘, 오른편 하나다.

정공단 입구. 외삼문이 장중하면서 경건하다. 안으로 들어서면 정면과 왼편에 비석들이 보인다.

인 명을 둘 다 갖췄다. 서는 내력을 이야기하고 명은 공덕을 노래한다. 전망비 앞 구절이다. 부산진성 전투가 얼마나 치열했는지 보여준다.

> 화살을 쏘아 적이 무수히 죽었다. 하루 만에 적의 시체가 산처럼 쌓인 게 세 군데나 되었다.
> 射殘敵無數 一日之內
> 敵屍之山積者 凡三處矣
> 사에적무수 일일지내
> 적시지산적자 범삼처의

흑의장군. 왜장이 가장 두려워한 조선의 장군이었다. 검은 갑옷을 입은 장군, 곧 정발이었다. 정공은 평소 검정 철릭을 즐겨 입어서 흑의장군이라 불렸다. 화살이 떨어져 전세가 밀리자 부하 장수들은 간청한다. 성을 빠져나가 구원병을 기다리자고. 정공은 단호히 거부하고 끝내 적의 흉탄을 맞고 순절한다.

정공단 내부. 외삼문 왼편 비각에 모신 비석은 정발 장군 전망비(戰亡碑)고 그 앞에 보이는 비석들은 여기저기서 여기로 온 이런저런 공덕비다.

《충렬사지》는 부산진성 전투 전야의 정경을 담담하게 묘사한다. 음력 13일 구름 한 점 없는 밤하늘엔 달빛이 낮과 같이 밝았다. 왜적은 성의 동서남북 네 벽에 붙어 긴 포위망을 폈다. 장군은 검을 짚고 성루에 기대고선 장님에게 퉁소를 불도록 했다. 편안하고 조용함이 평일과 같았다. 이튿날 새벽 적이 육박하여 성에 오르니 칼의 정기가 하늘에 뻗치고 포성이 땅을 진동했다.

전투는 비극으로 끝났다. 비극의 땅엔 선혈이 낭자했다. 침략이란 의롭지 못한 행위에 맞섰던 모든 부산진 사람들. 그리고 모든 부산 사람들. 우리보다 앞서 부산에 살았던 이들 선혈이 스며들어 부산의 꽃 동백은 지금도 붉디붉다.

동래 화가 변박이 1760년 그린 부산진순절도 부분 확대. 성루 검은 갑옷을 입은 이가 정발 장군이다. 검은 갑옷을 입어서 흑의(黑衣)장군으로 불렸다. ©육군사관학교 육군박물관

좀더 알아봅시다 / **열녀 애향**

공의 시신 곁에서 목을 찔러 자결하다

부진열녀애향신위(釜鎭烈女愛香神位). 동래 충렬사 의열각(義烈閣)에 모신 열녀 애향 위패다. 정
공단은 물론 충렬사에서도 향사를 지낸다는 얘기다. 의열각에는 애향 말고도 세 여인을 더 모신
다. 동래읍성 전투에서 지붕에 올라가 기왓장으로 적을 죽인 의녀 두 명과 동래부사 송상현을 죽
인 왜적을 사흘간 꾸짖다가 순절한 의기 금섬이다.

충렬사는 유교관에 입각한 남자 중심 공간. 본전에 모신 위패 89기 주인공이 모두 남자다. 그런데
도 네 여인 향사를 지내는 건 의열이 남자 못지않거나 앞섰다는 방증이다. 본전에 모시지 않고 별
각에 모신 게 불만이긴 해도 이것민 해도 어딘가 싶다. 여인들 의열은 그림으로 문상으로 남아 지
금도 생생하다. 정공단 충장공정발전망비에 새긴 애향의 자결 장면이다.

> 공의 첩 애향은 공이 죽었다는 말을 듣고 달려와 곡하며
> 시신 곁에서 스스로 목을 찔러서 죽었다.
> 公之妾愛香 聞公死 奔哭自刎於屍旁
> 공지첩애향 문공사 분곡자경어시방

눈을 감으면 장면 몇이 겹친다. 공이 죽었다는 비보를 듣고 버선발로 달려가는 장면, 시신을 붙들
고 곡하는 장면, 급기야 열여덟 나이에 스스로 목을 찌르는 장면. 얼마나 애달팠을까. 얼마나 분했
을까. 킬링필드 부산진성을 적신 애향의 선혈은 지금도 뜨겁고 붉다.

정공단은 동구 좌천동에 있다. 도시철도 1호선 좌천역 5번과 7번 출구 샛길로 들어가면 보인다.
정공단 왼쪽 담벼락 골목에 있는 부산진일신여학교 2층 벽돌 건물은 역사의 현장이다. 이 학교
여선생과 여학생은 부산 최초 3·1운동 주역이다. 부산 여장부의 의열은 몇백 년 시차를 두고도 이
렇듯 뜨겁고 붉다.

2012년은 임진왜란이 일어난 지 420년 되는 해였다. 60년이 한 주갑이니 7주갑 되는 해가 2012
년이었다. 부산박물관은 임란 발발 7주갑 특별기획전을 열었다. 기획전 소책자 제목이 '순절자 사

당의 존엄성을 각인시켜 재건 의지를 고양하고 전쟁의 기억을 통해 지역민 정서를 환기했다였다. 60년이 일곱 번 지나면서 전쟁의 기억 정공단을 찾는 사람은 지금 뜸하다. 찾는 사람 뜸한 정공단을 달래느라 초겨울 스산한 바람이 불고 또 분다. 어떻게 보면 뜨거운 바람이고 어떻게 보면 붉은 바람이다.

정공단 제단의 오른쪽 단비인 열녀애향비. 정발 장군이 전사했다는 비보를 접하고선 스스로 목을 찔러 자결한 애향을 기린다. 킬링필드 부산진성을 적신 애향의 선혈은 시대가 바뀌어도 뜨겁고 붉다.

동래 안락동 충렬사의 의열각. 의열각은 부산진성 열녀 애향과 동래읍성 의기(義妓) 금섬, 그리고 두 의녀(義女)를 기린다. 부산진성 애향은 정발 장군이 전사했다는 말을 듣고 달려와 곡하며 시신 곁에서 목을 찔러서 자결했고 동래읍성 금섬은 동래부사 송상현을 죽인 왜적을 사흘간 꾸짖다가 순절했다. 두 의녀는 동래읍성 전투 중 지붕에 올라가 기왓장으로 항전했다.

'용사_{龍蛇}의 난'을
오롯이
새기다

다대포 윤공단비

윤공단(尹公壇) 가는 길은 돌계단이 아득하다. 계단은 145계단. 얼마큼 걸어야 저 계단 끝에 서나. 한 생애가 다 가도록 계단 끝에 서지 못하는 사람은 오죽 많을 텐가. 그래도 나는 다행이다. 계단 끝에 서는 데 쉰 해밖에 걸리지 않았으니. 한 생애가 다 가기 전 계단의 끝에 서게 되었으니.

단비는 셋. 계단 끝에 서면 윤공단이 시야에 들어온다. 가운데 듬직한 단비가 먼저 보이고 이어서 양옆 아담한 단비가 보인다. 단비에 새긴 글씨는 모두 붉다. 한 글자 한 글자 피눈물로 써서 그렇다. 돌팍에 한 땀 한 땀 피눈물로 새긴 문신이 단비 글자다. 돌아보면 내가 써 댄 글은 얼마나 가벼웠나. 얼마나 얕았나.

윤공단도 송공단, 정공단처럼 제단이다. 임진왜란을 일으킨 왜적에 맞서다가 순절한 다대진첨사 윤흥신 장군과 민관군을 기린다. 1765년 세웠다. 임란이 일어난 해는 1592년. 제단을 세운 해와 170년 정도 시차가 난다. 목숨을 버려 나라를 지키려 한 충절을 기리는 제단치곤 시차가 너무 난다. 이유는 단 하나. 몰랐다. 위정자 득시글대는 한양에선 100년 넘도록 그런 충절이 있었는지 까마득히 몰랐다. 제단에 비석을 세운 건 또 세월이 한참 흘러 1841년이었다.

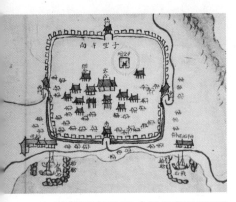

1872년 제작한 군현지도에 보이는 다대진. 다대진성 안에 윤공단이 보인다. 애초에 거기 있었다. 다대진성 자리에 1904년 개교한 다대초등학교가 들어섰고 지금은 유아교육진흥원이 들어섰다. 상단에 보이는 '자좌오향(子坐午向)'은 자방(子方)을 등지고 앉아 오방(午方)을 바라본다는 말. 정북(正北)을 등지고 정남(正南)을 바라보는 이야기다. ⓒ규장각

다대진 충절을 널리 알린 1등 공신은 조엄이었다. 일본에서 고구마를 들여와 조선의 굶주림을 달랜 그 조엄이었고 영도 조내기고구마가 그 고구마였다. 조엄은 동래부사와 경상감사, 조선통신사, 이조판서 등을 지냈다. 아들 조진관은 조선 유일하게 육조 판서를 모두 지냈고 손자 조인영은 영의정을 지냈다.

조엄이 동래부사로 온 때는 1757년. 온 다음 날 충렬사를 찾아 참배했다. 충렬사엔 송상현 부사

와 정발 첨사만 신주가 있었고 윤흥신 첨사는
빠져 있었다. 조엄 부사는 의아했다. 소문으
로 들어서 윤 첨사 충절을 어느 정도 알던 터
였다. '왜 빠졌을까?' 조엄은 자료 발굴과 현장
조사에 나섰다.

마침내 전체 윤곽을 그렸다. 이를 바탕으로
제단 세우는 근거를 마련했다. 이러한 과정은
《충렬사지》권3 윤공유사(尹公遺事)에 실렸
다.《충렬사지》는 부산지역 임란 순절 충신들
의 항전을 기록한 책. 기록은 1767년 마무리
했으나 발간은 1808년 이뤄졌다. 거기에 윤공
단을 늦게 세운 이유가 나온다. 요약이다.

다대포 윤공단 홍살문과 돌계단. 계단은 145계단. 얼마큼 걸어야 저 계
단 끝에 서나. 한 생애가 다 가도록 계단 끝에 서지 못하는 사람은 오죽
많을 텐가.

단은 원래 다대진 객관(객사) 동쪽에 있었다.
윤흥신 첨사가 전사한 자리에 단을 세웠다. 임
란이 끝난 뒤 순절한 이를 표양(表揚)하였으나
다대진은 동래부에서 50리나 떨어져 있고 당
시의 일을 말하는 자가 없었다. 변방이라 관리
들도 잘 가지 않아 사적이 매몰되어 거의 200

뒤에서 본 윤공단 단비(壇碑). 1592년 임진왜란 다대진 전투에서 순절한
윤흥신 첨사와 민관군을 기리려고 1765년 세웠다. 순절과 건립은 170년
시차가 난다. 왜 그랬을까. 다대진 전투에서 순절한 이가 있는지 몰랐다.

년 가까이 되었다. 영조 37년 경상감사 조엄이 사적을 찾아 장계를 올렸고 4년 뒤
(1765) 첨사 이해문이 단을 쌓고 제사하였다.

윤공단은 애초 다른 자리에 있었다. 145 아득한 돌계단 너머가 아니라《충렬사지》
가 밝힌 대로 다대진 객사 동쪽 윤 첨사가 전사한 평지였다. 거기가 어딜까. 답은

윤공단 윤흥신 첨사 순절비의 비음. '석재용사지변(昔在龍蛇之變)'으로 시작한다. 해석하면 '옛날에 용사(龍蛇)의 난이 있었다'이다. 왜란 첫해 임진년은 용띠 해, 다음 해 계사년은 뱀띠 해라서 임진왜란을 다른 말로 '용사의 난'이라고 한다.

옛날 그림에 나온다. 옛날 그림은 '부산의 김홍도'로 불리며 임진왜란 전쟁기록화를 남겼던 이시눌의 1834년 작품 '임진전란도' 다대진성 전투 장면이다. 이 그림에 윤공단 원래 자리를 명확하게 표시했다.

古池今壇而壇 則移模於障頭
고지금단이단 즉이모어장두

'임진전란도' 다대진성 전투 그림은 연못을 유난히 강조한다. 성을 가운데 두고 벌어지는 전투 장면인데도 유독 연못을 객사 동쪽에 큼지막하게 그렸다. 연못을 대단히 중요하게 봤다는 방증이다. 연못만 그린 게 아니라 연못 내력까지 밝혔다. '古池今壇(고지금단)'으로 시작하는 12자가 그것이다. '옛날엔 연못, 지금은 (윤공)단' 거기가 윤첨사가 전사한 자리였다. 이전에는 다대초등학교, 지금은 부산시 유아진흥교육원 자리가 거기다.

윤공단은 이후 풍상을 겪었다. 1895년 갑오개혁으로 다대진이 없어지면서 방치되었고 다대진 동헌은 1904년 다대포사립실용학교(현 다대초등학교) 교실로 썼다. 1970년 다대초등 운동장 공사를 벌이면서 동헌은 그해 12월 5일 몰운대로 이전했다. 같은 시기 윤공단은 다대초등 맞은편, 현재 자리로 옮겼다.

다대진은 첨사영이었다. 다대진 최고위직이 종3품 첨사였다. 군인으로 치면 해군 준장쯤이다. 다대진 관아 건물로는 동헌이 유일하게 남았다. 동헌은 1972년 6월 26일 부산시 유형문화재 '다대포 객사'로 지정됐다. 이후 객사가 아닌 동헌이란 주

다대포 몰운대에 있는 다대진 동헌. 다대진 관아 건물로는 동헌이 유일하게 남았다. 동헌은 1972년 6월 26일 부산시 유형문화재 '나대포 객사'로 지성됐다가 이후 객사가 아닌 동헌이란 주장이 입증돼서 2020년 7월 다대진 동헌으로 명칭을 변경했다.

동래 충렬사에 전시 중인 다대진 첨사 갑옷과 투구. 다대진은 첨사영이라고도 한다. 다대진 최고위직이 종3품 첨사였다.

장이 나왔다. 부산시 문화재위원회는 심의를 통해 2020년 7월 29일 '다대진 동헌'으로 명칭을 변경했다. 현재 다대포 몰운대 풍광 빼어난 곳에 자리잡았다.

윤공단 가운데 단비는 듬직하다. 제액은 첨사윤공흥신순절비. 윤흥신 장군을 기린다. 1841년 세웠다. 제단 지은 지 70년 후였으며 '임진전란도'를 그린 1834년과는 겹친다. 이 무렵 성역화 작업이 체계적으로 이뤄졌음을 짐작할 수 있다. 제단을 짓고도 추모비 하나 없이 방치되다가 70년 후 비로소 세운 단비! 만시지탄이긴 하나 재조명됐으니 그나마 다행이었다.

70년 만의 재조명은 어떻게 해서 가능했을까. 다대문화연구회 한건 회장이 그걸 책에 썼다. 역저《다대포 역사 이야기》에 풍양 조씨 3대에 걸친 공덕이 재조명으로 이어졌다고 밝혔다. 조엄의 유지를 아들 조진관이 이어받고 다시 손자 조인영이 이어받아 비로소 윤공단이 들어섰다는 이야기다.

순절비 왼쪽 단비는 순란사민비(殉亂士民碑)다. 오른쪽은 의사윤흥제비(義士尹興悌碑). 순란사민은 임진왜란으로 순절한 양반과 평민이다. 윤흥제는 윤흥신 동생. 형과 순절했다. 순절비 비문은 형제의 최후를 비감하게 묘사한다.

> 적들이 공을 포위하여 칼날이 어지럽게 떨어질 때 흥제가 공을 껴안고 함께 죽었
> 다. 껴안은 것이 너무 견고하여 끝내 풀지 못하고 같은 관에 넣고 묻었다.

'석재용사지변(昔在龍蛇之變).' 윤흥신 순절비 음기는 12행. 단아한 해서체다. 12
행 음기는 '옛날에 용사(龍蛇)의 난이 있었다'로 시작한다. 용사의 난은 임진왜란
을 이른다. 왜란 7년 가운데 첫해와 다음 해가 가장 처절했고 처참했다. 첫해 임진
년은 용띠 해, 다음 해 계사년은 뱀띠 해. 그래서 임진왜란을 다른 말로 '용사의 난,
용사의 난' 그런다. 난중일기와 유사한 용사일기, 용사일록이 전한다.
순절비 음기는 대단히 특이하다. 한 사람이 아니고 두 사람이 썼다. 비문 따로, 비
문 내력 따로였다. 그런 경우는 매우 드물다. 비문은 조진관이 지었고 비석을 세우
는 내력은 동래부사 홍종응이 썼다. 왜 그랬을까. 요즘 식으로 평하자면, 상급자 청
탁을 하급자가 차마 뿌리치지 못했다.

> 영의정 조인영이 임지로 떠나는 홍 부사를 불러 선친 조진관이 적은 윤흥신 관련
> 글을 주면서 비석을 세워 달라고 부탁했다. 윤흥신 사적에 감동되어 급히 돌을 캐
> 어 세운다.

급히 캐서 세운 돌은 아직도 온기가 남았다. 해의 온기가 닿아 비석 세운 지 200년
이 되어 가는 지금도 여전히 따뜻하다. 이 온기는 윤흥신 공적을 찾아다니고, 비문
을 짓고, 급히 돌을 캐고, 글자를 새긴 모든 수고한 이들의 온기이리라. 삼가 머리
를 숙인다.

한국 최초로
성공한
민권운동의 성지,
다대포

다대포 한광국불망비

포민(浦民)은 천민이었다. 상것이었다. 갯가 산다고, 물질하며 산다고 사람대접을 온전히 받지 못했다. 짚으로 만든 허리띠와 머리띠를 했다. 정월 초하루 제사도 제 날짜 지내지 못했다. 양반과 상놈을 나누고 사농공상을 나누던 조선시대, 신분에 따른 차별이 당연한 듯 받아들여졌다.

어디에도 반골은 있는 법. 신분 차별이 부당하다며 요로를 찾아다니고 또 찾아다 닌 사람이 있었다. 그러기를 수삼 년. 마침내 어민을 천민에서 면제해 준다는 면천 윤허가 조정에서 내려졌다. 전국 포민들이 환호했다. 엽전 한 닢씩 모아 반골을 기 리는 불망비를 세웠다. 한광국불망비는 그렇게 세워졌다.

한광국은 다대진 아전이었다. 다대진은 다대포에 주둔했던 조선시대 해군부대. 종 3품 첨사가 다스렸다. 한광국 활동 시기는 영조 연간. 1724년부터 1776년까지 조

다대포 향토사학자 한건 선생이 2011년 발간한 《다대포 역사 이야기》 표지. 윤공 단 순절비와 한광국 불망비 등 다대포 역 사를 담았다. 표지 그림은 이시눌이 1834 년 그린 '임진전란도'다.

선을 다스렸던 '할아버지 영조'는 백성을 사랑하는 마음이 지극 했다. 병역 부담을 줄였으며 실학에 호의적이었다. 탐관 색출에 공이 큰 어사 박문수를 총애했다. 어진 군주였기에 포민을 면천 해 달라는 한광국 호소를 진정성 있게 받아들였다.

한광국불망비는 둘. 하나도 아니고 둘이다. 고마운 마음이 그만 큼 컸다. 하나는 다대포 윤공단 경내에 있고 하나는 윤공단 맞 은편 원불교 다대교당에 있다. 비석 제액과 세운 연도는 진리 한광국구폐불망비 1861년, 절충한공광국구폐불망비 1908년이 다. 진리(鎭吏)는 다대진 아전을 이른다. 구폐는 폐단을 바로잡 음, 절충은 정3품 무신 당상관. 하급관리인 아전을 정3품 절충 으로 격상했으니 과장이 심하다. 고마운 마음의 표현이 그랬다. 윤공단 경내 불망비 음기 요약이다. 다대문화연구회 한건 회장 번역이다. 전문은 한 회장 저서 《다대포 역사 이야기》에 나온 다.

다대포 윤공단 경내에 있는 한광국 불망비. 정식 명칭은 진리한광국구폐불망비다. 다대진 아전 한광국이 세운 '포민면천'
의 공덕을 기리려고 1861년 어민이 세웠다. 한광국은 한국 최초로 성공한 민권운동가이며 다대포는 한국 민권운동의 산실
이다.

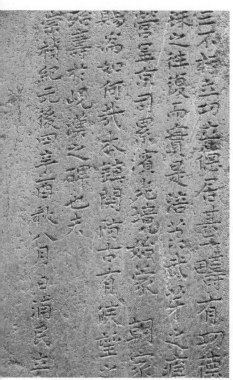

윤공단 한광국 불망비 음기. 맨 끝 석 자가 '포민립(浦民立)'이다. 어민이 세웠다는 뜻으로 한광국에 대한 고마운 마음이 절절하게 스민 세 글자다.

한광국은 아픈 몸을 이끌고 수차례 상경하여 물일 하는 사람들을 면천해 달라는 상소를 올렸다. 마침내 건륭 28년(영조39, 1763) 조정의 윤허를 얻어버었다. 다대진에서는 어떠한 경우라도 사또 망배 폐단을 못하도록 했다. 아울러 모든 구폐를 혁파한다는 명을 받았다. 그 은덕을 생각하며 이 언덕에 비를 세운다.

'이 언덕'은 한광국 묘소 앞 언덕. 해송아파트 자리다. 아파트 단지가 들어서면서 한동안 방치되었다가 지금 자리로 옮겼다. 불망비 핵심은 사또 망배 폐단. 무슨 말일까. 천민이던 다대포 포민은 조상에게 제사 지내는 신정다례를 정월 초하룻날 지내지 못했다. 하루 전날인 섣달그믐에 지냈다. 초하루 새벽 고을 수령에게 절[망배]하는 풍습 탓이었다. 조상보다 먼저 사또에게 절할 수 없어 하루 전날 신정다례를 지냈다.

한광국은 분개했다. 신분 차별, 인간 차별에 분개한 한광국은 다대포에서 한양까지 먼길을 '아픈 몸 이끌고 수차례' 찾아 부당성을 진정했다. 다대진부터 구폐하라는 조정 윤허가 떨어지자 봇물 터지듯 전국 포민이 면천 혜택을 받았다. 천민임을 나타내는 짚 머리띠며 허리띠를 하지 않아도 되었고 신정다례를 섣달그믐에 지내지 않아도 되었다.

崇禎紀元後 四辛酉
숭정기원후 사신유

음기 말미에 세운 연도가 나온다. 숭정기원후 네 번째 신유년 8월이다. 부산의 비
석에 곧잘 등장하는 글자가 숭정(崇禎)이다. 숭정은 조선이 숭상했던 명나라 연호.
1628년에서 1644년까지다. 명나라 망하고 청나라가 들어선 마당에 명 연호를 그
대로 사용한 데서 조선의 우직한 의리를 읽을 수 있다. 주체성이 떨어져서 그랬다
고 말하는 사람도 많다. 숭정 후 네 번째 신유년은 1861년. 조정 윤허가 떨어진 지
백 년 후다. 백 년이 지나서도 변하지 않는 고마움의 징표가 한광국불망비다.

세운 연도 다음에 보이는 세 글자가 시선을 끈다. 포민립. 어민 내지 지역주민을 뜻
하는 포민이 자발적으로 세웠다. 그러기에 마지못해 세웠을 공경대부 귀부이수 송
덕비보다 더 있어 보인다. 원불교 불망비 세운 연도는 융희 2년(순종2, 1908). 연도
다음에 '각포민개립'이라 새겼다. 각지 포민 모두가 세웠다. 불망비 건립에 다대포
를 벗어나 조선팔도에서 내남없이 동참했음을 엿본다.

한국 역사에 민권운동은 숱하다. 동학혁명이며 잊을 만하면 일어났던 민란도 따지
고 보면 민권운동이었다. 그러나 대개는 좌절했다. 호남선 성공한 민권운동 선
구자로 김이수를 꼽는다. 섬사람에게 부과되던 과다한 세금 등 폐단을 고치는데
기여했다. 임금 행차를 가로막고 읍소했으며 뜻을 이루었다. 1791년 정조 때였다.
김이수 역시 훌륭한 민권운동가였지만 앞서기는 한광국이 앞선다. 30년이나 앞선
다. 한국에서 성공한 최초의 민권운동은 누가 뭐래도 한광국의 '포민 면천'이다. 한
국 최초로 성공한 민권운동가 한광국! 그를 기리는 비석이 다대포에 있다. 두 기나
있다. 한국 민권운동의 산실, 거기가 다대포다.

윤공단 맞은편 원불교 교당의 한광국 불망비. 정식 명칭은 절충한공광국구폐불망비다. 1908년 세웠다. 세운 주체는 '각포민 개립(各浦民皆立)'이다. 각지 어민이 고마운 마음으로 건립 비용을 각출했다.

영원토록
변함없어라
'높은 산, 깊은 물'

수영 25의용단비

레지스탕스는 '저항'이란 뜻이다. 점령군에 대한 시민의 저항행위를 일컫는다. 2차 세계대전 나치 독일에 대한 프랑스 시민의 저항운동이 대표적이다. 프랑스 레지스탕스는 비정규 게릴라전을 도맡았다. 점령군에 절대 열세인 상황에서 택한 고육지책이었다. 군사시설 파괴, 보급품 차단, 고위층 암살, 정보 탐지 등등 큰 공을 이뤘다. 독일 패전의 한 원인이 레지스탕스였다.

조선에도 레지스탕스가 있었다. 조선 레지스탕스는 프랑스보다 350년이나 앞섰다. 1592년 섬나라 오랑캐 왜가 조선을 침략하고 7년간 점령하자 시민 주도의 저항행위가 육지에서 바다에서 벌어졌다. 조선 레지스탕스는 적과 싸워 죽기도 하고 길에서 새 장수를 맞아들이기도 하며 왜군 간담을 서늘케 했다. 왜군이 저지르는 살육과 약탈에 고통받던 백성에겐 희망의 등불이었다. '왜군이 어디에서 어떻게 당했다더라.' 입소문은 꼬리를 물며 퍼졌고 내남없이 주먹을 불끈 쥐었다.

수영사적공원 25의용단 단비(壇碑). 임진왜란 7년 동안 왜군에 맞선 수영의 의로운 분 25인을 모신 제단의 비석이다. 비석 하나에 이름 하나를 새겨서 단비도 모두 25기다.

의용제인비 음기 부분 확대. 여기에 보이는 '의충렬지 작정방록(擬忠烈誌 作旌榜錄)'은 '충렬사지를 본받아 정방록을 지었다'는 뜻이다. 의용제인비 비문은 동래부사 이안눌이 작성한 <정방록>을 토대로 했다.

수영사적공원 의용제인비. 25의용의 충절을 알리는 정려비로 1853년 세웠다. 높이는 1m 60 정도. 비문은 당시 수군절도사 장인식이 썼다. 의용제인비를 세운 경위를 상세하게 밝힌다.

수영 의용단비 제액은 의용제인비(義勇諸人碑)다. 부산 수영에서 암약한 임진왜란 레지스탕스 대원들을 기린다. 이들 레지스탕스 대원을 '의용'이라 불렀다. 모두 25명에 달해서 '제인'이었다. 제액 글씨는 붉다. 의용은 한 분 한 분 마음이 붉었다. 한 분 한 분 단심이었다. 비석 높이는 1m 60 정도. 비음은 수군절도사 장인식이 썼다. 수군절도사는 지역 해군 사령관이었다. 비문은 의용제인비를 세운 경위를 상세하게 밝힌다. 숭정기원후 4계축 4월에 세웠다. 1853년이다.

의용제인비 있는 곳은 수영사적공원 의용단. 1853년 재실을 짓고 매년 봄(음력 1·2·3월)과 가을(7·8·9월)의 마지막 정일(丁日)에 향사를 지냈다. 정일은 천간이 정으로 된 날이다. 갑을병정무기경신임계에서 정이 들어간 날을 말한다. 정월(丁月)도 있고 정년(丁年)도 있다. 남자 나이 이십을 정년이라 했다.

정(丁)은 뜻이 많다. 열 가지쯤 된다. 그중 하나가 '제사'다. 조선시대를 비롯한 전래의 공공 제사가 대부분 '정'이 들어가는 날에 행했다. 제주에서 유래한 포제(酺祭)가 대표적이다. 마을 보호신 포신에게 지내는 포제는 마을마다 약간의 차이가 있으나 음력 첫 정일이나 해일(亥日) 또는 입추 이후 첫 정일이 행제일이다. '포신 지령신위(酺神之靈神位)' 지방을 쓴다.

정일은 상정일·중정일·하정일로 나뉜다. 상정일은 매달 음력 첫째 정일이다. 2월과 8월 상정일에 공자 제사를 지낸다. 중정일은 음력으로 그달의 중순에 드는 정일을 이른다. 연제(練祭, 사후 1년 1개월째 치르는 제사. 소상이라고도 함)나 담제(禫祭, 사후 2년 1개월째 치르는 탈상의식) 같은 제사는 대개 이날 지낸다. 하정일은 음력 하순의 정일이다.

정일에 지내는 의용 향사는 공공 제사였다. 제주는 여기 주둔하던 수군 사령관이었다. 조선시대 수군 사령관을 수사(水使)라 했다. 절도사라고도 했다. 일제강점기에는 우여곡절을 거쳐 주민이 자발적으로 제사를 지냈다. 그 중심에 1916년 결성한 수영기로회가 있었다. 일제 감시를 피해 야간에 제향했다.

수영기로회는 수영 토박이 모임이었다. 일종의 친목계였다. 수영은 군부대가 주둔하던 반골의 도시였고 임진왜란을 일으킨 왜군에 대들던 반골의 도시였다. 반골의 본손(本孫)들이 주축이 돼 기로회를 결성했다. 수영기로회는 해방 후에도 향사를 봉행했으며 1988년 수영의용충혼숭모회를 결성해 전통을 이어 갔다. 숭모회 초대 회장은 25의용 김옥계 후손 김기배였다.

향사는 애초 2회였다. 봄 경칩, 가을 상강에 지냈다. 숭모회에서 지내던 향사는 현재 수영고적민속예술보존협회에서 주관한다. 2006년부터는 추계 향사만 지낸다. 십간십이지로 따져 가을 정해월(丁亥月)의 마지막 정이 들어간 정해일이 향사일이다.

"오래된 비석은 경내에 묻었습니다."

의용제인비 양옆엔 작지만 단아한 비석들이 일렬로 섰다. 모두
25기. 25의용 한 분 한 분 이름을 새겼다. 처음 세웠던 25의용 비
석은 오래돼 1960년대인가 1970년대인가 의용단 경내에 매안했
고 현재 비석은 새로 세운 비석이라고 2015년 김채우 수영고적민
속예술보존협회 당시 회장은 회고했다.

25의용의 좌장 격인 김옥계 의용의 단비. 다
른 비석과 달리 출신(出身) 두 글자를 새겼다.
과거에 급제했다는 뜻이다. 김옥계는 임란
이후 처음 치러진 무과 시험에 급제했다.

出身 출신

25기 비석 중에서 유독 김옥계 비서만 이름 앞에 '출신' 두 자를
새겼다. 무슨 뜻일까. 과거시험에 합격한 사람 중에서도 출사(出
仕)하지 못한 사람이 출신이다. 25의용 맨 앞에 이름을 올린 김옥
계는 1557년 태어났다. 임진왜란 내내 의용으로 암약했으며 임란
이 수그러들고 처음 치러진 무과에 급제했다.
성적이 우수했다. 152명 급제자 중에서 당당히 15등이었다. 무려
43세 나이였다. 무술 각종 과목이 실기로 치러지는 무과에서 152
명 중 15등을 했다는 것은 그의 기량이 탁월했다는 방증이다. 출
사는 하지 않지만 품계는 받았다. 종6품 병절교위였다. 오늘날
대위에 해당한다. 25의용 비석 맨 앞에 이름을 올린 이유다.
25의용은 왜란 끝나고 한참 지나서야 알려졌다. 이안눌 동래부사
때다. 주민 탄원서를 접한 이안눌 부사는 25인의 행적과 왜란 7년
동안 육지와 바다 전투 행적을 탐문하였다. 이때는 생존자가 몇
사람 있어 상세하게 조사되었을 것이라고 비문을 쓴 장인식 절도
사는 유추한다. 탐문과 조사를 마친 이안눌 부사는 25인 집 대문
에 의용 두 글자를 문패처럼 걸도록 하였다. 그리고 전후 사정을

<김가정방록> 원본의 표지. <정방록>은 25
의용 개개인에게 배부했다. 일종의 공적증명
서였다. 김씨 성을 가진 의용에겐 <김가정방
록>을, 최씨 성을 가진 의용에겐 <최가정방
록>을 발급했다. ©김부윤

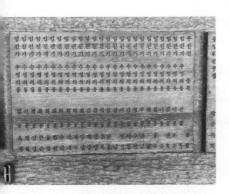

충렬사에 봉안한 수영 25의용 위패. 김옥계에서 신복까지 모두 스물 다섯 분이다. 신복 옆에 보이는 '충복 용월'은 부산진성 순절자다.

<정방록(旌傍錄)>에 담았다.

<정방록>은 1609년 나왔다. 오래된 문헌인 만큼 그동안 '그런 게 있었다'는 기록으로만 전해졌다. 왜군에 대한 저항 기록이기에 일제강점기 멸실 가능성이 컸다. 그러다 수영의 향토사에 천착해 왔던 1949년생 김종수 선생이 찾아내면서 세상에 알려졌다. 김종수 선생은 몇 대째 수영 토박이다. 부친은 수영의용충혼숭모회 초대 이사장을 지낸 김기배다.

이안눌은 1608년 2월부터 이듬해 7월까지 동래부사로 재임했다. '4월 15일 새벽 집마다 곡을 하니'로 시작하는 '동래맹하유감'이란 자작시에도 나타나거니와 재임 내내 전쟁의 폐허를 복구하고 사회를 재건하며 민심을 다독였다. 의용 행적을 조사하여 보훈하고 그 충절을 <정방록>에 담은 것도 같은 맥락이었다. <정방록>은 한국 보훈사에 두고두고 기록될 기념비다.

25의용 한 분 한 분 함자는 다음과 같다. 한 분 한 분 돌에 새긴 이름이다. 돌에 새기는 시간은 오죽했을까. 돌에 새기는 시간만큼이나 한 분 한 분 한참을 들여다봐야 한다. 충렬사 위패 봉안한 순이다.

김옥계 이희복 정인강 최한손 최송엽 최한련 최수만 최막내 박지수 최말량
김팽량 김달망 박응복 김덕봉 심남 이실정 김허롱 정수원 주난금 박림
김종수 이수 김진옥 이은춘 신복

25의용 충절은 수영의 자랑이었다. 향사는 면면히 이어졌고 관에서도 줄곧 관심을 기울였다. 동래 충렬사에도 위패를 모셨다. 오한원 동래부사(재임 1802. 6~1809.

25의용단 향사. 의용 향사는 공공 제사였다. 일제강점기에는 우여곡절을 거쳐 민간이 자발적으로 제사를 지냈다. 그 중심에 1916년 결성한 수영기로회가 있었다. 해방 후에도 향사를 봉행했으며 1988년 수영의용충혼숭모회를 결성해 전통을 이었다. 숭모회 초대 회장은 25의용 김옥계 후손인 김기배였다.

2)는 25의용 집안의 부역을 면제하고 글을 지어 표창하였다. 금정산성을 새로 쌓아 국난에 대비한 오 부사로선 25의용 충절의 재조명은 당연지사였다.

"새긴다는 의미가 크죠."

2015년 취재했던 수영구청 정임숙 당시 문화예술계장은 수영 의용단의 의미를 이전 세대와 다음 세대의 교류에 두었다. 이전에 있었던 일이 이후에도 이어지는 것, 그 가교가 의용단이며 의용단 단비라고 봤다. 시간이 지나면서 잊히는 일은 우리 주위에 얼마나 많은가. 우리보다 앞서 우리 지역에 살았던 선인들이 종이가 아닌 돌에다 글을 남겼을 때는 그럴 만한 이유가 있었다. 돌에다 글을 남겨서 다음 세대에 물려주고자 했던 가치를 곰곰 되새겨 보는 것도 수영 의용단 단비가 갖는 의미다. 그 의미는 '산고해심 영세무체(山高海深 永世無替)'다. 높은 산 깊은 물처럼 영원토록 변함없다.

좀더 알아봅시다 / 선서바위

25의용이 결사항전 선서한 바위

수영구 민락동 주택가엔 사당 무민사가 있다. 무민은 고려 말 최영 장군 시호. 생전 백성을 내 자식처럼 여겨서 얻은 시호다. 최영 장군을 기리는 무민사 옆에는 나라를 수호한다는 뜻의 수호경로당이 있었다. 사당 이름이 무민사고 경로당 이름이 수호라서 언뜻 들어도 군사적 느낌을 준다. 실제 군사적 의미가 컸다. 무민사 뒤 바위가 그 진원지다. 바위는 한 칸짜리 황토방 크기라서 큼지막하다. 이름은 선서바위. 수영 25의용이 피로써 선서한 곳이 이 바위다. 25의용 맹세는 뭘까. 수영사적공원 25의용단 안내판에 나온다.

싸우면 이겨서 살 것이요 싸우지 않으면 망하리로다. 나라의 존망이 경각에 있거늘 어찌 삶을 구하여 산야로 달아날 것인가. 단 한 번의 죽음으로써 나라에 보답하리라.

바위 상단에는 손가락 굵기 대나무가 촘촘하다. 25의용이 등짝에 차고 다녔을 화살처럼 파릇하고 날카롭다. 25인의 의용은 순전히 자발적으로 뭉쳤다. 수군도 있었고 평범한 성민도 있었다. 서울에서 멀찍이 떨어진 변방의 군교(軍校)였고 백성이었다. 좌수영 지휘관이 싸우지 않고 작전상 후퇴한 것에 분개하였으며 몸을 돌보지 않고 종군하였다.

수영구 수영동 무민사 입구 표지판. 무민사는 고려 최영 장군을 모신 사당이다. 사당 뒤편에 25의용이 결사 항전을 선서한 선서바위가 있다.

들녘에
물길 있는 한
은혜와 혜택
끝없으리

기장의 물가 비석

기장은 물의 도시다. 바다를 꼈고 강과 하천을 꼈다. 기장의 바다와 함께 기장의 높고 깊은 여기저기 산에서 발원한 하천과 강은 기장의 풍광을 천하제일경으로 올려놓았다. 저수지도 꽤 많다. 저수지는 대개 두 가지다. 자연 그대로 저수지가 있고 자연 그대로 저수지에 사람의 손을 더해서 더 넓게 더 깊게 한 저수지가 있다.

기장의 물가 비석은 그러한 자연적, 인위적 환경에 바탕을 둔다. 하천을 내려다보는 풍광 빼어난 자리 암벽에 새긴 금석(金石)이 있고 저수지를 보수한 것을 기념해서 세운 비석이 있다. 한 번도 보지 못하고 생을 마치면 억울했겠다는 생각 저절로 드는 금석이고 마주 대하면 고개 저절로 수그리는 비석이다.

언젠가 봄날이 기억난다. 기장문화원 황구 기획실장 도움을 받아 기장의 비석을 찾았다. 기장읍성 공덕비에서 시작해 장안사 금수동에서 헤어졌다. 금수동부터 월내까지는 나 혼자 걸어갔다. 봄날이었지만 땡볕이 줄곧 따라다녔다. 산업단지인 장안산단 도로는 특히 그랬다. 비석은 볼 만했다. 기장읍성에서 장안사까지도 명불허전이었고 장안사에서 월내로 이어지는 벌판도 명불허전이었다. 월내 기차역 인근의 보부상 반수 배상기 공덕비 세 기는 명불허전의 대미였다. 기장이 왜 기장인지 감이 왔다.

금수동(錦水洞). 황구 실장이 아니었으면 '금수동'은 그날도 그냥 지나칠 뻔했다. 학교 다닐 때도 사회 산악회 따라다닐 때도 지나간 길이었지만 거기에 그런 금석이 있는지는 그날 처음 알았다. 모르고 가면 절대 볼 수 없는, 절대 보여주지 않는 비경(祕境)이 계곡 큼지막한 암벽에 새긴 '금수동' 세 글자다.

글씨가 유수다. 흐르는 물이다. 큼지막하고 편평한 바위에 새겨진 글씨는 錦水洞(금수동). 비단 같은 물이 흐르는 골짝이란 뜻이다. 굽이굽이 휘돌아 흘러가는 골짝 물처럼 굽이굽이 휘돌아 흘러가는 글씨에선 한 글자 한 글자 물소리가 난다. 금수동 바위 맞은편은 계곡. 기장 8경 금수동 계곡이다.

기장 장안사로 이어지는 도로 왼쪽에 보이는 큼지막한 바위가 '금수동(錦水洞)' 세 글자를 새긴 바위다. 장안사 입구 공영주차장을 지나서 계곡을 끼고 걷다 보면 보인다. 금수동은 비단 같은 물이 흐르는 골짝이란 뜻이다. 굽이굽이 휘돌아 흘러가는 골짝 물처럼 굽이굽이 휘돌아 흘러가는 글씨에선 한 글자 한 글자 물소리가 난다.

신문 기사 한 대목이다. 봄날 기장의 비석 기행은 2014년 3월 11일 국제신문 '기장 해안 100리 五感 스토리- 장안천 문화기행'으로 실렸다. 그 기사 맨 앞에 소개한 게 장안사 가는 길목 '금수동' 금석이었다. 장안사 가기 전에 본 다른 비석은 다 제쳐 두고 맨 앞에 올릴 만큼 감동이랄지 감명이랄지 그런 게 있었다. 평생 한 번은 느껴 봐야 할 감동이었고 감명이었다.

금수는 비단 물. 기장 불광산과 삼각산에서 흘러내린 박천(朴川) 계곡의 물이 비단 같았다. 그래서 금수라 했고 장안사 아래쪽 금수로 반짝이는 계곡을 금수동이라 했다. 그리고 그 계곡 큼지막하고 편평한 바위에 '금수동' 세 글자를 흐르는 물처럼 새겼다. 평생 한 번은 느껴봐야 할 감동이랄지 감명이 내 몸에, 내 마음에 비단 물

매립되기 전의 1980년대 장안제. 이 저수지 덕분에 인근 대평들 농민들이 가뭄 근심 없이 모두 편하게 농업에 종사할 수 있었다. ©기장문화원

장안제비(長安堤碑) 비석. 1800년 메마른 장안천에 둑[堤(제)]을 축조한 것을 기념해 1823년 세웠다. 방치돼 있다가 1999년 한국도로공사와 창원대 박물관이 발굴하였다. 기룡마을 농산물직판장 다리 뒤편 논두렁에 있다가 지금은 기룡마을 제당 건너편 도로변에 있다.

장안제비 탁본. 세월은 돌에 새긴 글씨까지 파먹는다. 그나마 탁본을 떠 둔 덕분에 원형에 다가간다. 장안천 북쪽 산아래 둑을 쌓아서 모든 물을 이리로 흐르게 했다고 새겼다. ©기장문화원

처럼 스며들었다.

금수동 바위가 있는 곳은 굽은 도로변. 그냥 지나치기 일쑤다. 차를 타고 가면 더욱 그렇다. 가능하면 걷자! 장안사 입구 공영주차장을 지나서 천천히 걷다 보면 보인다. 삼사 분 남짓 걷다가 도로 오른편 기와를 얹은 돌담이 나타나면 눈 부릅뜰 것! 돌담 끝나는 자리 큼지막하고 편평한 바위에 새긴 '금수동' 세 글자가 자태를 드러낸다. 세 글자 양옆으로 잔글씨 각자도 보이지만 '어디 감히'다. 기와 돌담이 끝나기 직전 바위도 일종의 비석이다. '행현감이징순만고불망(行縣監李徵淳萬古不忘)' 10자를 새겼다.

장안제비(長安堤碑)와 남방소보수보기념비(南方沼洑修湺記念碑). 이 둘은 저수지 물가 비석이다. 장안제비는 1800년 메마른 장안천에 둑[堤(제)]을 축조한 것을 기념해 1823년 세웠다. 방치돼 있다가 1999년 한국도로공사와 창원대 박물관이 발굴하였다. 기룡마을 농산물직판장 다리 뒤편 논두렁에 있다가 기룡마을 제당 건너편 도로변으로 옮겼다. 그 동네 연세 지긋한 분은

대부분 알고 있으니 염치 불고 여쭤볼 것. 기
룡마을 농산물직판장 할머니들도 잘 안다.
기룡마을은 어딜까. 장안사에서 거기까지 걷
던 그 봄날, 마침내 저 앞에 보이는 기룡마을
은 어찌 그리 반갑던지 10년이 지난 지금도 기
억이 생생하다. 장안은 상장안과 하장안으로
나뉜다. 장안천을 계속 가면 하장안이 나오고

장안읍 기룡마을 농산물직판장. 장안사로 이어지는 도로변에 있다. 이
직판장 뒤쪽에 장안제비가 있었다.

그다음 마을이 기룡이다. 농산물직판장은 관광객 오가는 길가에 있다. 직판장 할
머니에게 물어물어 장안제비를 찾아가니 한자가 빽빽하게 새겨져 있었다. 기장문
화원이 2017년 펴낸《기장의 금석문》번역이다.

건천(乾川, 현 장안천)의 대평들은 작은 가뭄에도 내가 마름으로 항
상 농사에 어려움이 있었다. 경신년(1800) 봄에 상하의 농민을 천유
하여 제방을 수축할 때 기룡마을의 8명이 생각을 분발하여 건천의
북쪽 산아래 제언을 수축해 모든 물을 이리로 흐르게 하니 대평들
농민들이 가뭄 근심이 없이 모두 편하게 농업에 종사할 수 있게 되
었다. 이 사업은 가히 먼 장래를 바라본 감독 8명의 덕분이다. 둑을
완성한 날 비문을 써놓고, 그 후 계미년 봄에 그 업적을 빠뜨리지
않기 위해 다시 돌을 다듬어 비를 세운다. 계미년(1823) 6월 상순

남방소보수보기념비는 말부터 어렵다. 1940년 반룡마을 소작인
들이 남방소보(南方沼洑)라는 저수지 둑을 고치고 세운 기념비
다. 반룡마을은 어딜까. 기룡에서 하근을 지나면 반룡(盤龍)이다.
기룡이니 반룡이니 대룡이니 기장은 용 지명이 수두룩하다. 용이

남방소보수보기념비. 남방소보(南方沼
洑)라는 저수지 둑을 고치고 세운 기념
비다. 1940년 마을 소작인 일동이 세웠
다. 장안읍 반룡마을에 있다.

넘치고 물이 넘친다는 이야기다. 기념비는 반룡마을회관 입구에 있다. 해서체 붉은 글씨. 애초엔 하근과 반룡 중간지점 남방소 동편 도로 건너 바위에 세웠다. 월내와 하근 사이 도로가 확장되면서 지금 자리로 옮겼다.

수보기념비는 기념하려는 마음이 워낙에 컸던지 한자가 가득하다. 누구누구가 나오고 얼마얼마가 나오고 언제언제가 나온다. 비석을 세운 내력을 구구절절 산문 형식으로 밝힌 글이 비석 용어로 서(序)다. 산문에 나오는 내용을 시적으로 압축한 글은 명(銘). 기념비엔 서와 명을 함께 새겼다. 명은 다음과 같다.《기장의 금석문》 번역이다.

> 메마른 하천에 보가 완공되니
> 이 누가 내려준 일인가?
> 도비의 보조가 크고 많으니
> 농민들 노력으로 보답하기 쉬워라
> 깊고 견고하게 쌓아 올리니
> 장마와 가뭄에도 편리하다네
> 들녘의 물들이 길이 있는 한
> 은혜와 혜택은 끝이 없으리

청강교비도 빠뜨리면 안 되겠다. 청강에 돌다리 놓은 것을 기념해 1758년 3월 세운 비석이다. 제목은 특이하다. 두 줄이다. 첫째 줄은 '청강교비문(淸江橋碑文)'이고 둘째 줄은 '현감김공수한'이라고 새겼다. 김수한 공덕을 기리는 게 아니고 돌다리 놓은 공로자를 기렸다. 강가, 물가에 세웠겠지만 지금은 기장읍성에 있다. 기장읍성 비석은 여러 수십. 일단 발을 들이면 빼기 어렵다.

호랑이
몸 녹인
자리를
묘로 쓰다

양정 화지공원 정묘비

정묘(鄭墓)는 고려시대 묘다. 묻힌 이는 정문도 공. 동래 정씨 2세조로 현종(재위 1009~1031) 때 사람이다. 증손자 정서는 유일하게 지은이가 알려진 국보급 고려가요 '정과정곡'을 썼다. 인종(재위 1122~1146)과 동서지간인 정서는 유배지 수영강 강변에 정과정이란 정자를 짓고 지냈다. '내 님이 그리워 우나니 난 접동새와 비슷하요이다.' 학교 다닐 때 달달 외워야 했던 '정과정곡' 제목 유래가 수영강 정자 정과정이다.

정묘비는 정묘에 세운 묘비. 1732년 세웠다. 800살 넘는 천연기념물 배롱나무 두 그루와 함께 묘소를 지킨다. 비석은 멀리서 봐도 있어 보인다. 우선은 우람하다. 그리고 이채롭다. 전후좌우 네 면의 면적이 똑같은 게 이채롭고 네 면 모두 한문이 빽빽한 게 이채롭다. 한글로 번역한 똑같은 크기 새 비석이 정묘비 앞에 있어서 이리저리 맞춰 보면 해석은 무난하다.

네 면 면적이 똑같은 건 이유가 있다. 할 말이 많아서다. 네 면 면적이 같은 비석은 열에 아홉 그렇다. 빛나는 업적을 이뤘든지 빛나는 생애를 살았든지 빛나는 생애를 산 후손을 두었든지 그랬다. 동래 정씨는 조선에서 세 번째로 정승을 많이 배출했다. 전주 이씨 22명, 안동 권씨 19명, 동래 정씨 17명이었다. 전주 이씨는 왕실 종친, 안동 권씨는 외척인 것을 고려하면 조선 최고 가문은 부산 동래에 있었다. 부산시장에 해당하는 동래부사를 지낸 이도 수두룩했다.

정묘비는 명칭이 대단히 길다. '유명조선국 동래 정씨 시조 고려 안일호장 부군 묘갈'이다. 횡액이다. 횡액은 비석 상단에 가로로 쓴 명칭. 정묘비 명칭은 길고 어렵다. '유명조선국' 유명(有明)이 '유명한' 그런 뜻은 아닐 터. 2세조를 시조라 한 것도 그렇고 안일호장은 뭐며 부군이니 묘갈은 뭔가.

우선 유명. 다르게 해석하는 사람은 있지만 '명나라에 있는, 명나라에 속한' 그렇게 해석하는 게 일반적이다. 송나라가 득세하던 때는 '유송고려국' 그랬다. 다음. 정문도는 오랫동안 시조로 알고 그렇게 모셨다. 그러다 2세조가 되었다. 비문은 그런

부산진구 양정 정묘(鄭墓) 앞에 있는 정묘비. 고려 정문도 공의 묘소이며 그를 기리는 신도비(神道碑)다. 신도비는 신이 다니는 길목에 세운 비석. 통상 묘의 동남쪽에 위치하며 남쪽을 향하여 세운다. 묘의 동남쪽을 신령이 다니는 길, 신도(神道)라고 여겼다.

정묘비 비문. 제목이 대단히 길다. '유명조선국 동래 정씨 시조 고려 안일호장 부군 묘갈이다. '유명(有明)'은 유명하다는 뜻이 아니고 '중국 명나라에 속한다'쯤 된다. '유송(有宋) 고려국'이란 말도 썼다.

과정을 소상히 담았다. 이따 설명하자. 안일호장(安逸戶長)은 뭘까. 호장은 고려시대 지방 향리 최고위직. 일흔이 넘어 정년퇴직하면 그동안 수고했으니 안일하게 지내시라고 내리는 명예직이 안일호장이었다. 부군(府君)은 제사지낼 때 지방(紙榜)에서 봤을 터. 선친이나 남자 조상 존칭이다.

묘 계단 남쪽 10걸음쯤에 돌을 깎아 묘갈을 세웠다.

墓階之南十許步 治石而碣之

묘계지남십허보 치석이갈지

묘갈(墓碣)은 뭘까? 쉽다면 쉽고 어렵다면 어렵다. 쉬운 것 먼저. 묘소 앞에 세우는 비석이 묘갈이다. 통상 묘소 동남쪽에 남향으로 세운다. 묘소 동남쪽은 신령이 다니는 길, 신도(神道)라 여겼다. 묘소 남쪽에 세운 정묘비는 묘갈이면서 신도에 세운 신도비였다. 묘갈과 대비되는 비석은 묘비. 비슷한 것 같아도 엄연히 다르다. 묘비는 5품 이상 고위직이 쓰던 귀부이수 비석이고 묘갈은 하위직이 쓰던 방부원수 비석이다. 후대에 와선 묘비와 묘갈을 나누지 않았다. 정묘비는 방부원수 묘갈이다.

시조에서 2세조! 정문도는 동래 정씨 시조인가 2세조인가. 애초 시조로 모셨다. 그러다 조선 효종(재위 1649~1659) 때 오래된 무덤에서 묘지문(墓誌文)을 발견했다. 묘지문에 새긴 문구로 정문도 부친이 있음이 밝혀졌다. 그러면서 2세조가 되었다. 오래된 무덤은 예부상서를 지낸 정항의 묘소였다. 거기 묘지문 해당 구절이다.

가운데가 실제 정묘비고 왼쪽 첫 비석은 모형이다. 실제 정묘비에 새긴 한자를 모형비는 한글로 번역해 새겼다.

그(정항)의 아버지 정목은 태부경에 올랐고 할아버지 정문도와 증조부 정지원은 동
래군 호장을 지냈다.

이로써 시조는 정지원이 되었다. 정문도 공을 시조로 알고 받들던 동래 정씨 가
문으로선 난감했다. 증손자 정서가 1100년대 사람이니 정문도 공은 적게 잡아도
1000년대 인물. 묘지문이 발견된 1600년대까지 600년 이상을 시조로 모시다가 갑
자기 2세조로 모시려니 그럴 만도 했다. 해왔던 대로 시조로 모셨고 그러다 보니
1732년 묘비에 '동래 정씨 시조'로 새겼다. 비문 해석은 2002년 발간《부산금석문》
책자 참조. 부산시 홈페이지에도 나온다.

정묘 자리는 명당자리. 조선 8대 명당으로 꼽힌다. 상여가 산에 이르렀을 때 눈 녹
은 자리에 호랑이가 웅크리고 있어[雪消虎踞(설소호거)] 묏자리로 정했다. 정묘
맞은편은 신선이 산다는 영도 봉래산. 일 년 삼백육십오일 신선과 마주하니 명당
은 명당이다. 명당 덕분인지 동래 정씨는 고려와 조선 양조에 걸쳐 발복했다. 비문

정묘 배롱나무. 묘소 양쪽에 800년 천연기념물 배롱나무 두 그루가 있다. 호위무사 같다. 정묘 자리는 조선 8대 명당으로 꼽힌다. 상여 가산에 이르렀을 때 눈 녹은 자리에 호랑이가 웅크리고 있어[雪消虎踞(설소호거)] 묏자리로 정했다.

은 1732년 동래부사 정언섭이 썼다. 부산진구 양정동 화지공원에 있다. 시내버스 33, 44, 63, 179번을 타고 정묘사에서 내리면 된다.

신이 다니는 길목은 지금 철망 울타리로 가로막혔다. 울타리 너머 보이는 오솔길이 곧 신도이며 옛길이다. 신도비 세운 조상님 깊은 뜻을 헤아린다면 길을 가로막는 철망 울타리는 과유불급이다. 인근에 하마비가 있다. 이 근처를 지나는 이는 말에서 내려야 했다. 정묘에 대한 예의를 그렇게 표현했다. 하마비를 보려면 동해선 거제해맞이역에서 내리는 게 좋다. 하마정사거리 곡각지에 있다. 정자가 같이 있어서 찾기는 쉽다.

가장 낮고
가장 가는
'청백리의 비석'

동래 금강공원 이안눌 동래부사비

4월 15일 새벽 집마다 곡을 하니
천지가 온통 쓸쓸하게 변하고 스산한 바람이 숲을 뒤흔든다.
놀라고 기괴하여 늙은 아전에게 물었지.
"통곡 소리 어찌 이리 참혹한가?"
"임진년 왜구가 이르러 이날 성안이 함몰되었지요.
다만 이때 송 사또만 있어서 성벽을 굳게 닫고 충절을 지키니
경내 사람들이 성안으로 몰려들어 동시에 피바다를 이루었지요.
쌓인 주검에 몸을 던졌으니 천 명 중에 한두 명만 살아났지요."
- 이안눌 시 '동래맹하유감' 앞부분

때는 1608년 4월 15일 새벽. 음력이다. 신임 동래부사 이안눌은 민정을 살피려고
마을 순시에 나섰다. 길 안내는 나이 꽤 든 아전이 맡았다. 그런데 집마다 곡소리가
넘쳤다. 대성통곡이 울타리를 넘어 골목까지 들렸다. "어찌 된 일인고?" 아전에게
하문하면서 시는 이어진다. 이른바 이안눌의 시 '동래맹하유감'이다. 맹하(孟夏)는
초여름 또는 음력 4월을 이른다.

이안눌은 1608년 2월 동래부사로 왔다. 이듬해 7월까지 있었다. 임진왜란이 끝난
지 10년 안팎 시기였다. 당시 부산은 흉흉했다. 임란 첫 전투가 벌어졌던 곳이라
피해가 막심했다. 피바다가 되었고 아수라장이 되었다. 한날한시 부모 형제를 잃
었고 사돈 팔촌을 잃었다. 어떤 집은 몰살당해 제사를 지내줄 이조차 없었다.

민심을 다독여야 했다. 어버이 같은 목민관이 필요했다. 그래서 발탁된 동래부사
가 이안눌이었다. 청렴하며 근면한 관리로 뽑혀 나중에 종1품 숭정대부까지 올랐
다. 조선을 대표하는 청백리로 회자하자 그게 아니라며 손을 내젓기도 한다. 손을
내저으면서 이안눌이 한 말이다.

"내가 수령을 맡아 일하면서 어찌 허물됨이 없었겠는가. 다만 부인이 살림을 다스

릴 줄 몰라 나의 의복이나 음식, 거처 등이 다른 사람들처럼 좋지 못했을 뿐인데 나를 보는 사람이 잘 보지 못하고 나를 청백리라고 하니 부끄럽기 짝이 없다."

동래부사로 부임한 이안눌은 수시로 민정을 살폈다. 쑥대밭이 된 부산 복구에 진력했다. 그때는 동래부사가 부산시장이었다. 전쟁 때 순절한 이들을 기리는 전망제단(戰亡祭壇)을 동래경찰서 자리에 있던 농주산에 차리고 기일인 4월 15일 매년 제사를 지내도록 했다. 아전들과 민가를 찾아다니며 전란 때 무슨 일이 있었는지도 기록했다. 동래부사로 있으면서 지은 시문과 기록을 모아《내산록(萊山錄)》을 펴냈고 수영의 임진왜란 레지스탕스 25의용의 행적을 기록한 공적 조서 <정방록>을 남겼다.

<정방록>은 실체가 전해지지 않았다. 그러다가 수영의 향토사학자 김종수 선생이 인쇄본 <최가정방록>과 원본 <김가정방록>을 2020년과 2021년 각각 찾아내었다. <최가정방록>은 최막내 의용의 가문에 내린 정방록이고 <김가정방록>은 김옥계 의용의 가문에 내린 정방록이었다.

이안눌은 시를 잘 지었다. 이태백과 견주었다. 작품은 4천 편이 넘는다. 부산에 관한 시는 40편 넘는다. 범어사 나한전 청룡암 바위, 해운대해수욕장 등지에 시를 새겼다. 앞에 소개한 '동래맹하유감'은 1608년 민정을 살피다가 쓴 시. 1598년 끝난 전쟁의 참화가 생생하던 때라서 시 역시 생생하다. 임진왜란 최고의 전쟁문학으로 꼽는다.

이안눌 송덕비는 동래 금강공원 임진의총 경내에 있다. 임진의총은 임란 동래읍성 전투에서 순사한 이들을 합장한 묘다. 부산 다크 투어리즘 필수 코스다. 의총 경내에는 이안눌 송덕비와

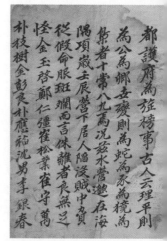

1610년 이전에 발급한 <김가정방록> 원본의 첫 장. 동래부사 이안눌이 수영의 임진왜란 레지스탕스 김옥계 의용 집안에 내린 공적 조서다. 김옥계 집안에서 발급 당시의 원본을 보관해 왔다. ©김부윤

동래 금강공원에 있는 동래부사 송덕비들. 왼쪽에서 두 번째가 이안눌 송덕비다. 가장 낮고 가장 가늘다.

이안눌 송덕비. 이안눌은 청백리면서 문장가였다. 동래 부사로 있으면서 지은 시문과 기록을 모아 《내산록(萊山錄)》을 펴냈고 수영 25의용 인적 사항과 행적을 채록해 <정방록(旌傍錄)>을 남겼다.

함께 20기나 되는 송덕비가 나란히 섰다. 이안눌 송덕비 제액은 부사이공안눌청덕선정비다. 제액 양옆 한문은 비석을 세운 내력을 밝힌다. 짧으니 그대로 인용한다.

비석을 만력 기유(1609년) 세웠으나 중간에 잃어버렸다. 174년 뒤인 임인(1782년)에 다행히 잘린 비를 찾아 이어서 다시 세웠다.

竪在萬曆己酉 失在中年
己酉後百七十四年壬寅 幸得斷碑 續而改竪
수재만력기유 실재중년
기유후백칠십사년임인 행득단비 속이개수

주목되는 구절은 단비(斷碑)다. 비가 잘렸다는 얘긴데 조선을 대표하는 청백리라는 세간의 평과는 거리가 멀다. 무슨 일이 벌어졌을까. 답은 1623년 인조반정이다. 연산군이 쫓겨나고 인조가 즉위하면서 이안눌은 예조참판에 임명된다. 그를 비방하는 말들이 나돌자 사직한다. 1624년 이괄의 난이 일어난다. 인조반정 때 큰 공을 세웠어도 걸맞은 대우를 받지 못한 불만이 난으로 이어졌다. 이안눌은 난을 방관했다는 죄로 유배된다. 1627년 정묘호란이 일어나면서 사면되고 복권된다. 1636년 겨울 병자호란이 일어나자 병든 몸으로 임금을 호종하여 남한산성으로 피란했다가 이듬해 타계한다.

비석의 인위적 절단은 당사자와 유족, 가문에 최대의 모멸이었다. 비석 절단은 관의 동조 내지 묵인 없이는 불

해운대해수욕장 이안눌 시비. 시 '해운대에 올라'를 새겼다. 　　범어사 청룡암. 나한전(羅漢殿) 앞에 있다. 이안눌 시를 여기 새겼다. ©이영미

가였다. 관이 동조 내지 묵인했다는 건 공적(公賊)으로 낙인찍혔다는 증좌다. 이안
눌 비석이 인위적으로 절단됐다면 그 시기는 이안눌이 유배된 1624년에서 1627년
사이일 터. 의아한 게 또 있다. '잘린 비를 찾아 이어서 다시 세웠다'면 절단 자국이
있어야 하는데 비석은 말끔하다. 음기(陰記)에 그 이유가 나온다. 신묘(1891년) 6
월 후손들이 다시 세웠다.

이안눌 송덕비는 눈에 확 들어온다. 크고 듬직해서 확 들어오는 게 아니라 작고
없어 보여서 확 들어온다. 금강공원 20기 비석 가운데 가장 낮고 가장 가늘다. 지
금의 부산시장에 해당하는 동래부사의 송덕비가 저리 낮고 저리 가늘다니! 하위
직이라면 그러려니 하겠지만 고위직이 그러니 더 있어 보인다. 조선의 청백리 비
석답다.

여자를 비롯하여 아이들과 개, 고양이 할 것 없이 피를 흘릴 수 있는 것은 모두 살
해하였다.

이안눌 시에 나오는 '4월 15일'은 임진왜란 동래읍성 전투가 벌어진 날. 동래가 피

바다 되던 날이었다. 왜군과 함께 참전했던 포르투갈 선교사 프로이스는 '피를 흘릴 수 있는 것은 모두 살해하였다'고 적었다. 저항이 격렬했으므로 보복은 잔인했다. 왜군 전사자는 100명인데 반해 조선군 전사자는 5,000명이었다.

민간인은 더 참혹했다. 그 증거가 금강공원 임진의총이며 2005년 부산 도시철도 4호선 수안역 공사 때 발굴한 부지기수 유해다. 조선시대 동래는 매년 4월 15일 합동위령제를 지냈다. 일제강점기를 거치면서 위령제는 폐지됐고 위령제를 지내던 농주산은 뭉개져 흔적도 없다. 이안눌 송덕비를 앞에 두고 잠시 묵념한다. 이안눌이 남긴 진혼시를 끝까지 읽는 마음이 천근만근이다.

이 때문에 이날에는 술잔을 바치고 죽은 자를 곡한다오.
아버지가 자식 위해 곡하고 자식이 아버지를 위해 곡하고
할아비가 손자 위해 곡하고 손자가 할아비를 위해 곡하고
또 어미는 딸 때문에 곡하고 또 딸은 어미 때문에 곡하고
또 아낙네는 남편 때문에 곡하고 또 남편은 아내 때문에 곡하고
형제와 자매까지 산 자는 모두 곡을 한다오."
찡그린 채 차마 다 듣지 못하는데 눈물이 문득 뺨에 가득하네.
아전이 앞에 나와 다시 말하기를
"곡할 이 있으면 그래도 슬프지 않지요.
얼마나 많은데요, 시퍼런 칼날 아래
온 가족이 다 죽어 곡할 이조차 없는 사람이."
- 이안눌 시 '동래맹하유감' 뒷부분

황감黃稟 인가,
황호黃戽 인가?

동래 동헌 선정비

'동헌에서 원님 칭찬한다.' 속담이다. 아첨하거나 굳이 하지 않아도 될 말을 하는 경우를 이른다. 동헌(東軒)은 고을 수령이 일하던 곳. 대청이거나 한옥이었다. 수령의 살림집 내아(內衙)는 서쪽에 있어서 서헌(西軒)이라 했다.

동래 동헌은 동래부사 집무실. 현재 동래시장 초입, 농협 맞은편이다. 조선시대 그때는 삼지창 든 포졸이 지키던 경비구역이었다. 지금은 관광지화돼서 출입이 용이하다. 동헌에 들어서면 오른편에 비석 네 기가 보인다. 모두 동래부사 선정비.

이원진, 황감, 조봉진, 윤필은. 선정비 주인공들이다. 선정비 세운 해는 각각 1645년, 1646년, 1839년, 1900년이다. 주인공 면면은 대단하다. 우선 이원진. 이원진은 1644년 12월부터 1645년 9월까지 동래부사를 지냈다. 나중에 제주목사로 갔다. 네덜란드 하멜 상선이 제주도에 표류했을 때 제주도 최고위직이 이원진이었다. 하멜 표류 당시 이원진이 임금에게 아뢴 보고서가 《조선왕조실록》의 효종실록에 나온다.

제주목사 이원진이 치계(馳啓, 왕에게 올리는 보고)하기를, "배 한 척이 고을 남쪽에서 깨져 해안에 닿았기에 대정현감 권극중과 판관 노정을 시켜 군사를 거느리고 가서 보게 하였더니, 어느 나라 사람인지 모르겠으나 배가 바다 가운데에서 뒤집혀 살아남은 자는 38인이며 말이 통하지 않고 문자도 다릅니다. 배 안에는 약재·녹피 따위 물건을 많이 실었는데 목향(木香) 94포(包), 용뇌(龍腦) 4항(缸), 녹비 2만 7천이 었습니다. 파란 눈에 코가 높고 노란 머리에 수염이 짧았는데, 혹 구레나룻은 깎고 콧수염을 남긴 자도 있었습니다.(…) - 효종실록 11권. 효종 4년(1653) 8월 6일

황감은 이원진 다음 동래부사였다. 딱 일 년 있었다. 1645년 9월 부임해 1646년 9월 파직됐다. 파직은 직에서 쫓겨나는 것. 조선시대는 이런저런 이유로 파직당하는 경우가 많았다. 당사자의 잘못에도 기인했고 당쟁에도 기인했다. 황감은 이전에도 풍운아 김자점과 가까웠다는 이유로 파직되거나 유배된 적이 있었다. 동래부

동래 동헌 송덕비와 충신당(忠信堂). 역대 동래부사를 기리는 비석들로 모두 네 기다. 충신당은 중심 건물, 본당(本堂)에 해당한다. 충(忠)과 신(信)은 조선 최고의 이념이었다. 경남 거창 동계 정온 선생 고택에도 있고 전남 광주 월봉서원에도 있다. 조선팔도 모두에 있었다고 봐야 한다.

정면에서 본 동래 동헌 공덕비. 공덕비 담벼락 너머는 동래시장이다.

사 파직도 그 비슷한 이유가 아닐까 싶다.

황감 선정비는 비석이 일단 눈길을 끈다. 비석에서 가장 중요한 건 이름. 처음 새긴 이름을 지우고 새로이 새겼다. 그럴 수도 있는 일이겠지만 현실적으로 좀체 없는 일이다. 다른 사람도 아니고 동래 최고위직 이름에 난도질한 턱이니 당사자가 알면 경을 치고도 남을 일이었다. 왜 그랬을까. 왜 지우고 왜 새로이 새겼을까.

선정비를 세운 때는 1646년 10월. 황감이 동래를 떠난 이후로 경을 친 사람은 다행히 없었을 터. 파직은 됐지만 선정비를 세웠으니 정말로 선정했거나 당대로선 이해할 수 있는 파직이었을 것이다. 만약에 역적에 가까운 죄목이었으면 선정비는 아예 언감생심이었다.

이름은 왜 지웠을까. 기록은 없지만 내 생각엔 잘못 썼을 가능성이 농후하다. 본명은 황감(黃㦛). 황감을 새긴다는 게 비슷한 글자 황호(黃㦿)를 새겼다면 이만저만 낭패가 아니다. 쉬쉬하며 내버려 두자니 눈에 밟히고 그래서 내놓은 응급 땜질 처방이 한 글자 지우고 한 글자 새로 새긴 것은 아니었을까.

문제는 현재 여기저기 다들 황호로 알고 있는 점이다. 부산에서 나온 엔간한 자료

황감 송덕비. 이미 새긴 이름이 잘못돼서 지우고 그 옆에 다시 새겼다. 새로 새긴 이름은 황감(黃庶). 지운 이름은 아마도 황호(黃屌)였지 싶다.

제주도 하멜기념비. 1653년 8월 네덜란드 하멜 일행이 탄 상선이 제주도에 표류했을 때 제주도 최고위직이던 이원진은 그 이전에 동래부사를 지냈다. 1644년 12월부터 1645년 9월까지 지냈으며 동래 동헌에 그의 송덕비가 있다.

는 황호로 표기한다. '황□'로 표기한 데도 있다. 이럴 때는 고문헌이 정답이다. 국사편찬위원회에서 운용하는 디지털 《조선왕조실록》을 검색하면 금방 답이 나온다. 검색하면, 황호는 전혀 안 나오지만 황감은 부지기수다. 조선왕조실록 한 대목이다.

> 동래부사 황감(黃庶)이 치계하기를, "왜인이 서계(書契) 중의 '귀대군(貴大君)'께 글자를 맨 윗줄보다 한 글자 더 높여 써 달라고 청하고, 또 《무경칠서직해(武經七書直解)》 1질을 얻고자 합니다. 조정으로 하여금 의논하여 조처하게 하소서." 하였는데, 상이 그 일을 의논하도록 버리니, 비국이 회계하기를, "저들이 기필코 '귀대군'께 글자를 한 층 높이기를 원한다면 '아전하(我殿下)'께 글자도 한 줄에 함께 써야 할 것입니다. 이 뒤로 왕래하는 서계 중에 만일 반드시 대군이란 글자를 써야 할 경우가 생기면 역시 전하란 글자를 꼭 쓰는 것으로 항식(恒式)을 삼는 것이 권도에 합처될 듯합니다." 하자, 상이 따랐다.
> - 인조실록 47권, 인조 24년(1646) 4월 14일

조봉진은 대가 셌다. 할 말이라면 결단코 했다. 그런 탓에 풍운을 겪었다. 1816년 4월부터 이듬해 10월까지 동래부사를 지낸 이후 한성부 판윤, 형조판서, 공조판서로 승승장구했다. 1825년 1월에는 전라도 최고위직인 관찰사로 나갔다. 거기서 그만 사달을 일으켰다. 세자의 잘못을 거론했다가 명천이며 진도로 유배됐다. 그래도 2년 뒤 풀려나 다시 승승

장구했다. 1838년 이조판서가 됐고 그해 타계했다.

윤필은은 딱 석 달을 동래 목민관으로 있었다. 정세가 불안정해 목민관 임기가 들쭉날쭉할 때였지만 지나치게 짧았다. 비석 호칭도 자세히 보면 다른 비석들과 다르다. 부사(府使)가 아니고 부윤(府尹)이다. 이게 뭐지? 설명이 좀 필요하다. 윤필은 역시 설명이 필요한 인물이다. 먼저 부윤부터 보자.

동래부사는 조선 후기 이후 호칭 변동이 심했다. 시대가 어지러웠다. 1546년 초대 이윤암 때부터 안정적으로 이어지던 동래부사 호칭은 임진왜란 시기에 몇 년 흔들렸다가 이내 안정을 찾았다. 그러다 1895년 갑오경장을 기화로 요동쳤다. 조선팔도가 23개 관찰부로 나뉘던 때였다. 동래도호부는 동래관찰부로 바뀌고 동래도호부사는 동래관찰부사로 명칭을 변경했다.

명칭만 바뀐 게 아니었다. 동래의 관할지역이 늘었다면 확 늘었고 쪼그라들었다면 확 쪼그라들었다. 표솔 10군(表率十郡)이었다. 23개 관찰부 아래에 전국적으로 331군(郡)을 두었는데 동래관찰부는 10군을 관할했다. 동래군·양산군·기장군·울산군·언양군·거제군·경주군·영일군·장기군·흥해군이었다. 군에는 군수를 두었다. 동래관찰부는 모호하게 됐다. 동래도호부 때보다 관할지역이 엄청 늘었지만 대신에 동래도호부 중심지였던 동래는 동래군으로 격하했다. 속된 말로 쪼그라들었다. 반면에 기장현은 기장군으로 격상했다. 정3품이 다스리던 동래와 종6품이 다스리던 기장이 동격이 되었다. 동래로선 원통하고 분통한 일이었다.

격랑의 시대였다. 관찰부 제도는 오래가지 못했다. 한 해 만인 1896년 8월 폐지했으며 부사의 직책은 부윤으로 바뀌었다. 수시로 바뀌었다. 1896년부터 1903년까지는 부윤, 1903년부터 1906년까지는 군수, 1906년부터 1910년까지는 다시 부윤이었다. 1910년부터 1945년 한일강점기는 동래부윤이 아닌 부산부윤이 되었다. 일본인이 부윤에 앉았고 부청은 부산 시내에 두었다. 그런 시절이 있었다.

좀더 알아봅시다 / 윤필은 아들

아, 윤현진!

윤필은은 격랑기 동래부사였다. 관찰부사와 군수 사이에서 격랑의 한 해를 보냈다. 윤필은은 아들도 격랑기를 살았다. 임시정부 초대 재무차장 윤현진(1892~1921)이 그였다. 만석꾼 할아버지에 동래부윤 아버지를 둔 금수저였지만, 부산대 초대 총장 윤인구를 사촌동생으로 둔 명문가의 일원이었지만 신산한 삶을 살다가 서른도 안 된 나이에 절명한 애국지사가 윤현진이었다.

윤현진은 실천가였다. 순정하면서 의지가 강했다. 일본 메이지대학을 중퇴한 1919년 그해 3월 21일 중국 상하이로 갔다. 3·1운동 20일 만이었다. 상하이 임시정부에 가담해 임정 재무차장을 맡았다. 재무총장은 광복 후 초대 부통령을 지낸 이시영이었다. 만석꾼 집안과 백산상회의 거금이 그를 통해서 독립자금으로 쓰였다. 과로가 겹쳤다. 과로에 과로를 거듭하다가 1921년 9월 16일 오후 2시 상하이 바오창루[寶昌路] 바오캉리[寶康里] 54번지에서 타계했다. 만 29세였다.

윤현진 선생 장례 사진. 대연동 부산박물관 전시실을 둘러보다가 나를 멈칫 세운 사진의 제목이다. 옆으로 기다란 파노라마 흑백사진에는 양복에 넥타이 정장 차림의 임정 요인이 일렬로 섰다. 김구, 안창호, 신익희, 여운형이 보이고 외아들이지 싶은 상주도 보인다. 윤현진은 16세 때인 1908년 결혼해 외아들 윤동건(1908~1964)을 두었다. 열셋 나이에 이역만리 타국에서 아비를 여읜 동건의 눈빛은 지금도 눈에 밟힌다.

상하이 임시정부 초대 재무차장 윤현진(1892~1921) 장례식 장면. 부산박물관에 전시 중이다. 할아버지는 만석꾼이고 아버지는 동래부윤이지만 독립운동 실천의 신산한 삶을 살다가 서른도 안 된 나이에 만리타향 상하이에서 절명했다. ©부산시립박물관

윗들, 아랫들
매입해
학문을
진흥하다

동래향교 흥학비

동래향교에는 비석 11기가 있다. 그중 10기가 흥학(興學) 송덕비다. 향교 발전과 학문 진흥에 애쓴 동래부사의 공덕을 기린다. 그래서 10기 모두 비석 명칭에 흥학이 들어간다. 1기는 영세불망비다. '특별히 아전들의 부역을 가엾게 여기신' 공을 기린다. 향교에 모실 비석이 아닌데 한자리 차지한 셈이다.

동래향교는 동래구 명륜동에 있다. 명륜동 지명은 동래향교에서 비롯한다. 동래향교 중심 건물이 '명륜당(明倫堂)'이다. 명륜은 교육으로 인간 사회의 윤리를 밝힌다는 뜻이다. 공자의 철학이자 공자를 모신 향교의 교육 이념이다. 그러기에 명륜당은 향교의 중심에 둔다. 거의 모든 향교가 그렇다.

반화루(攀化樓), 동래향교 정문에 해당한다. 한자가 어렵다. 안내판은 반룡부봉(攀龍附鳳)에서 나온 말이라고 썼한다. 용을 끌어안고 봉황에 붙는다는 뜻. 역시 어렵다. 이런 마음을 읽었는지 안내판은 덧붙인다. 훌륭한 임금을 좇아서 공명을 세움! 향교 건물이니 공부를 열심히 해서 훌륭한 사람 되라는 그런 말이겠다.

1900년대 초 '부산고지도'에 보이는 동래향교. 나무로 둘러싸였고 건물이 하나같이 반듯하다. 맨 앞에 2층 누각 반화루가 보인다. 반화루 주위로 하마비며 흥학비가 보인다.
ⓒ부산시립박물관

루(樓)는 이층 개념이다. 원두막에 지붕을 올린 건물로 보면 된다. 반면에 정(亭)은 일 층 건물. 평상에 지붕을 올린 건물이라고 설명하곤 한다. 명륜당의 당(堂)은 터를 높여서 지은 집. 자신감 높은 걸 당당(堂堂)하다고 한다. 동래향교 동재(東齋), 서재(西齋)의 재(齋)는 정신을 가다듬고 수양하는 공간이다. 조용하고 은밀한 구조다. 최고로 높은 집은 뭐니 뭐니 해도 전(殿). 궁전(宮殿)이 그렇고 대웅전(大雄殿)이 그렇고 향교에서 가장 귀한 대성전(大成殿)이 그렇다.

동래향교 반화루는 외삼문을 겸한다. 누각 아래 문 셋을

동래향교 흥학비. 역대 동래부사 가운데 학문 진흥과 향교 발전에 공을 세운 이들을 기린다. 모두 11기 가운데 10기가 흥학비다.

두었다. 외삼문 따로, 누각 따로 두는 데도 많지만 간간이 누각과 외삼문을 겸하는 데도 보인다. 흥학비 10기는 반화루 안쪽 오른편에 있다. 비석은 들쭉날쭉 높이가 다르고 너비가 다르고 두께가 다르다. 다른 만큼 부사들의 재임 기간이 다르고 생애가 다르다. 농업에 주력한 이가 있고 학문에 진작한 이가 있고 공사에 천착한 이가 있고 일본 밀무역 단속에 전념한 이가 있다. 최장수 동래부사를 지냈으나 귀양지에서 사사(賜死)한 이도 있다.

비석 주인공과 재임 기간은 다음과 같다. 오른쪽부터다. 이규현(1822. 8~1824. 윤7월) 정언섭(1730. 8~1733. 1) 황정연(1874. 12~1875. 8) 홍수만(1813. 5~1816. 2) 서당보(1855. 7~1857. 1) 조규년(1861. 5~1862. 3) 김선(1827. 7~1829. 5) 이탁원(1834. 7~1835. 8) 현명운(1900. 9〜1902. 1) 정현덕(1867. 6~1874. 1, 최장수). 마지막 황일하(1705. 1~1706. 8)는 흥학비가 아니고 영세불망비.

맨 앞 이규현은 수영구 민락동 백산 옛길에도 비석이 있다. 백산 비석은 명칭이 불망비고 향교 비석은 흥학평(興學坪)이다. 향교 비석은 끝 자가 비석 비(碑)가 아니고 한 평 두 평 하는 땅 평(坪)이다. 비(碑) 글자가 날아갔나? 그건 아니다. 처음 세울 때부터 제액 맨 끝에 평(坪)을 새겼다. 비석 뒷면 음기가 그 내력을 밝힌다.

동래향교 명륜당. 명륜은 교육으로 인간 사회의 윤리를 밝힌다는 공자의 철학이자 향교의 교육 이념이다. 그러기에 명륜당은 향교의 중심에 둔다. 거의 모든 향교가 그렇다. 동래구 명륜동의 지명 유래가 동래향교 명륜당이다.

임오년(1822) 공이 부임하였을 때는 교궁(校宮, 향교)을 옮겨 지은 다음이었고 비축된 재물은 텅 비어 있었다. 공은 학문을 진흥시킬 뜻이 있어 재정을 털어 일을 추진했다. 다음 해에 상평(上坪, 웃들)을 매입하고 또 이듬해에 하평(下坪, 아랫들)을 매입하여 교궁의 둔전(屯田, 공공기관 재원용 토지)으로 했으니 전후로 개간한 땅이 모두 100두락(斗落, 마지기)이나 되었다. 아! 이 땅은 교궁과 시작과 끝을 같이할 것이고, 또한 이 비석은 이 땅과 시작과 끝을 같이할 것이다. 공의 맑으신 덕도 이 비석과 함께 영원토록 닳지 않으리라. 우리 동래 사람들이 공을 추모하는 것이 어찌 다만 현산(峴山)의 타루비(墮淚碑) 비석 하나에 그치겠는가?

도광 을유년(1825) 동지 문우해 삼가 적음. 상평도감 신태정, 하평도감 문만빈, 표석도감 손성일, 향교별임 곽상낙.

동래향교 반화루. 동래향교 정문에 해당한다. 반룡부봉(攀龍附鳳)에서 유래했다. 용을 끌어안고 봉황에 붙는다는 뜻이다. 훌륭한 임금을
좇아서 공명을 세우라는 염원을 담았다.

현산은 중국에 있는 산. 높고 높아서 현수산(峴首山)으로도 불린다. 소식(蘇軾) 시
에도 나온다. 타루비는 진나라 양양태수 양호의 덕을 사모하여 주민들이 현산에
세운 비석이다. 비석을 보는 사람 누구나가 눈물을 흘렸다고 하여 타루비(墮淚碑)
라고 하였다.

음기 첫 줄은 무슨 뜻일까. 이규헌 동래부사가 1822년 부임했는데 그 직전에 향교
를 옮겨 지었다고 했다. 여기에서 동래향교 역사가 나온다. 조선의 향교는 1392년
(태조 원년) 교육진흥책으로 방방곡곡 세웠다. 동래향교도 이때 세웠다. 그 건물은
1592년 임진왜란 때 동래성이 함락되면서 불타고 동래부사 홍준이 1605년 재건했
다. 동래읍성 동문 밖 2리 떨어진 곳에 있었다. 1704년 지금의 법륜사가 있는 학소
대 아래로 옮겼다. 1744년 동문 밖 동래고교 자리로 옮겼다가 1784년 인생문 부근
으로 다시 옮겼다. 그러다가 1813년 동래부사 홍수만이 지금의 자리로 옮겼다. 음
기 첫 줄은 그러한 정황을 설명한다.

이규현 흥학비. 다른 흥학비와 달리 비석 명칭이 흥학평(興學坪)으로 끝난다. 이규현이 동래부사로 부임한 다음 해 상평(上坪, 웃들)을 매입하고 이듬해 또 하평(下坪, 아랫들)을 매입하여 교궁의 둔전(屯田, 공공기관 재원용 토지)으로 했던 공을 기리느라 평(坪)이다.

김선(金鐥) 흥학비. 김선을 한자가 비슷한 김준이나 김용으로 표기한 자료가 꽤 된다. 심지어는 김□□로 표기한다. 순조 27년(1827) 6월 16일 실록에 김선 실명이 등장한다. 代點, 以金鐥爲東萊府使(대점, 이김선위동래부사). '김선을 동래부사로 삼았다'는 이야기다.

짚고 넘어갈 점 하나! 여기저기 이런저런 자료나 책자에 보이는 오류다. 동래부사 김선(金鐥)을 김준(金濬)이나 김용(金鏞), 심지어는 김□□로 표기한다. 준이나 용이 한자가 비슷하게는 생겼지만 '선'이 맞다. 순조실록 29권, 순조 27년(1827) 6월 16일 기사에 김선 실명이 등장한다. 여기 나오는 대점(代點)은 뜻이 둘이다. 군인이나 노비를 점고(點考)할 때 남을 시켜 자기 대신 점고받게 하는 것 또는 관직을 임명할 때 임금이 직접 하지 않고 세자 등이 대리로 낙점하는 것이다.

대점하여 김선을 동래부사로 삼았다.

代點, 以金鐥爲東萊府使

대점, 이김선위동래부사

동래향교는 보호수 은행나무가 볼 만하다. 은행나무는 공자님 나무. 공자님이 은행나무 아래서 제자를 가르쳤다. 그런 연유로 서원이나 향교마다 은행나무를 심었다. 행단(杏壇)은 은행나무 모신 곳. 행단에서 비롯한 사자성어로 행단지진(杏壇之塵)이 있다. 행단에 쌓인 먼지가 행단지진이다. 책상에 뿌옇게 앉은 먼지쯤 된다. 아이만 "공부 좀 해라! 공부 좀 해라!" 닦달할 게 아니라 어른 스스로 "행단지진! 행단지진!" 귀에 박히도록 자문해야…

동래향교 은행나무. 은행나무는 공자님 나무다. 공자님이 은행나무 아래서 제자를 가르쳤다. 그런 연유로 서원이나 향교마다 은행나무를 심었다. 행단(杏壇)은 은행나무 모신 곳 공부를 게을리해서 행단에 먼지가 쌓인 게 행단지진(杏壇之塵)이다.

좀더 알아봅시다 / **외삼문과 내삼문**

외삼문 둥근 기둥은 우주, 내삼문 네모기둥은 땅

한국의 문(門)은 복잡다단하다. 형태에 따라 일각문·사주문·평삼문·3칸문·4칸문·5칸문·중층문 등으로 분류하며 형상에 따라 대문·솟을대문·평삼문·솟을삼문 등으로 분류한다. 기능에 따라서 성문·대문·정문·객사문·암문·아문으로도 나눈다. 대목이 전담하여 만드는 문과 소목이 전담하여 만드는 창호(窓戶)로도 구별한다.

관아나 서원, 향교 같은 공공건물은 통상 삼문(三門) 형식이다. 가운데 문은 상징적인 성격을 지니며 일상의 출입은 양쪽 문을 이용한다. 지방관청인 관아의 문은 아문(衙門)이라 했다. 영역을 표시하는 홍살문, 관아의 정문으로서 중층누문 형식인 외삼문, 동헌의 정문인 내삼문으로 이루어졌다. 중층 누문 형식인 외삼문의 경우 아래층은 통행에 쓰이도록 판문을 달고 위층은 벽을 막지 않아 누각과 같이 통행을 감시하는 기능을 하였다.

향교도 외삼문과 내삼문을 두었다. 강학 영역인 명륜당과 제향 영역인 대성전을 중심에 두고 각 영역 앞에다 솟을삼문이나 평삼문을 두었다. 바깥문을 외삼문(外三門), 안쪽 문을 내삼문(內三門)이라고 했다. 통상 외삼문 기둥은 원형, 내삼문 기둥을 사각을 썼다. 원형 기둥은 우주를, 네모기둥은 땅을 상징했다. 서원의 외삼문은 관아의 외삼문처럼 보통 중층의 누문형식을 취하나 감시 기능보단 선비들이 학문을 토론하거나 경치를 감상하는 장소였다.

수영사적공원 25의용단의 외삼문. 통상 외삼문 기둥은 원형, 내삼문 기둥을 사각을 썼다. 원형 기둥은 우주를, 네모기둥은 땅을 상징한다.

조선의
참군인을
기리고 기억하는
역사의 현장

수영사적공원 수사 불망비

엄두가 안 난다. 저걸 어찌 다 이야기하나. 하나둘셋 헤아려 나가다가 중간쯤 헷갈려서 처음부터 다시 헤아리다가 또 헷갈릴 만큼 많은 비석. 한 줄로도 모자라 두 줄로 길게 늘어선 비석은 제목만 훑어보며 지나는 데도 숨이 찬다. 사진도 내 실력 밖이다. 이쪽에서 찍으면 저쪽이 안 보이고 저쪽에서 찍으면 이쪽이 안 보인다.

여기 비석은 모두 33기. 1639년에서 1890년 사이에 세웠다. 1639년 이전에도 세웠고 1890년 이후에도 세웠겠지만 행불이다. 임진왜란 7년과 일제강점기 36년이 주범이지 싶다. 여기 있는 비석마저도 연대순으로 아귀가 맞아떨어지는 건 아니다. 1639년에서 1890년 사이라고는 하지만 중간중간 빠졌다. 이전 것도 이후 것도 빠진 데다 있는 것마저 이 빠지듯 빠졌다. 그래도 많기는 많다. 헤아리다가 숨이 찰 정도로 많다.

비석은 하나같이 비석 같다. 보는 순간 진짜 비석 같다는 느낌이 확 온다. 친근함 내지는 동질감 같은 거다. 친근함 내지 동질감은 익숙한 데서 비롯한다. 어릴 때부터 봐 왔으며 먼 데도 아닌 길가나 마을 어귀에서 쉽사리 봐 왔다는 익숙함이랄까. '옛날에 금잔디 동산에' 같은 감정이입이다. 표지석은 여기 비석이 옛 성터 주변에 흩어져 있던 것들이라고 밝힌다.

(…) 좌수영성지 정비·복원 사업의 일환으로 수영성 남문 주변에 흩어져 있던 것을 이곳에 모아 재임 연도순으로 새롭게 단장하였습니다. 2002년 2월

비석은 대체로 온전하다. 절단됐다가 다시 잇댄 것도 보이지만 근엄하달지 위엄스럽달지 기품이 서렸다. 절단한 이유는 여러 가지겠지만 왜 그랬는지 밝힌 자료는 딱히 없다. 오래돼 부서졌을 수 있고 불미스러운 일에 연루돼 곤욕을 치렀을 수 있다. 어떤 이유든 부서진 비석을 보는 마음은 불편하다. 당사자는 오죽할까. 이름 석 자 새기는 일은 그렇다. 남이 새겨준다 해도 생각하고 또 생각해서 응할 일이다.

수영사적공원의 조선시대 경상좌수사 불망비. 모두 33기다. 1639년에서 1890년 사이에 세웠다. 한 줄로도 모자라 두 줄로 길게 늘어선 비석은 제목만 훑어보며 지나는 데도 숨이 찬다.

비석의 주인공은 수사(水使)다. 수사의 참모장쯤에 해당하는 우후(虞侯) 비석도 보이지만 수사가 압도적으로 많다. 32기다. 수사는 지금의 해군사령관. 조선시대 행정직 지방관인 부사(府使)와 동급으로 정3품 무관이었다. 두 지방관은 종2품 관찰사의 지휘감독을 받으며 지방행정과 지역 군정을 책임졌다. 동급이다 보니 의견이 충돌할 때도 있었고 소문이 날 정도로 다퉈서 문책당하기도 했다. 수영사적공원 선정비에 새긴 내용은 엇비슷하다. 왜와 국경을 맞댄 바다를 수호한 공덕이며 고을 백성을 어루만지고 바다를 지킨 군졸을 보살핀 공덕을 주로 새겼다.

수사 근무지를 수영(水營)이라 했다. 수사가 상근하고 수군이 주둔하는 조선시대 해군사령부가 수영이었다. 삼면이 바다고 한 면이 두만강, 압록강인 조선은 팔도 모두에 수영을 두었다. 지금의 수영은 부산 수영구를 가리키는 고유명사지만 조선의 수영은 팔도마다 주둔한 수군부대를 가리키는 일반명사였다. 수영이란 지명은 현재 부산만 남았다. 조선시대는 경상도와 전라도, 충청도와 경기도, 강원도, 그리고 이북까지 팔도 모두에 수영이 있었다.

머릿돌만 남은 경상좌수사 불망비. 받침돌에 거북을 새기고 머릿돌에 용을 새긴 비석을 귀부이수라 하고 받침돌과 머릿돌 모두 밋밋한 비석을 방부원수라고 한다.

경상도와 전라도는 수영이 유별났다. 다른 도는 하나였지만 경상도와 전라도는 둘이었다. 왜 그랬는지 밝힌 문헌은 보지 못했다. 해안선이 길고 특히 일본과 가까워서 그랬지 싶다. 호시탐탐 노략질을 일삼던 왜구에게 조선의 남해안은 '호구'였다. 날렵해서 신출귀몰했던 왜선은 여기를 막으면 저기를 뚫었고 저기를 막으면 여기를 뚫었다. 수시로 출몰하는 왜구에게 대처하려면 수영 하나로는 불감당이었다. 피치 못해 좌우 둘로 나누었고 좌우 모두에 수영을 뒀지 싶다.

경상도 좌우의 경계는 어딜까. 낙동강이었다. 낙동강에서 경북 영덕 그 위까지가 경상좌도, 낙동강에서 섬진강까지가 경상우도였다. 좌도 수영을 좌수영, 우도 수영을 우수영이라 했으며 사령관을 좌수사, 우수사 또는 뭉뚱그려 수사라 불렀다. 수영은 수시로 이전했다. 수심이 얕아서 이전했고 방어나 공격에 취약해서 이전했다. 그러다 눌러앉은 게 경상좌도에선 지금의 부산 수영이고 경상우도에선 통영이다. 통영은 하삼도(下三道)로 불린 경상도와 전라도, 충청도 수군을 통제하던 삼도수군통제영 줄임말이다.

莨海 장해

장해. 지금은 사전에서 사라진 어휘다. 나로선 처음 보는 어휘다. 해운대 장산 앞바다 내지는 부산 바다를 장해라 했구나. 장해익심 장산익고(莨海益深 莨山益高). 1847년 11월 세운 이신영 수사 불망비 한 구절이다. 대를 이어서 베푼 은혜가 장산

이신영 수사 불망비. 1847년 11월 세운 비석으로 지금은 사전에서 사라진 어휘를 발견하는 반가움이 크다. 해운대 장산 앞바다 내지는 부산 바다를 장해(長海)로 표현했다.

구주원 수사 불망비. 구 수사는 이력이 특이하다. 수사의 임기가 통상 24개월인데도 60개월을 복무했으며 정3품 해군사령관에서 종2품 육군사령관으로 승진했다. 고종 8년(1871) 6월 경상좌도 수군절도사에서 경상좌도 병마절도사로 승진했다. 불망비는 승진 한 달 후 세웠다.

바다보다 깊고 장산 산보다 높다고 칭송했다.

구주원(具冑元) 수사. 영세불망비의 주인공 구주원 수사는 이력이 특이하다. 수사의 임기는 통상 720일. 24개월 남짓 복무하면 과만(瓜滿)이라고 해서 교체했다. 지방관은 벼슬이 높을수록 임기가 짧았고 낮을수록 길었다. 높을수록 임금 가까이 있으려 했다. 그러기에 임기를 꽉꽉 채우는 지방 고위직은 드물었다. 그런데도 구 수사는 그 두 배 반인 60개월, 5년을 연임했다. 한양 쪽에 안테나를 두지 않고 부산 바다 지키는 소임에 충실했다는 방증이다. 모름지기 군인은 그래야 한다. 재임 시기가 겹치는 정현덕 동래부사와 함께 대일 강경노선을 펼쳤다.

구 수사의 연임 소식은 조선왕조실록에도 나온다, 두 차례나. 첫 번째는 고종 5년

황진문 수사 불망비. 수영사적공원 수사 불망비 중에서 유일하게 황진문 비석만 둘이다. 담백한 비석에 담백한 글씨가 담백하게 다가온다. 군졸에게 존경받은 장수 또는 요즘 식으로 참군인이 황진문 수사였다. 둘 다 1702년 3월 세웠다.

(1868) 8월 14일 '경상좌도 수군절도사 구주원과 북청 남병사 이겸희를 잉임하게 하다'이고 두 번째는 고종 6년 6월 8일 '경상좌도 수군절도사 구주원을 잉임시키라고 명하다'이다. 잉임(仍任)은 기한이 다 된 벼슬아치를 그대로 머물게 하는 것. 두 번 잉임해 세 차례 근무했으니 60개월이 될 수 있었다. 수사 임기를 마치고선 승진했다. 고종 8년 신미년 6월 1일 경상좌도 병마절도사에 올랐다. 정3품 해군사령관에서 종2품 육군사령관으로 승진이다. 그로부터 한 달 후 세운 구주원 불망비는 구절구절 각골난망이고 각석난망이다. 《부산 금석문》 번역이다.

밀린 세금 고쳐 없애주고 / 창고 풀어 어려움을 해결했다. / 파거 열어 무사(武士)를 기르시고 / 기계 고쳐 변방 일을 대비하였다. / 급료로 쌀 주는 것 다시 설치했고 / 둔전(屯田)을 늘려 설치했다. / 오 년 동안 다스리시니 / 그 은혜 영원하리.

황진문 수사의 선정비는 독보적이다. 여기 비석 33기 가운데 황 수사 비석만 둘이다. 비석 제목과 비석을 세운 때는 두 비석이 같다. 둘 다 수사황공진문선정비, 1702년 3월 세웠다. 비석을 세운 주체는 다르다. 하나는 '진무(鎭撫)'가 세웠고 하나는 '군졸 등'이 세웠다. 진무는 군부대에 두었던 군사 실무 담당관. 나름 고위직이었다. 1400년대 중반 폐지된 직제인데도 1700년대 지방에선 통용됐던 모양. '군졸 등 립(軍卒等立)' 비석은 음미할 만하다. 군졸에게 존경받은 장수 또는 요즘 식으로 참군인이 황진문 수사였다. 나중에 조선 최고의 군령기관인 오위도총부의 2인자를 역임했다.

부산의 수영은 군사도시였다. 그리고 국경도시였다. 왜와 바다를 맞댔기에 부산 수영이 뚫리면 조선 바다가 뚫렸다. 조선 바다를 지킨다는 일념으로 일관했던 조선 수군의 무장들. 숫자에 밀리고 무기에 밀린 임진왜란은 어쩔 수 없었어도 그 이후 조선 수영의 무장은 조선 바다를 충절 하나로 철통같이 지켰다. 조선 참군인을 기리고 기억하는 역사의 현장이 경상좌수영 자리에 들어선 수영사적공원이다. 그리고 거기 두 줄로 모신 수사 불망비다.

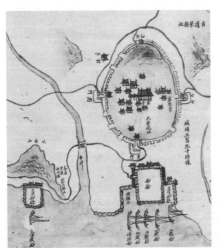

1872년 제작한 지도에 보이는 경상좌도 수영성. 둥그런 성과 네모난 선창 사이 오른편에 보이는 문구 '성첩(城堞) 394타(垜)'가 눈길을 끈다. 성첩은 성 위에 낮게 쌓은 담이고 타(垜)는 화살을 쏘거나 멀리 바라보는 타구(垜口)의 준말로 가로와 세로 길이가 KS처럼 조선팔도 비슷했다. '성첩 394타'는 좌수영성 성벽의 길이였다. ©규장각

좀더 알아봅시다 / **수사 교체**

수사와 부사가 다퉈 파직되기도

변방의 수군을 통솔하는 수사는 임기제였다. 통상 이십몇 개월 복무했다. 임기를 채우지 못하고 물러나는 경우도 적지 않았다. 임기 중에 승진 또는 영전하거나 다른 지역 수사로 이동하는 경우가 있었고 병이 생겨, 또는 칭병해 사직했다. 불미스러운 일에 연루되어 파직되는 경우도 있었다. 특이하게는 무관 수사에서 문관 부사로 가는 일까지 있었다.

권경(權儆) 수사가 그랬다. 순직하기 전까지 출세가도를 달렸다. 종3품 풍덕부사에서 승진해 정3품 경상좌수영 수사로 왔다. 1750년 10월 6일 도임해 1753년 정월 20일 과만으로 교체되면서 문관이 맡던 동래부사로 갔다. 무(武)보다 문(文)을 앞세우는 시대였으므로 품계는 같아도 영전이었다. 그러나 아쉽게도 동래부사 재임 도중 병으로 순직했다.

동래부사와 알력이 생겨 파직되는 경우도 있었다. 신응주 수사와 조운영 수사가 그랬다. 1780년 3월 30일 도임한 신응주 수사는 이문원 동래부사와 다투다가 1780년 9월 파직됐다. 도임 6개월 만이었다. 이문원 부사 역시 성치 못했다. 1780년 1월 동래부사로 와서는 그해 8월 파직됐다. 동래부사 임기 30개월에서 한참 못 미쳤다.

조운영 수사는 1819년 9월 16일 도임했다. 이듬해 3월에는 이화(李墥)가 동래부사로 왔다. 형님 동생 하며 사이좋게 지냈으면 좋으련만 티격태격했다. 이 일이 알려져 순영(巡營, 관찰사 집무 관아)에서 장계를 올렸다. 조 수사는 1821년 5월 파직됐고 이화 부사 역시 그보다 앞서 1821년 2월 물러났다. 무보다 문을 숭상했을망정 벌은 공평했다. 조선 500년을 떠받친 힘이 거기서 나왔다.

신응주 수사 불망비. 좌수영 수사와 동래부사는 같은 급이었다. 부사와 수사가 알력이 생기는 경우도 있었다. 1780년 3월 30일 도임한 신응주 수사는 이문원 부사와 서로 다투다가 도임 6개월 만인 1780년 9월 파직됐다. 이문원 부사는 그보다 한 달 앞선 8월 파직됐다. 무(武)보다 문(文)을 숭상했을망정 벌은 공평했다. 조선 500년을 떠받친 힘이 거기서 나왔다.

이름
새기는 일,
빛나면서도
두려운 일

기장읍성 공덕비들

기장읍성은 미완성이다. 현재진행형이라고 해도 되겠다. 읍성이라곤 하지만 성벽을, 그것도 아주 일부만 복원한 상태다. 읍성이 이렇게 된 것은 광복 이후 도시화로 인한 것도 있지만 일본 탓이 컸다. 임진왜란 때는 죽성리에 왜성을 쌓는답시고 성벽 돌의 반 이상을 뽑아갔고 일제가 조선을 강탈할 무렵엔 석재를 빼돌리고 목재를 빼돌리고 하면서 원형을 완전히 잃었다.

기장은 반골의 도시다. 직언을 서슴지 않아 유배됐던 반골 선비의 고장이며 일제강점기 독립운동의 고장이다. 기장읍성이 비록 원형은 잃었어도 반골 선비의 고장답게, 독립운동가의 고장답게 언젠가는 복원이 되리라 믿는다. 비정상의 정상화, 그게 반골 선비가 지향하는 세계였고 독립운동가가 가닿고자 한 지평이었다.

석벽과 공덕비. 미완성이다 보니 기장읍성을 찾는 사람이 많지는 않다. 그러나 한번 찾은 사람은 다음에 다른 사람과 또 찾는다. 그게 기장읍성이 가진 매력이다. 다음으로 이어지고 다른 사람으로 이어지며 기장읍성은 완성으로 나아간다. 석벽과 공덕비는 기장읍성이 가진 매력의 핵심이다. 읍성에서 바라보는 탁 트인 조망도 그럴듯하지만 그 얘긴 다음으로 미루자. 주제가 주제인 만큼 석벽 얘기도 다음으로 미루자.

기장읍성 공덕비는 일단 많다. 한 군데 모아둔 비석으로 따지면 부산에서 가장 많다. 동래도 많고 부산박물관도 많지만 여기선 일단 '질보다 양'이다. 기장 곳곳에 흩어졌던 비석을 죄다 이리로 모았다. 무려 37기나 된다.

1872년 제작 군현지도에 보이는 기장읍성. 오늘날 기장읍성을 찾는 사람이 많지는 않다. 그러나 한번 찾은 사람은 다음에 다른 사람과 또 찾는다. 그게 기장읍성이 가진 매력이다. ⓒ규장각

조선 때 동래 방면에서 기장현청으로 들어오는 용소골 장승배기를 비롯하여 남문 밖, 그리고 종로 거리와 현청

사 주위에 채워져 있던 각종 비석 36기
가 도시 확장과 새마을사업 등으로 유
실될 것을 우려한 공태동(당시 국제신
문 근무, 향토사학자)의 노력으로 1972
년 기장초등학교 정문 왼쪽에 모아 보
존되어 왔다. 2004년 도로를 확장하면
서 동문 앞 현 장소로 옮겨 정비했는
데…

기장읍성 성벽. 돌로 쌓은 성벽은 공덕비와 함께 기장읍성이 가진 매력의 핵심이
다. 읍성에서 바라보는 탁 트인 조망도 그럴듯하다.

기장읍성 공덕비 안내판 내용이다. 읍
성 터 입구에 세워두었다. 안내판이 밝히는 비석은 36기고 실제 비석은 37기다. 안
내판을 세울 때는 36기였다가 이후 1기가 더 늘었다는 정도로 이해하자. 부산의
다른 공덕비에 등장하는 이름도 더러 있다. 여기서도 공덕을 짓고 저기서도 공덕
을 지었음을 의미한다. 선한 사람은 어디 가도 선하게 마련이다. 37기 공덕비에 새
긴 이름들이다.

　서희순 조병현 홍재철 이기춘 김세호 박제인 이도재 지석영 오취선 백세천
　최진일 김성뢰 권적 이기수 함영석 오윤영 정후숙 임백은 홍찬 이규선 오영석
　조정당 손경현 강유후 이경렬 이경우 아해륜 엄신영 홍재규 구연호 정태망
　최동진 김선국 오기영 한한흥 김수한 장유풍

마지막 두 번째 김수한 공덕비는 좀 특이하다. 현감 김수한의 공덕을 기리는 게 아
니고 돌다리 놓은 공로자를 기렸다. 비문 쓴 이가 김수한이다. 제목은 두 줄. 첫째
줄은 '청강교비문(淸江橋碑文)', 둘째 줄은 '현감김공수한'이다. 돌다리 놓은 것을
기념해 1758년 3월 세웠다. 김수한은 1755년(영조 31) 12월 부임해 1758년 5월 퇴

기장읍성 공덕비들. 기장 곳곳의 비석을 이리로 모았다. 모두 37기다. 세 줄로 늘어선 공덕비는 그 자체로 장관이다. 부산에 두 줄 공덕비는 몇 군데 있어도 세 줄 공덕비는 여기가 유일하지 싶다.

임했다. 두 줄 제목 아래는 잔글씨를 세로로 한 가득 새겼다. 《부산금석문》 번역을 전재한다.

대개 사물이란 때가 되어야 이루어지는 법이고, 때도 또한 마땅한 사람을 만나야 마련되는 법이니, 때와 사람이 서로 만난 뒤에야 사물이 그 모습을 갖추게 된다. 기장현이 설치된 것이 그 유래가 이미 오래되었지만, 하천에 다리를 고치는 일이 고질적인 폐단이다. 매년 무너진 것을 수리할 때면 많은 사람이 모두 이 일에 뜻을 두어 석교(石橋)를 만들고자 하였지만, 사물이 적당한 때를 만나지 못했고, 때 역시 마땅한 사람을 만나지 못하여, 누구도 팔을 걷고 나서지 못했다. 오늘날에야 박창휘가 이 일을 개탄하여, 모금하고 권면하며 선도하여 큰일을 시작하였고, 송세흥이 재산을 버어 이 일을 도와 그 업적을 마치게 되었다. 위대하구나! 이 일을 이루다니! 그렇다. 때가 이 다리를 이루고자 하니, 이 두 사람이 그 모습을 완성했다. 나는 그 공로를 찬양하고 그 일을 찬미하며 이 다리가 자랑스러워, 공로가 있는 사람들과 재산을 희사한 사람들을 기록하여 이 다리를 오고 가는 사람들이 귀감으로 보도록 함으로써 오랫동안 사라지지 않도록 드러내고자 한다. 다리가 자랑스러운지 아름다운지는 다 기록하지 않으나, 대중의 이목에 전파되어 있다.

기장 공덕비군. 여기 공덕비를 이르는 공식 명칭이다. 대단히 많다 보니 무리 군(群)을 써서 공덕비군이다. 그렇게 불러도 될 만한 게 읍성에 딱 들어서면 공덕비의 위용에도 놀라지만 공덕비의 배열(配列)에도 놀란다. 한 줄, 한 줄, 한 줄, 모두 세 줄로 늘어선 공덕비는 그 자체로 장관이다. 부산에 두 줄 공덕비는 몇 군데 있어도 세 줄 공덕비는 여기가 유일하지 싶다. 비석 하나하나 앞면 보고 뒷면 보고 옆면

보며 느릿느릿 지나노라면 그런
나도 비석의 하나쯤으로 보일지
모르겠다.

느릿느릿 걷다가도 멈춰 서는 비
석이 있다. 철비(鐵碑)다. 철비는
쇠로 만든 비석. 부산에서 기장
여기만 있지 싶은 철비가 군데군
데 5기다. 주조를 잘못해 글자가
한쪽으로 기운 철비도 보인다.
잘못 인쇄한 지폐처럼 귀하게 보
면 귀하게도 보인다. 석비도 제

기장읍성 군데군데 보이는 철비(鐵碑). 모두 5기다. 주조를 잘못해 글자가 한쪽으로 기운 철
비도 보인다. 좌천 달음산 주변에 있던 철광산에서 철비 재료를 얻었을 것으로 추정한다.

작 과정이 지난하지만 철비는 더 지난하다. 철광석을 캐서 조련하고 주조하고 각
자하는 과정들은 생각만 해도 등짝에 땀이 줄줄 흐른다.

그런 철비는 왜 만들었을까. 딱히 기록은 없다. 어쩌다 비석 강의를 하면서 철비 이
야기가 나오면 설명하기가 참 난감하다. 그래서 얼버무린다. 돌로 만들면 나중에
깨어질 우려가 있지만 쇠로 만들면 그런 우려를 하지 않아도 된다! 대개는 그 대상
이 공덕비였다. 정말 고마워서 세운 공덕비가 있는가 하면 강제로 세운 공덕비가
있었다. 공덕비를 금지하는 어명이 내려지기도 했다. 비석 주인공 당사자 입장에
선 강제 공덕비는 깨어질 우려가 컸지만 철비는 '랄라룰루'였다.

"도랑에 누런 쇳물이 흐르네. 아직도 철이 묻혔는가 보네."

'개끼모'라고 있었다. 부산 세 문인의 부부 모임 명칭이 그랬다. 쥐띠 노는 데 개띠
가 끼었다고 개끼모였다. 쥐띠는 둘. 강 모 소설가와 나였다. 부인들도 쥐띠였다.
거기에 1958년 개띠 정태규 소설가 부부가 합류했다. 문학도 선배고 학교도 선배

라서 "태규 형! 태규 형!" 따랐다. 태규 형이 루게릭병으로 병상에 눕기 이전 한 10
년, 매달 등산도 가고 명소도 찾고 하면서 잘 지냈다. 한 날은 기장 권역인 좌천 달
음산에 들렀다. 등산 도중에 도랑에 흐르는 누런 물이 쇳물이라고 태규 형은 그랬
다. 그 옛날 여기에 철광산이 있었다고 했다. 지금도 철광마을이 있다. 기장에 철비
가 등장했던 이유다.

歲貢正鐵 二百九十斤 세공정철 290근

사실 기장은 철의 도시였다. 철을 제련했던 야철지(冶鐵趾)가 발견됐는가 하면 기
장 철마산 지명도 쇠 철(鐵)을 썼다. 그뿐 아니다. 국사편찬위원회 황구 사료조사
위원은 기장군청 발행 월간지 2024년 2월호 '1469년 기장 쇠(鐵) 공납과 잊혀 가는
지역 철기문화'란 제목의 글에 조선시대 기장현은 해마다 나라에 철을 조공했다

고 밝혔다. 그 근거가 1460년 편찬 《경상도속찬지리지》에 나오는
'세공정철 290근'이었다. 해마다 정품 철 290근을 조공했다는 뜻
이다.

이름을 새기는 일. 빛나면서도 두려운 일이다. 그것의 확인이 동
서고금 공덕비다. 두고두고 칭송받는 이름이 있는가 하면 두고두
고 손가락질하는 이름이 있다. 반으로 깨진 비석, 이름 부분만 지
운 비석은 볼 때마다 마음이 흉해진다. 깨기 쉬운 돌비에 새긴 이
름도 그럴진대 악행을 일삼고도 철비를 세우고 거기에 새긴 이름
이라면 누대에 걸친 손가락질을 어찌 다 감당할까. 만에 하나 기
장읍성 공덕비 철비 중에 그런 게 있다면 "이 일을 우짤꼬!" 싶다.

기장읍성 청강교비 비양 확대. 기장 청강에 다리 놓은 것을 기념해 1758년 세운 공덕비로 다리가 자랑스러
운지 아름다운지는 다 기록하지 않으나, 대중들의 이목에 전파되어 있다라고 새겼다.

"부산이라 좋다!"
콧노래
저절로 흥얼

범어사 옛길 비석

범어사 옛길은 숲길이다. 금정산 숲속 둘레길이라고도 한다. 범어사에서 노포동으로 이어진다. 범어사 문화관광해설사의 집 근처에서 걷기 시작하면 내리막이 이어져 편하다. 산책 주민이나 급한 일 없을 등산객 더러 보일 뿐 대단히 한적하다. 길 중간쯤에는 1900년 수행 암자로 창건한 범어사 지장암이 보인다. 청룡동 48번 종점에서 출발하는 90번 버스를 타면 지장암에서 내릴 수 있다. 지장암 뒷길이 범어사 옛길이다.

비석은 지장암 뒷길에서 범어사 쪽에 있다. 모두 다섯 기다. 동래부사와 순상국(巡相國, 관찰사, 감사) 등의 송덕비다. 지금으로 치면 부산시장과 경남지사 비석이다. 길가라서 눈에 금방 뜨인다. 의문이 생긴다. 주민이나 등산객 다니는 이 한적한 숲길에 웬 고관대작 비석? 지금 기준으로 그렇지 그 옛날엔 한가락 하던 길이었다. 한양이나 경북내륙에서 팔도 유람하는 지체 높으신 양반이 영남 3대 사찰 범어사에 가려고 이 길을 오갔다. 그들에게 보이려고 길가에 비석을 세웠다.

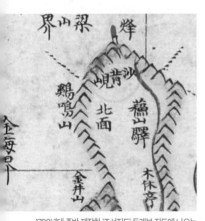

1700년대 중반 제작한 '조선지도' 동래부 지도에 나오는 사배현(沙背峴). 양산에서 부산으로 가는 길목이 사배현 고개였다. 동래와 한양을 잇는 길이라서 새로 부임하는 동래부사도 사배현을 넘었다. 1961년 지경고개로 이름이 바뀌었다. 지경(地境)은 땅의 경계 부산과 양산의 경계란 뜻이다. ©규장각

사배현(沙背峴). 팔도유람 양반은 낙동강과 양산을 경유해 부산으로 왔다. 양산에서 부산으로 가는 길목이 사배현 고개였다. 지금도 있다. 도시철도 범어사역에서 노포동역 중간쯤의 양산 동면으로 이어지는 약간 오르막 도로가 거기다. 2024년 순차적으로 들어서는 양산 사송 아파트단지 가는 길이다. 동래와 한양을 잇는 길이라서 새로 부임하는 동래부사도 사배현을 넘었다. 사배는 '새벽'의 이두식 표기다. 사배고개로 불리다가 1961년 지경고개로 바뀌었다. 지경(地境)은 땅의 경계, 부산과 양산의 경계란 뜻이다.

정현덕(1872), 홍우길(1860), 조엄(1808), 정헌교(1860년경), 장호진(1903). 오른쪽부터 비석에 새긴 이름이

범어사 옛길 비석들. 동래부사와 순상국(巡相國 관찰사, 감사) 등의 송덕비다. 지금으로 치면 부산시장과 경남지사 비석이다. 한양이나 경북내륙에서 팔도 유람하는 지체 높으신 양반이 영남 3대 사찰 범어사에 가려고 이 길을 오갔다. 그들에게 보이려고 길가에 비석을 세웠다.

범어사 옛길과 고색창연한 비석들. 범어사에서 노포동으로 이어지는 범어사 옛길를 걷다 보면 지장암 뒷길에서 옛날 비석 다섯 기를 만날 수 있다.

다. 괄호 안은 비석을 세운 연도다. 정현덕과 정헌교는 동래부사, 조엄과 홍우길은 순상공, 장호진은 통정대부 참서관(參書官)을 지냈다. 통정대부는 정3품 당상관을 이른다. 참서관은 대한제국 각 부처 주임관. 판사, 참판 아래 참의에 해당한다. 벼슬이 다른 이들 비석의 공통점은 범어사 스님이 합심해서 세웠다는 것. 그래서 단아한 방부원수 일색이다. 스님들이 마음으로 세운 비석이니 용이며 거북이며 무슨 장식이 필요했겠나 싶다.

정현덕은 대원군의 심복. 뚝심이 세어서 밀어붙이는 파였다. 경남의 돈줄 구포를 동래로 귀속했으며 일본인 거류지 초량 왜관에 대해선 강경했다. 대원군이 동래부사로 심복을 보낸 목적도 왜관의 엄정한 관리였다. 정현덕은 그러면서 문장가였다. 글을 잘 썼고 붓글씨를 잘 썼다. 동래유치원 태평원 시비, 동래 금강원 시비, 해운대 반송동 삼절사 현판 친필 등을 남겼다.

학문 진작에도 힘썼다. 명륜동 동래향교에 정현덕을 기리는 흥학비가 있다. 범어사 옛길 비석에는 스님들의 전결(田結, 논밭에 물리는 세금)과 부역을 덜어주고 국

범어사 옛길 비석 한가운데 있는 조엄 공덕비. 조엄(趙曮)은 부산이 꼭 기억해야 할 이름이다. 역사의 진흙더미에 묻힐 뻔했던 임진왜란 다대포전투를 역사의 전면에 내세웠다. 무엇보다 구황작물 고구마로 조선을 보릿고개에서 살렸다. 범어사와도 각별한 인연이 있다.

영도 조내기고구마역사공원. 영도 청학동에 있었던 자연마을 조내기는 한국 최초로 고구마를 심어서 조선팔도 퍼뜨렸다. 그때가 1764년이었다. 고구마는 흉년 들어 픽픽 쓰러지던 굶주린 서민을 먹여 살린 생명의 뿌리였기에 조내기는 조선의 성소다. 그걸 기념해 역사공원이 들어섰다.

청사를 재건한 공덕을 새겼다. 좀 이따 언급하겠지만 범어사 옛길 금어동천 큼지막한 바위에 '정현덕' 큼지막한 이름 석 자, 그냥 새긴 게 아니었다.

순상국 홍우길은 제액이 어렵다. 그냥 불망비나 그냥 공덕비가 아니고 영혁고막 만세불망단(永革痼瘼 萬世不忘壇)이다. 고질적인 병폐를 영원히 혁파한 공덕을 천년만년 잊지 않겠다는 다짐이었다. 관찰사 홍우길은 남쪽 지방을 순행하다가 범어사에 들렀다. 사찰의 폐단을 듣고선 "사찰이 남아나지 않는 것이 이 때문이구나." 하나하나 남김없이 시정한 공덕이 가히 각골난망, 각석난망이었다. 부사 정헌교 제액도 홍우길과 비슷하다. 영혁폐막(弊瘼) 만세불망단이다. 정헌교와 참서관 장호진 역시 잘못된 폐단을 제거한 공덕이 컸다.

조엄(趙曮)은 부산이 꼭 기억해야 할 이름이다. 역사의 진흙더미에 묻힐 뻔했던 임진왜란 다대포전투를 역사의 전면에 내세웠다. 무엇보다 구황작물 고구마로 조선을 보릿고개에서 살렸다. 조선통신사 시절 대마도 고구마 종자를 가져와 영도에서 재배토록 했다. 이를 '조내기고구마'라고 한다. 고구마 재배 성공에 힘입어 당시 동래부사 강필리는 1765년 한국 최초의 고구마 재배법 《감저보(甘藷譜)》를 내었다. 아사 직전의 조선을 구해낸 영웅이 조엄이었고 강필리였다. 강원도 원주에는 조엄기념관이 있고 부산 영도에는 조내기고구마역사공원이 있다.

조엄은 강필리 이전에 동래부사를 지냈다. 그래서 동래를 잘 알았다. 고구마 종자를 영도에 심도록 한 것도 부산에 대한 이해가 깊어서였다. 1757년 7월부터 1758년 12월까지 동래부사를 지냈으며 1758년 12월 12일(음) 경상감사로 승진했다. 경상감사는 동래부사 직속상관이었다. 이듬해 봄 임지로 떠났어도 여전히 동래를 다스렸으며 동래 사랑이 남달랐다. 공무인지 휴가인지는 몰라도 범어사에 들렀고 사폐혁거(寺弊革袪)의 공을 세웠다. 범어사 옛길 조엄 비석은 그 공을 새겼다. 《부산금석문》 번역이다.

조공께서 건릉 정축년(1757) 가을 동래부에 부임해 오셨는데, 경내에 있는 사찰들은 모두 산성의 방위를 위하느라 피폐해져 있었다. 먼저 부중(府中)의 여러 가지 폐단을 제거하고 2년이 지난 기묘년(1759) 봄에 경상도 관찰사로 옮겨가셨다. 동래부 경내 각 사찰의 의승번채(義僧番債, 남한산성과 북한산성 경비를 담당하는 승려의 급료를 지방 승려에게 징수하는 것)와 본사(本寺)에서 좌수영에 헌납하는 지창전(紙倉錢)을 비변사에 보고하여 혁파한 뒤로 대개 수영에서 요구하는 노역을 일체 감면하였다. 보장(保障, 외적 침입 방지용 성이나 보루)을 원대히 생각하고 이미 피폐한 사찰을 구제했고 백성을 불쌍히 여긴 나머지 은택을 가난한 승려들에게까지 뻗게 하였다. 오늘날의 거주자들은 비록 공의 얼굴을 모두 보지 못하였으나 성대한 은덕을 전해 들은 것이 우레가 귀에 쏟아 버리듯 하여, 그 시간이 오래면 오랠수록 더욱 감동되어 별도로 이 제단을 설치하여 길이 송축하는 곳으로 삼는다. 공께서 부임하셨을 때 나의 부친께서 서리(胥吏) 반열의 우두머리셨기에 많은 승려가 찾아와 옛일에 관해 묻고 나에게 기문을 요청하였다. 나 또한 추억하며, 삼가 기록하여 돌려보낸다. 가경 13년 무진년(1808) 7월 상완(上浣, 한 달 가운데 1일에서 10일까지의 동안) 조중려가 절하며 지음.

낭백스님이 죽어 관찰사 되다

2010년 당시 범어사 포교국장 일광스님이 범어사 홈페이지 자유게시판에 올린 글의 제목이다. 검색하면 확인할 수 있다. 요지는, 일찍이 범어사에 출가한 뒤 입적하면서 '반드시 환생하여 스님들이 받는 부역과 잡역을 면제하리라'던 낭백스님이 조엄 관찰사로 환생해 범어사를 찾았으며 유언대로 사폐혁거(寺弊革袪)의 공덕을 지었다는 내용이다.

비문에 보이는 지장전(紙倉錢)의 지창은 뭘까. 지금 수영, 그러니까 조선시대 경상좌수영 소속의 창고였다. 경상좌수영은 군인이 주둔해서 이런저런 창고가 많았다. 종이를 보관하는 지창을 비롯해 병고(兵庫), 무고(武庫). 화약고(火藥庫), 호고(戶

범어사 옛길 금어동천(金魚洞天) 각석. 동천은 신선이 산다는 선경(仙境). 바다와 산, 강을 낀 변방의 절경 부산은 동천이 많았다. 금정산의 금어동천과 백록동천, 사상 운수사 청류동천, 동래 학소대 도화동천, 기장의 홍류동천과 묘관음사 조음동천 등이었다.

庫), 진창(賑倉), 군창(軍倉), 영수고(營需庫), 공고(工庫), 별조(別造), 지방고(支放庫) 등이었다. 지창전은 지창에 보관할 종이를 사려고 걷는 돈이었다. 그때만 해도 종이는 귀중품이었다. 경상좌수영은 1850년 기준 종이 살 돈 1,987냥을 각 읍에 빌려준 뒤 12월 그 이자로 양산 등지에서 종이를 샀다.

금어동천(金魚洞天)

각석은 범어사 옛길의 결절이다. 범어사 쪽에서 걸으면 범어사 옛길의 대단원이 금어동천이고 노포동 쪽에서 걸으면 시발점이 금어동천이다. '금어동천' 명필 네 글자를 새긴 큼지막한 바위는 숨은 것도 아닌데 지나치기 일쑤다. 서울이나 내륙 방면에서 사배현을 지나 범어사로 가려는 양반 눈에 잘 뜨이게 하려다 보니 범어사 쪽에서 내려오면 나름 신경을 써야 보인다. '속도를 줄이면 금어동천이 보인다.' 동천은 신선이 산다는 선경(仙境). 노자와 장자의 허무·무위 사상을 따르던 도가(道家)에서 말하는 이상향이다. 줄여서 동(洞)이라고 했다. 무슨 구, 무슨 동에 사는 현대의 우리는 모두 이상향에 사는 셈이다. 바다와 산, 강을 낀 변방의 절경 부산은 동천이 많았다. 금정산의 금어동천과 장전동 백록동천, 사상 운수사 청류동천, 동래 학소대 도화동천, 기장의 홍류동천과 묘관음사 조음동천 등이 부산의 동천이었다. 금어동천과 백록동천. 금정산은 동천을 두 군데나 품었다. 금정산 범어사 옛길을 걸으면 "부산이 좋다! 부산이라 좋다(Busan is good)!' 콧노래가 저절로 나온다.

좀더 알아봅시다 / 범어사의 조엄 전설

문을 연 자가 문을 닫은 자

낭백(浪伯)스님은 낙안선사(樂安禪師), 만행수좌(萬行首座)로 불린다. 범어사에 출가, 육바라밀 가운데 보시바라밀을 덕목으로 삼았다. 가진 것을 아끼지 않고 나누었다. 동래 기찰 길목 큰 소나무 아래 샘물을 파서 행인들에게 급수공덕을 했으며 넓은 밭을 개간하여 참외, 오이, 수박 등을 지나가는 길손에게 무한정 보시했다. 밤에는 짚신을 삼아서 인연 있는 이들과 나누었다. 죽은 육신은 야생의 동물에 베풀었다.

입적하면서는 유언 셋을 남겼다. '고급 관리가 되어서 찾아올 때는 일주문 하마비(下馬碑)에서 내리지 않고 어산교(魚山橋) 앞에서 내리겠다, 자신이 쓰던 방을 봉해 두었다가 스님 스스로가 열 것이다, 사찰의 어려움을 물어서 해결하겠다.' 이 세 가지였다. 낭백스님 입적하고 수십 년 지난 어느 날, 경상도 최고위직 조엄 관찰사가 범어사를 찾았다.

조엄은 행동거지가 유별했다. 처음 찾은 사찰이지만 낯설지 않아 했다. 절 가까운 하마비에서 내리지 않고 절에서 멀찍이 떨어진 어산교 앞에서 내렸으며 그동안 봉해 둔 낭백스님 방문을 열었다. 방문을 열자 스님의 친필 '개문자시폐문인(開門者是閉門人)'이 보였다. '문을 연 자가 곧 문을 닫은 자'란 뜻이었다. 조엄은 전생에 낭백스님이란 걸 깨쳤다. 경상도 관찰사 직속인 동래부사에게 스님에게 주어진 부역을 모두 혁파하라고 명했다. 이때부터 스님에게 부과된 부역은 점차 사라졌다.

어산(魚山)은 범어사 산문. 산문에서 불교음악을 하는 스님들 계모임을 어산계라 했다. 범어사 입구에서 만난 이영미 문화해설사는 어산계에서 돈을 내어 나무다리 어산교를 돌다리로 바꾸었다는 일화를 들려준다. 어산교 다리를 지나면 왼쪽에 고색창연한 비석 '어산계보사유공비(魚山稧補寺有功碑)'가 보인다. 어산계가 범어사에 보시한 공을 기리는 비다. 돈 얼마 얼마를 내어서 뭐를 고쳤고 어디 단청을 했고 하는 이야기가 비석 뒷면에 가득하다. 모를 때는 그냥 지나쳤던 어산교와 어산비. 세상일 다 그렇겠지만 다리도 비석도 '아는 만큼 보인다.'

범어사 어산교 어산(魚山)은 범어사 산문으로 조엄의 이야기가 전한다. 지방 고위관리 조엄은 범어사를 방문할 때면 예의를 지켰다. 절 가까운 하마비에서 내리지 않고 절에서 멀찍이 떨어진 어산교 앞에서 내렸다.

즐거이
달려오지 않는
동래 사람이
없었다

장전동 금정산성부설비

금정산성부설비(復設碑)는 호방하다. 호방하면서 수수하다. 부산 사람 호방하면서 수수한 기질을 그대로 빼닮았다. 매사 듬직하고 시원시원하며 겉치레 꺼리는 부산 사람 기질이 부설비를 낳았고 부설비는 부산 사람 기질을 한 푼 에누리 없이 사방팔방 만방에 드러내었다. 높이는 185cm. 야구선수 강민호 같다. 비를 받치는 받침돌은 높이 1m 넘는 거대한 자연석이다. 받침돌까지 합치면 부산에서 가장 높다.

금정산성부설비는 사적비(事績碑)다. 사적비는 성곽이나 다리 등 토목공사 전말과 의의, 수고한 사람을 밝힌다. 무관심으로 허물어진 금정산성을 다시 쌓은 뒤 1808년 이 비석을 세웠다. '동래부가 점령되더라도 영남을 지키는 튼튼한 성이 필요하다'는 동래부사 상소를 받아들여 산성을 대대적으로 보수한 사실과 공사 기간과 내역, 소요 재원 등이 상세히 나온다. 비문은 모두 16행. 한 구절이다.《부산금석문》번역이다.

1872년 제작한 군현지도의 '금정산성진지도' 부분 확대. 군사시설인 만큼 죄다 뾰족뾰족하게 그렸다. 검 같고 창 같다. ⓒ규장각

정묘년 늦가을에 토목공사를 잇달아 일으켜 한 달 만에 동문이 완성되었고, 다음 해 초봄에는 기둥과 돌보를 100리 밖에서 옮겨오고, 벼랑 끝에서 험준한 바위를 깎아내어 지고 끌어당기기를 온 인부가 힘을 함께한 지 149일 만에 서남북의 초루(譙樓)가 완성되었다.

사방으로 통하는 길목에 창고를 시설하여 물자 수송을 고르게 하였고, 여러 계곡의 물줄기를 이끌어 강과 바다로 통하게 하니, 성벽이 평탄한 곳에서 시작되어 산 정상에서 그치기를 가로로 32리에 다다르는 것으로 공사를 끝냈다.

나. 한자는 여(余)다. 비문엔 '나'가 자주 등장한다. 예컨대 '내

가 이 고을 태수가 되어[余守是邦(여수시방)]'이나 '이에
나는[여어시(余於是)]' 같은 표현이다. 일인칭 문장은 진
솔하게 다가온다. 비분강개이든 감개무량이든 어떤 느낌
이 확 왔을 때 일인칭 직설적인 문장을 쓰면 감정 전달이
잘된다.

여기 등장하는 '나'는 누구일까. 동래부사 오한원이다.
1806년 2월부터 1809년 2월까지 꼬박 3년을 동래부사로
있었다. 동래부사 공식 임기 900일보다 195일을 더 있었
다. 900일이든 3년이든 그게 뭐 대수일까 싶어도 조선시
대 그때는 대단한 기록이었다. 병들어 중도에 그만뒀고
파직돼 그만뒀고 나이가 차서 그만뒀다. 또 있었다.

무엇보다 동래부사는 인기가 없었다. 서울은 너무 멀었
고 일본은 너무 가까웠다. 임금의 눈에서 지나치게 멀어
지면 불이익을 받을까 우려했고 도이(島夷)와 분쟁이 잦
았기에 불똥이 튈까 우려했다. 동래부사로 오면 오자마

금정산 금샘에서 바라본 금정산. 저 멀리 산성과 문루
가 보인다. 오한원 동래부사가 벌인 금정산성 부설의
대역사(大役事)는 1807년 늦가을 시작해 이듬해 마
무리했다. 산성은 동서 32리에 이르렀다.

자 떠날 생각부터 했다. 이 핑계 저 핑계 둘러대며 일찌감치 임지를 벗어나려 했다.

오한원 부사는 부산 사랑이 지극했다. 중앙정치에서 멀어지든 말든 불똥이 튀든
말든 100점 만점에 120점의 일을 벌였다. 대역사(大役事)를 벌였으며 중도에 떠날
수 없어서 임기를 다 채우고도 더 채웠다. 시골집 하나 손보는 데도 일을 시작했으
면 끝을 봐야 하듯 오한원이 벌인 일은 하물며 대역사였다.

오한원이 벌인 대역사는 금정산성 부설이었다. 산성을 다시 쌓는 거였다. 1703년
둘레 9,200보로 신축한 산성은 100년 가까이 지나면서 '초루는 이미 폐허가 되고
성가퀴는 단지 형적만 남아' 폐지한 상태였다. 이에 오 부사는 '성곽을 수리하지 않
는 것은 그 땅을 적에게 주는 것이요, 병졸을 훈련하지 않는 것은 그 백성을 적에게

금정산성부설비. 금정산성부설비는 사적비(事績碑)다. 사적비는 성곽이나 다리 등 토목공사 전말과 의의, 수고한 사람을 밝힌다. 무관심으로 허물어진 금정산성을 다시 쌓은 뒤 1808년 이 비석을 세웠다. 금정구 장전동 벽산블루밍 아파트 2단지에 있다.

금정산성부설비 비문. 이렇게 시작한다. '동래부 관할지역은 동남쪽 바닷가에 걸쳐 있어 섬 오랑캐가 들어오는 길이 되니 우리나라 요충지다. 임진년 변란 때 성을 지키지 못하고 천곡 송상현 공이 죽으니 왜적이 대대적으로 들이닥쳤다.'

내어주는 거'라며 상소문을 올렸고 부설하라는 윤허가 떨어졌다. 그때가 1807년이었다. 역사는 1807년 늦가을 시작했고 1808년 끝났다.

동래 사람으로 부역한 사람들이 이곳을 의지할 곳으로 여겨 즐거이 달려오지 않는 이가 없었다. 이것이 이루어진 데에는 마치 신의 도움이 있은 듯하니, 이 역사의 성공은 여러 사람의 마음에서 이루어진 것임을 알 수 있다.

萊人之赴之者 莫不視爲依歸之所樂趨勇往 其就也
若有神助 可見是役之成 成於衆心也

내인지부지자 막불시위의귀지소·낙추용왕 기취야
약유신조 가견시역지성 성어중심야

뚝심의 부사 오한원은 승승장구했다. 다들 슬금슬금 피하던 대역사를 마무리한 이후 요직을 두루 거쳤다. 조선의 남쪽 변방에서 산전수전 다 겪은 동래부사는 어디 내놓아도 빛이 났다. 의주부윤으로 있을 때는 관세청을 창설했다. 1814년 일이다. 동래부사 때 축적한 왜관 일본인 교역 경험이 관세청 창설로 이어졌다. 한국 관세청의 아버지가 오한원이다.

부설비 소재지는 금정구 장전동 벽산 블루밍 아파트 2단지 안쪽. 공원을 겸한 문화재보호구역에 있다. 동래 금강공원 임진동래의총비에서 나와 왼쪽 식물원으로 방향을 잡고 20분쯤 가면 벽산블루밍이다. 비석을 받친 자연석은 엄청나게 크다. 고을 백성 다 달라붙어 밀어도 단 한 발짝 밀리지 않을만큼 크다. 부산의 비석 대부분이 원래 자리를 옮겼으나 부설비는 제자리를 지키는 이유다.

금정산성부설비와 좌대로 쓰인 큼지막한 너럭바위. 비석을 받친 너럭바위는 엄청나게 크다. 부산의 비석이 도시 개발로 인해 대부분 원래 자리를 옮긴 반면 부설비가 제자리를 지키는 이유다. 너럭바위 맨 오른쪽에 '백록동천(白鹿洞天)' 네 글자를 새겼다.

"1911년 늦봄에 큰길가 옆 너럭바위에 처음으로 백록동천이라는 글귀와 명단을 새겼고, 1927년에 추가로 명단을 새겼다는 사실을 확인했습니다."

비석을 받친 자연석은 금석문 덩어리다. 큼지막한 바위에다 홈을 파서 비좌(碑座)

를 대신한 이 자연석엔 대단히 많은 한자를 새겼다. 백록동천(白鹿洞天) 네 글자
를 비롯해 81명의 이름, 그리고 새긴 날짜다. 향토사학자 주영택 선생은 2015년
부산일보 인터뷰에서 그 함의와 유래를 명확히 밝혔다. 백록동천은 '흰 사슴이 뛰
어노는 선경'이란 뜻. 이 일대가 절경이었다. 81명은 마을 제사 등에 참여한 이들 명
단이다.

금정산성 부설비가 있는 자리는 조선시대 길목이었다. 동래에서 금정산성으로 가
려면 여기를 거쳤다. 절경인 여기에서 잠시 쉬거나 하룻밤 머물면서 다음 여정을
준비했을 것이다. 소하정(蘇蝦亭)은 그 당시 여기 있던 정자 이름. 현재 장전동 소
정마을은 소하정에서 나왔다. 1740년 발간《동래부지》소하정 대목이다.

(동래)부의 북쪽 15리 금정산에 있었으나 지금은 없다. 소하(蘇蝦, 신선)는 항상 흰
사슴을 타고 금귀선인(金龜仙人)과 더불어 놀았다. 사람들이 말하기를 소하정에는
조작(鳥雀, 참새 같은 작은 새의 통칭)이 살지 않는다고 한다.

깡마른 들판에
물길 트고
400발
둑을 쌓다

선두구동 조정언비

조정언(調井堰)은 공덕산 아래 조리마을과 죽전마을 사이에 있는 저수지를 말한다. 이 저수지는 1887년(고종 24)에 축조되었으며 지금은 연꽃 소류지로 7~9월 중에는 홍련과 백련이 피어 장관을 이룬다.

금정구 선두구동 저수지 조정언 안내판 문구다. 조정언에 세운 비석 조정언비(調井堰碑)는 대접이 각별하다. 금정구가 아름다운 나무로 지정한 165년 상수리나무가 밤낮 신주 모시듯 하며 백련과 홍련 탁 트인 호수가 심기를 살핀다. 때가 되면 상다리 휘어지게 차린 제사상도 받는다. 험하게 말하면 한낱 돌덩이에 불과한데 대접이 그런 대접이 없다,

세상사 으레 그렇다. 각별한 대접을 받을 때는 받을 만한 이유가 있다. 쉽게 말하면 '기브 앤드 테이크'다. 주는 게 있으니 받는다. 조정언 저수지는 조선시대 황무지였던 이 일대를 비옥한 옥토로 일구었다. 옥토에서 일용할 양식을 얻었으니 얼마나

선두구동 죽전마을 연꽃 소류지. 1827년 마을 주민들이 사서는 관청에 기부한 방죽터 땅에 물길을 트고 둑을 쌓아서 만든 저수지에 1995년경 연꽃 씨앗을 파종하면서 연꽃 소류지로 거듭났다. 멀리 공덕산이 보인다.

죽전마을 조정언비와 상수리나무. 황무지였던 이 일대를 비옥한 옥토로 일구는 데 기여한 이들을 기리는 조정언비(調井堰碑)는 대접이 각별하다. 금정구가 아름다운 나무로 지정한 165년 상수리나무가 밤낮 신주 모시듯 한다.

조정언비와 안내판. 매년 4월 5일 식전에 마을 사람들이 저수지 둑에서 먼저 제를 올리고 이어 조정언비에서 못제를 올린다. 제물은 기제사 때와 같고 밥은 아홉 그릇을 챙긴다. 저수지 조성에 기여한 이가 아홉 분이다.

고마웠겠는가. 고마움은 돌에 새겨서 연년세세 이었다. 저수지 조성에 기여한 아홉 분을 기리려고 세운 비석이 조정언비다.

본론은 이따 들어가고 주변 이야기 먼저! 공덕산과 조리마을, 죽전마을부터 짚고 가자. 부산 외곽 공덕산은 265m 나지막해도 등산로 요지다. 선두구동과 철마를 잇는다. 조리마을은 어딜까. 마을을 모르면 두구동 송정천을 찾아가면 된다. 송정천 다른 이름이 조리천이고 조리천을 낀 마을이 조리마을이다.

조리마을은 유서가 깊다. 대두마을과 함께 임진왜란 이후 두구동에서 가장 먼저 조성됐다고 한다. 조 씨 살아서 조리(趙里)라 했다. 그러다가 1917년 이후 조리천을 경계로 현재의 두구동 조리와 기장군 철마면 송정리로 분리하면서 인위적으로 조성된 마을 조리(造里)라 했다고 한다. 지금 공식 명칭은 조리(造里)다.

죽전마을은 이 글 주역이다. 연꽃 소류지를 품은 마을이고 조정언비 비석을 품은 마을이다. '대밭'이란 명칭에서 보듯 메트로시티 부산에 속하긴 해도 '도심 속 전원 마을'을 표방한다. 도시철도 1호선 범어사역 2번 출구에서 오가는 마을버스 2-1번 종점이다. 마을버스에서 내리면 큼지막한 자연석에 새긴 '죽전마을'이 이정표 역할을 한다. 멀리 공덕산을 보며 마을 안쪽으로 가면 된다.

죽전마을 보호수는 상수리나무. 키가 커 멀리서도 보인다. 이 나무 역시 이정표 역할을 한다. 나무 왼쪽이 연꽃 소류지다. '선두구동 연꽃 소류지' 안내판은 여기가 도심의 자연생태 학습장과 사진 촬영 명소라고 밝힌다. 조정언비는 상수리나무 그늘에 있다. 나이는 나무보다 비석이 두 배나 많다. 나이로 보나 몸집 딴딴한 거로 보나 한참 아래인 나무가 비석을 신주 모시듯 한다.

비석은 근엄하다. 방부원수 비석의 전형이다. 그런데도 말이 많다. 한자를 빽빽하게 새겼다. 늘 하는 이야기지만, 한지 종이에 글자 하나 쓰는 것도 쉽지 않거늘 딴딴한 돌덩이에 한자를 빽빽하게 새겼을 때는 그럴 만한 이유가 있다. 여기 비석은 어떤 이유일까. 한자는 빽빽하고 글씨는 마모돼 식별이 어렵지만 비석 앞면, 뒷면 한자를 그대로 옮긴 안내판이 그 옆에 있다.

안내판엔 한자만 있고 한글 해석은 없어 다소 아쉽다. 조정언비 앞면, 뒷면을 해석한 책이 있어서 그나마 다행이다. 부산시와 경성대 부설 한국학연구소가 2002년 발간한 《부산금석문》과 금정구가 2016년 발간한 《그 금석문에 새긴 금정 이야기》가 그 책이다. 한 책은 나온 지 20년이 넘었고 한 책은 10년이 돼 간다. 이들 책이 없었다면 비석을 세운 내력을 새긴 앞면, 세운 날짜와 비석 건립 관계자를 새긴 뒷면 해석을 어디서 얻을 수 있을까. 그저 고맙다.

앞면 내용을 싣는다. 길긴 하지만 어느 부분은 넣고 어느 부분은 빼기가 미안해 다 소개한다. 문 씨가 많이 살았던지 비문 작성자도, 글씨도, 건립 감독도 다 문 씨다. 각각 문유해, 문도빈, 문만빈이다.

동래부 북쪽 조정원(調井員)에 척전(石田)이란 벌판이 있는데, 땅이 습기가 없이 말라서 척전이라고 하였다. 지난 병인년 봄에 이곳 사람 문응빈과 송이후가 같은 동네 강대문, 공인득, 유태섭, 조완각, 강운문, 이유대와 함께 방죽터 땅을 사들여 바쳤다. 이에 관청에서 맡아 장정을 구해서 물길도 트고 둑도 쌓았는데, 들레가 400발 [把(파)]이 되었다. 절약한 비용이 200꿰미 [緡(민)]나 되었다. 공사는 크지만 비용은 적게 든 셈으로, 공사를 감독하는 방편으로 삼았을 것이다.

방죽 아래에 논이 400마지기 있는데, 옛날에는 가물었던 것이 지금은 비옥하니 민가에서 그 이익을 본 것이다. 이는 문응빈과 송이후 두 공이 남긴 은택이니 어찌 입으로만 전하고 말 것인가. 모두들 사실을 기록해서 영원히 사라지지 않도록 하기를 원하여 나에게 와서 글을 청하는 이는 일을 맡아보는 박내영이란 사람이다.

죽전마을 표지석과 마을버스 죽전마을은 '도심 속 전원마을'을 표방한다. 표지석 안쪽으로 5분쯤 가면 연꽃 소류지다. 금정구 2-1번 마을버스가 범어사역과 죽전마을을 오간다. 범어사역에서 버스로 15분 거리다.

여기에 등장하는 공로자는 박내영까지 모두 아홉 명. 매년 4월 5일 지내는 제사 '조정언 못제'는 이들 아홉 명을 기린다. 그날 식전에 마을 사람들이 저수지 둑에서 먼저 제를 올리고 이어 조정언비에서 못제를 올린다. 제물은 기제사 때와 같고 밥은 아홉 그릇을 챙긴다. 금정구 발간 《그 금석문에 새긴 금정 이야기》에 나오는 이야기다. 향토사학자 주영택

조정언비. 대석은 따로 없고 개석은 둥근 게 방부원수(方趺圓首) 비석의 전형이다. 거북을 받침돌로 쓰고 용을 머릿돌로 쓴 비석은 귀부이수(龜趺螭首)다.

조정언비 비양(碑陽). 부북조정원유석전평(府北調井員有石田坪)으로 시작한다. '동래부 북쪽 조정원에 석전(石田)이란 벌판'을 비옥한 농토로 일구는 과정을 기록했다.

조정언비 비음. 사진에 보이는 문구는 '숭정사정해 단양(崇禎四丁亥 端陽)'이다. 명나라 마지막 연호인 숭정(1628년~1644년) 이후 4번째 정해년에 세웠다는 뜻이다. 단양은 단오다. 음력 5월 5일이다.

선생이 편찬했다. 죽전마을 연꽃 소류지에선 백련, 홍련 필 무렵이면 연꽃문화축제가 열린다.

崇禎四丁亥　숭정사정해

비석 뒷면 맨 앞에 새긴 이 다섯 글자는 비석을 세운 해다. 숭정은 중국 명나라 마지막 황제 의종이 사용한 연호. 명나라 마지막 연호이기도 하다. 의종이 재위한 1628년부터 1644년까지를 이른다. 명나라 망하고 청나라 세상이 되었어도 조선은 오랫동안 명나라 연호를 사용했다. 명나라에 대한 일종의 의리였다. 숭정사정해는 숭정 이후, 그러니까 1644년 이후 네 번째 정해년을 말한다. 그때가 1827년이다. 상수리나무 안내판의 1887년(고종 24)은 오류다. 역시 정해년이지만 1887년은 숭정오정해다.

선두구동을 관통하는 하천. 지도에는 이 하천이 수영강으로 나온다. 수영강의 발원지는 둘. 기장과 양산이다. 선두구동 수영강은 양산 천성산이 발원지다. 하천 너머로 스포원파크와 금정체육공원이 있다

조정언은 무슨 뜻일까. 그게 무슨 뜻이란 얘기는 아직 듣지 못했다. 섣불리 단정하기엔 한자가 좀 오묘하다. 조정언 조가 조리마을 조(造)라면 조리마을 우물을 깊게 파고 넓게 파서 저수지가 됐나 싶겠는데 일단 한자가 다르다. 조정언 조는 고를 조(調). 조절한다는 뜻도 있다. 어떻게 해석하든 어렵다. 지금은 단순히 생각하자. 석전 깡마른 들판에 있는 우물을 요리조리 조절해서, 그러니까 깊게 파고 넓게 파서 그 둘레에 쌓은 방죽이 조정언이라고.

좀더 알아봅시다 / **연호**

처음 제정하면 건원 建元, 새로 제정하면 개원 改元

연호(年號)는 옛날 아시아 군주국가 유산이다. 군주국가 시절 임금이 즉위한 해에 붙는 연대기적 칭호였다. 연호를 처음 제정하면 건원(建元), 기존 연호 대신 새로 제정하면 개원(改元)이다. 명나라·청나라 때는 1대에 한 연호[일세일원(一世一元)]를 사용했다. 나라에 큰 사건이 있는 해도 연호를 제정했다. 최초의 연호는 기원전 2세기 중국 한무제가 제정한 건원(建元)이었다. 중국의 영향을 받아서 한국, 일본, 베트남, 몽골 등지에서 썼다.

조선은 연호를 거의 쓰지 않았다. 자존감이 강했던 고구려, 신라, 발해, 고려 등과는 달리 조선은 명나라 제후국을 자처하면서 독자적인 연호를 사용하지 않았다. 중국의 연호를 답습했다. 그러다가 1894년(고종 31) 갑오경장 때 개국기원을 사용했다. 조선왕조 개국연차를 계상해 1894년을 개국기원 503년으로 표기했다. 1895년 을미사변 이후 일세일원 원칙을 내세워 연호를 건양(建陽, 1896~1897)으로 제정했다. 대한제국 수립으로 다시 광무(光武, 1897~1907)라 개원했다. 순종이 즉위하면서는 융희(隆熙, 1907~1910)로 개원했다.

일제강점기에는 일본 연호를 사용했다. 명치·대정·소화다. 해방 이후 미군정기(1945~1948)에는 서력기원을 사용했다. 1948년 정부를 수립하면서 단군기원, 단기(檀紀)를 공용 연호로 제정했다. 서기에 2333을 더하면 단기가 된다. 1961년 이후는 연호에 관한 법률에 따라서 서력기원을 공용 연호로 사용했다. 국제조류에 따랐다. 2014년 개정한 연호에 관한 법률은 '대한민국의 공용(公用) 연호(年號)는 서력기원(西曆紀元)으로 한다'고 명시한다.

부산진초등학교 교정에 있는 독립투사 박재혁 추모비의 비음. 건립 연도를 '국기(國紀) 4281년'으로 표기했다. 국기는 단기(檀紀)와 같은 말이다. 서기로 환원하면 1948년이다. 1948년 정부를 수립하면서 단군기원, 단기를 공용 연호로 제정해 1961년까지 사용했다.

부산
개항의 풍광
속속들이
녹화하다

가덕도 척화비

척화비는 기상이 추상이다. 서릿발이다. 조금만 어긋나도 '네 이놈!' 불호령이 떨어지지 싶다. 허연 수염 부르르 떨며 두 눈 부릅뜨면 누구라도 오그라들지 싶다. 사람을 얼어붙도록 감도는 냉기. 척화비는 냉기가 딴딴해져 돌이 된 비석이다.

척화비를 세우라고 한 이는 흥선대원군 이하응. 조선 말기 고종 임금 아버지다. 살아서 대원군이 된 이로는 유일하다. 강화도에서 신미양요를 일으킨 미국이 1871년(고종 8) 4월 25일 퇴각한 뒤 조선팔도 방방곡곡 요지에 세웠다. 모두 200기 남짓 세웠을 것으로 추정한다. 당시 동래부사는 정현덕. 대원군 심복 중의 심복이고 특히 일본과 국경을 맞댄 도시라서 부산에도 꽤 세웠을 것이다.

가덕도 척화비는 천가초등학교 교정에 있다. 바로 옆에 있는 비석 세 기는 조선시대 가덕진 수군 부대장 송덕비다. 수군 부대장은 낮은 직급이 아니건만 척화비 냉기에 잔뜩 움츠린 기색이다. 임금의 아버지 척화비 곁에 일개 수군 부대장 송덕비가 나란히 선다는 건 불경 중의 불경. 목이 열이라도 감당이 불감당이다. 송덕비에

1872년 제작한 군현지도의 하나인 '가덕진지도' 부분. 왜구(倭寇)를 방어(防禦)하려고 활을 쏘던 어구정(禦寇亭) 앞에 척화비가 보인다. 선창엔 거북선 두 대가 정박했다. ⓒ규장각

이름 새긴 이들, 괜히 송덕비 세워 등짝에 식은땀 줄줄 흘리게 생겼다. 그런데도 나란히 선 것은 그럴 만한 연유가 있다.

"우리 학교 다닐 때만 해도 가덕 도파출소 로타리에 있었지요."

윤성도 선생은 천가초등 졸업생. 올해 일흔둘이다. 천가초등 정문 앞 파출소와 주민센터 삼각지가 옛날에는 로터리였고 거기에 송덕비들이 있었다고 귀띔한다. '(척화비는) 가덕도 공사현장에서 출토돼

가덕도 천가초등학교 교정의 비석들. 나무 오른편에 보이는 비석이 척화비다.

1995년 12월 천가초등으로 이전·복원하였다'는 안내판 설명을 덧대면 여기 척화
비와 송덕비는 따로 있던 걸 한데 모았다는 얘기다.

기억난다. 가덕도에 거가대교가 놓이기 전 척화비 자태가. 낚시에 빠져 가덕도 같
은 섬을 들락대던 때였다. 천가초등으로 옮기기 전 척화비는 가덕도 선창마을에
있었다. 탁 트인 곳이라 바다에서도 잘 보였다. 꼿꼿한 자태가 외롭고 고고해 보였
다. 1980년대 후반에서 1990년대 초반 용원선착장에서 도선을 타고 오며가며 봤
던 기억이 새롭다.

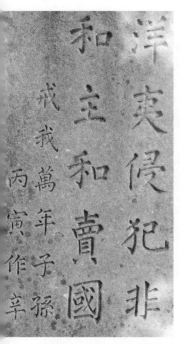

洋夷侵犯 非戰則和 主和賣國
양이침범 비전즉화 주화매국

척화비는 포고문이다. 방(榜)에 해당한다. 이를 어기면 몽둥이로 매질한다는 경고가 척화비였다. '서양 오랑캐가 침범하는데 싸우지 않는 것은 곧 화의하는 것이다. 화의를 주장하는 것은 나라를 팔아먹는 짓이다.' 비석을 세운 지 150년이 지났어도 한 글자 한 획 뒤틀리지 않고 꼿꼿하다. 여전히 추상이고 서릿발이다.

척화비는 대원군 쇄국정책의 절정이었다. 쇄국은 자물쇠 채우듯 나라 문을 꼭꼭 닫는다는 뜻. 서양과는 어떠한 타협도 하지 않겠다는 결기의 절정이 척화비였다. 대원군 쇄국정책에 대해선 분분하다. 말들이 많다. 쇄국하지 않았어야 했단 비판이 있고 쇄국할 수밖에 없었다는 두둔이 있다. 역사에 가정은 의미가 없을 터. 결과적으로 대원군 쇄국정책은 좌초했지만 그 정신만은 필봉처럼 꼿꼿했다. 그리고 높았다.

척화비 비양. 조선팔도 척화비는 세운 연도가 모두 같고 비석에 새긴 문구도 모두 같다. 1871년 세웠고 문구는 '洋夷侵犯 非戰則和 主和賣國(양이침범 비전즉화 주화매국)'이다.

대원군 생애는 굴곡의 역사였다. 당대 최고 지엄의 아버지면서도 은퇴와 복귀, 납치와 감금으로 점철한 생애를 살았다. 타협하지 않는 성품 탓이었다. 옳다고 생각하면 끝장이 나도록 밀어붙였다. 며느리 명성황후와 알력 내지는 갈등을 겪으면서 입지는 더욱 좁아졌다. 급기야 청일 양국의 틈바구니에서 부대끼다가 시아버지는 청에 납치되고 며느리는 일본에 시해되는 풍상을 겪는다. 풍전등화 조선의 풍상이었다.

척화비 운명은 대원군 운명과 엇비슷했다. 깨어지거나 수장되거나 매장됐다. 일본이 눈꼴시어 했다. 1882년 임오군란은 구식군대 차별대우로 야기된 군란이었으며

천가초등 은행나무. 나무가 품은 그늘이 척화비가 품은 이상보다 높고 진하게만 보인다.

가진 자의 부패와 비리로 촉발된 민란이었다. 대원군이 개입하면서 임오군란은 일본 배척운동으로 확산했다. 급기야 대원군은 청나라로 납치되었고 일본은 주동자 처벌과 거액을 손해배상을 골자로 하는 제물포조약을 강요했다. 척화비 철거도 요구했다. 척화비는 깨어지거나 수장되거나 매장됐다.

부산에 남은 척화비는 셋. 가덕도와 기장 대변, 대연동 부산시립박물관에 하나씩 있다. 척화비에 다가가 말을 걸면 갯내가 물씬 풍긴다. 이들 척화비가 원래 있던 곳이 항구였다. 부산이 개항한 것은 1876년. 척화비를 세운 지 5년 후다. 개항하는 부산을 밤낮 지켜봤을 척화비. 어느 배가 누구를 태우고 입항했는지 속속들이 녹화했다. 감은 테이프를 돌리듯 척화비를 한 바퀴 돌면 부산 개항의 풍광이 재생된다. 해양도시 갯내 풍기는 유산이 부산의 척화비다.

좀더 알아봅시다 / **부산의 척화비**

모두 셋, 모두 같고, 모두 1871년

대연동 부산박물관 비석거리에 있는 척화비. 임진왜란 때 정발 장군이 순절한 자리인 부산진성에 있다가 1924년 용두산으로 옮겼고 1978년 부산박물관으로 옮겼다.

부산에 남은 척화비는 셋. 가덕도 천가초등학교와 기장 대변초등학교, 대연동 부산박물관에 있다. 다대포나 영도 등 요지마다 세웠지 싶은데 남은 것은 그게 다다. 전국에 남은 척화비는 33기다. 모두 화강암 재질이며 높이는 1.2m 정도에서 1.8m 정도다. 부산 척화비는 1.5m 안팎이다. 새긴 글자는 모두 같다. 세운 해도 같아 병인년(1866) 짓고 신미년(1871) 세웠다[병인작 신미립(丙寅作辛未立)].

기장 척화비는 용암초등학교 정문 왼쪽에 있다. 다른 두 척화비에 비해 마모가 심해 글자가 흐릿하다. 마모가 심한 건 바다에 수장되는 수난을 겪어서다. 애초 대변항 방파제 안쪽에 세웠으나 일제강점기 항만을 내면서 바다에 내버렸다. '1947년경 마을 청년들이 인양하여 대변항 어판장 뒤편 주택가 축대에 옮겼다가 도로개설과 건물신축으로 2005년 현재 자리로 옮겼다.' 용암초등학교는 대변초등 바뀐 교명이다. 2018년 3월 개명했다.

부산박물관 척화비는 자성대가 있는 부산진성에 있었다. 임진왜란으로 정발 장군과 숱한 민관군이 여기서 순절했다. 1924년 용두산으로 옮겼다. 왜관과 일본 신사가 있던 용두산으로 옮겨서 일본인 조롱거리로 전락시켰다. '저 봐라! 저 봐라!' 대원군을 손가락질하고 대원군 쇄국정책을 손가락질하는 조롱거리가 되어 일제강점기 내내 울분을 삼켰다. 1978년 부산박물관으로 옮겼다.

대변 용암초등학교 척화비. 부산의 다른 두 척화비에 비해 마모가 심해 글자가 흐릿하다. 마모가 심한 건 바다에 수장되는 수난을 겪어서다. 애초 대변항 방파제 안쪽에 세웠으나 일제강점기 항만을 내면서 바다에 내버렸다. 1947년경 마을 청년들이 인양했고 2005년 현재 자리로 옮겼다.

그림 다리에 앉아

달을 보고

밤늦게

돌아 오네

동래부사 정현덕의 시비

정현덕(鄭顯德, 1810~1883)은 초계 정씨다. 호방한 시인이었으며 조선 500년 최장수 동래부사였다. 곳곳에 육필 시비를 남겼고 1867년 6월부터 1874년 1월까지 무려 7년 가까이 동래부사를 지냈다. 생애는 굴곡의 연속이었다. 높이 떴다가 급전직하했다. 급기야 유배지에서 사약을 마시고 죽었다. 한마디로 풍운아였다

공직엔 대단히 늦게 나섰다. 무슨 바람이 불었는지 마흔 나이에 입문했다. 지금 이시대도 그 나이로 공직 진출은 다들 고개를 절레절레 흔드는 판국에 하물며 조선 그 시대에 그 나이로 공직이라니. 속에 품은 뜻이 컸는지도 모른다. 민간인 신분으론 그 뜻을 다 풀어내지 못하니 주변의 눈총을 무릅쓰고 나설 수도 있었으리라.

정현덕이 공직에 나선 것은 1850년. 철종이 임금으로 즉위한 그해 치른 과거에 급제했다. 급제 이후 한동안은 무명으로 지냈다. 공직 초보자 신분이기에 그렇고 그런 날들을 보냈으리라. 그러다 우리 나이로 49세이던 1858년 왕조실록에 이름 석자가 처음 등장한다. 그해 6월 행한 주천(注薦)으로 주서에 임명된 게 첫 등장이다. 주서(注書)는 정7품. 고을 현감보다 낮은 직급이었지만 하는 일이 어마어마했다.

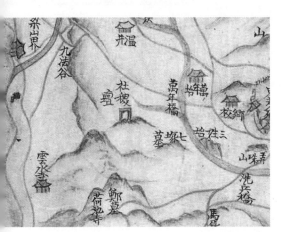

1894년 편찬한 《영남읍지》에 실린 지도에 나오는 만년대(萬年臺). 온천천 명륜동 돌다리 옆에 있던 만년대는 군사 훈련장이었다. 여기서 말타기와 활쏘기 훈련을 했다. 지금의 동래중·중앙여고 일대다. ©규장각

지금의 대통령실에 해당하는 승정원에 근무하면서 임금의 말을 기록했다. 당상관, 당하관에 빗대어 당후관이라고 했다. 당상도 당하도 아닌 당후에서 임금의 말을 꼬박꼬박 기록해 나갔다. 주서의 기록은 임금 승하 이후 왕조실록 작성의 1차 사료로 삼았다.

주서 이후 정현덕은 승승장구했다. 고종이 즉위한 1864년 8월 서장관 관직을 제수받아 청나라 사신으로 갔다. 주서와 서장관의 공통점은 관직명에 글

서(書)가 들어간다는 것. 서장관은 중국에 보내던 세 사신 정사(正使)와 부사(副使), 기록관 중에서 기록 관이다. 외교문서를 전담하였다. 정4품과 6품 사이의 관원이 맡았다. 매일매일 사건을 기록하고 돌아온 뒤 에는 왕에게 견문한 바를 보고할 의무가 있었다.

중국 사신을 다녀온 직후 정현덕은 품계가 높아졌다. 대망의 정3품에 올랐다. 정3품은 당상관과 당하관으 로 나눴다. 당상관은 당 위에 오를 수 있었다. 임금이 주관하는 어전회의에 참석한다는 의미였다. 정현덕 이 정3품에 오른 건 1866년(고종 3) 4월. 조선의 국가 의례를 관장하던 통례원의 우통례에 제수됐다. 국가 의례 담당 통례원에서는 좌통례가 당상관으로 승진 하면 우통례가 그 자리에 임명됐다. 우통례를 당상관 승진 자리로 간주했다. 제수(除授)는 추천 절차를 밟 지 않고 임금이 직접 벼슬을 내리는 일이다.

우통례 제수는 승승장구였다. 그리고 이듬해 6월. 동 래부사로 부임했다. 그 당시 동래는 뜨거운 감자였다. 일본과 맞댄 국경도시였으며 왜관을 둔 국제도시였 다. 일본에선 대차왜(大差倭)니 차사원(差使員)을 수 시로 보내 강화와 통신을 요청했다. 왜관은 필요악이 었다. 필요해서 두었어도 자칫 밀수니 성매매니 각종 비리의 온상이 되기도 했다. 일본 암거래 무리를 엄중 히 단속해 외화 소지 혐의로 박승달을 참형에 처하는 일도 있었다.

동래향교 정현덕 흥학비. 초계 정씨 정현덕(1810~1883)은 조 선 500년 최장수 동래부사였다. 1867년 6월부터 1874년 1월까 지 무려 7년 가까이 동래부사를 지냈다. 동래 발전의 공도 그만 큼 컸다. 이 흥학비는 학문 진작을 애쓴 공을 기린다.

해운대구 반송동 삼절사의 정현덕 친필 현판. 정현덕은 호방한 시인이었으며 명필이었다. 임진왜란 3절(三節)을 기리는 반송 삼절사 '세한당' 현판도 그가 썼다. 3절은 남원 양씨 세 분, 양지 (梁誌)·양조한(梁朝漢)·양통한(梁通漢)이다.

정현덕은 강단졌다. 일본에 절대 물러서지 않았다. 일본 메이지 신정부의 요청에 의한 국교 재개 교섭을 세계 문제 이유로 끝내 거부하였다. 이는 당시의 실권자 흥선대원군의 뜻이었다. 말이 나온 김에 하는 이야기지만 정현덕은 대원군 심복이었다. 대원군이 흥하면 같이 흥했고 대원군이 망하면 같이 망했다. 유배지에서 사사한 것 역시 대원군 흥망성쇠와 궤를 같이한다.

두 번의 동래부사. 최장수 동래부사 정현덕은 엄밀히 말하면 동래부사를 두 번 지냈다. 동래부사 임기는 900일. 1867년 6월 부임해 900일을 꽉 채운 1869년 12월 이임했다. 이임하고 곧바로 이조참의로 임명됐다. 이조는 인사를 담당하던 부서. 장관, 차관 아랫자리인 참의에 올랐다는 건 대원군의 신망이 막중했다는 방증도 되지만 동래부사로서 소임을 훌륭하게 해냈다는 이야기도 된다.

> 이달 4일 이양선(異樣船) 1척이 왜관 앞바다에 와서 정박하였는데, 배 안에는 모두 300여 명이 있었고 별도로 일본 사람 5명이 있었습니다.

'동래부사 정현덕'은 1870년 5월 왕조실록에 다시 등장한다. 한 해 전 12월 동래부사를 떠났지만 어떤 이유로 두 번째 동래부사를 맡았다. 1870년 5월 11일 고종실록엔 일본인 5명을 태운 독일 상선이 왜관 앞바다에 정박했다가 조선 관리들의 질책을 받고 도망갔다는 정현덕의 보고서가 실렸다. 대원군 못지않은 조선의 호랑이가 정현덕이었다.

강단진 만큼 통도 컸다. 자기 돈을 보태 동래부 성첩(城堞)과 공해관(公廨官) 지은 공로로 나라에서 내리는 상을 받았다. 시인이자 문장가답게 학문 진흥에도 애썼다. 동래구 명륜동 동래향교에 있는 동래부사 공덕비 11기는 모두 흥학비. 그중 하나가 정현덕의 학문 진흥 공덕을 기린다.

사달은 1874년 벌어졌다. 동래향교 정현덕 흥학비를 세운 게 1874년 6월. 그때까진 순항하던 정현덕은 한 달 후인 7월, 아닌 밤에 홍두깨처럼 전(前) 동래부사가 된다. 동시에 죄인으로 전락한다. 종9품에 불과하던 동래향교 훈도 안동준을 제대로 규찰하지 않았다는 이유였다. 안동준이 오래 근무하면서 쌀과 무명에서 이익을 많이 봤는데도 제대로 관리하지 않은 책임을 물어 찬배(竄配) 처벌당했다.

찬배는 유배였다. 죄인을 지방이나 섬으로 보내 일정한 기간 일정한 지역에서 감시받으며 생활하도록 했다. 정3품 동래부사를 졸지에 죄인의 나락으로 떨어뜨린건 안동준 탓이 아니라 정치 탓이었다. 정현덕의 몰락은 대원군의 실각을 의미했다. 1873년 유생 최익현이 올린 상소가 대원군의 발목을 잡았다.

대원군에겐 치욕이었다. 더구나 현직 임금 고종의 친부가 아니던가. 운현궁에 연금됐고 섭정의 막이 내렸다. 1874년 2월 고종은 아들, 후에 조선의 마지막 임금 순종이 될 세자를 얻으면서 대원군과 거리는 더욱 벌어졌다. 대원군과 명성왕후, 아버지와 아내 사이에서 갈등을 겪던 고종은 아들을 얻은 이후 아내에게 기울었다.

특별히 정현덕을 발탁하여 도총부 부총관으로 삼았다.
特擢鄭顯德爲都總府副總管
특탁정현덕위도총부부총관

1874년 흥선대원군은 낙향했다. 운현궁을 떠나 경기도 양주로 낙향하면서 정계를 은퇴했다. 그 여파가 '동래부사 정현덕'에서 '전 동래부사 정현덕'이었다. 그러나 무리한 처벌이었다. 애초에 없던 죄였다. 비록 유배는 됐을망정 정현덕의 죄목은 서서히 감등(減等)됐다. 마침내 1882년 6월 12일 유배에서 풀려났고 같은 해 같은 달 27일 도총부 부총관으로 올랐다. 도총부는 중앙 군사조직 오위(五衛)를 지휘하고 감독하던 최고 군령기관. 부총관은 여기 2인자, 종2품이었다.

1882년 임오년. 1882년은 격변의 해였다. 그해 6월 9일 군란이 일어났다. 임오군란이었다. 인사행정의 문란, 매관매직, 관료층의 부패와 국고 낭비, 일본의 경제 침략, 무엇보다 군인 월급 미지급 불만이 군란으로 폭발했다. 이는 대원군 재집권으로 이어졌고 정현덕은 유배에서 풀려나 도총부 2인자로 등극했다.

꽃은 이내 졌다. 청나라 군인이 들이닥쳤고 대원군은 그해 7월 13일 납치됐다. 납치돼 마산에서 청나라 병선을 타고 중국 톈진에 감금됐다. 대원군 정권은 한 달 만에 무너졌고 정현덕 역시 같은 운명에 처했다. 부총관에서 정배(定配) 죄인으로, 다시 사사(賜死) 죄인으로 생을 마감했다. 그때가 1883년이었다.

> 행실이 음흉하여 만 사람의 눈을 가릴 수 있었고, 마음에 품은 원망은 거리낌 없이 입으로 떠벌렸습니다. 속여 가며 고약한 음모를 꾸며 이 난리를 편승할 수 있다고 생각하였으며, 화란이 일어나는 것을 즐겼습니다. 흉악한 놈들이 서로 호응하고 굳게 결탁하여 전혀 두려워하지 않았습니다. 정상이 완전히 드러나 백성들이 안정되지 못하게 하고 나라의 형편은 위기를 겪게 되었습니다. 근래 소란이 번갈아 일어나고 역적이 계속 나타난 것은 다 아들이 만들어 낸 것입니다. 속히 엄히 신문하여 공개 처형해야 할 것입니다.

고종은 정현덕을 사사할 생각까지는 없었다. 조정 대신은 연명해서 사형에 처하자는 건의를 올렸으나 그때마다 물리쳤다. 대신들은 집요했다. 그러한 정황은 고종 20년(1883) 4월에서 5월에 걸치는 고종실록에 생생하게 담겼다. 늙고 힘 빠진 정현덕이 그 파고를 무사히 넘길 수는 없다. 멀고 가파른 유배지 섬 원악도(遠惡島)에서 풍운아 생애를 마감한다. 향년 일흔셋이었다.

고종실록 32권. 거기에 정현덕 이름 석 자가 마지막으로 등장한다. 고종 31년(1894) 12월 27일 기록이었다. 한 해를 마감하는 연말 분위기가 고종의 마음을 움직였을까. '억울하게 죄를 입은 사람들은 해명하여 놓아 보내며[昭晰放送(소석방송)] 죽은 사람은 벼슬을 회복시켰다.' 죄명을 취소할 부류는 홍국영 등 25명, 벼슬을 회복시킬 부류는 김옥균 등 13명이었다. 정현덕은 양쪽 모두에 이름을 올렸다.

그러므로 정현덕의 최종 공직은 도총부 부총관. 사사 죄인에서 종2품으로 부활했
으니 풍운아는 풍운아였다.

풍운아 정현덕은 문(文)의 대가였다. 서예의 대가였으며 문장의 대가였다. 해운대
구 반송동 삼절사 현판을 그가 썼으며 동래시장 동래유치원과 동래 금강공원에는
시비가 남아 있다. 동래유치원 시비를 '태평원(太平園)' 시비라 하고 금강공원 시
비는 '동래 금강원' 시비라 한다. '태평원' 시비와 달리 '동래 금강원' 시비 옆에 제
목처럼 보이는 큼지막한 화강암 다섯 글자는 일제강점기 잔존시설이다. 금정산 이
일대가 금강산 같다고 해서 일제강점기 세운 화강암 조형물이다. 그러므로 시 내
용과 '동래 금강원'은 별개다.

태평원 시비는 원래 명륜동 만년대(萬年臺)에 있었다. 만년대에 올라 주변 경관과
주민 생활을 보는 감회를 노래했다. 만년대는 군사 훈련장이었다. 기마와 궁술을

동래시장 동래유치원에 있는 정현덕의 '태평원' 시비. 원래는 명륜동 만년대 부근에 있었다. 만년대에 올라 주변 경관과 주민 생활을 보
는 감회를 노래했다. 만년대도 그렇고 명륜동 돌다리 만년교도 그렇고 천년만년 평화를 기원하는 마음이 담겼다. 동래기영회에서 1955
년 현재 자리로 옮겼다.

여기서 조련했다. 동래중학교 일대다. 동래교(東萊橋)는 중학교 도로에서 온천천을 건너는 다리 이름. 조선시대 때는 만년교라 했다. 본래 이름을 되찾아 주는 게 좋겠다. 동래에서 만덕고개를 넘어서 구포로 가려면 만년교를 건넜다. 동래장과 구포장 오일장 장꾼의 땀과 애환이 스민 다리가 만년교였다.

만년대는 군사력을 쌓아 천년만년 평화를 염원하는 마음이 담긴 이름이었다. 일제강점기 병자를 격리하는 숙소로 사용하다가 개인에게 불하하면서 완전히 헐렸다. 시비는 여기 있다가 동래기영회에서 1955년 현재 자리로 옮겼다. 동래 금강원 시비 역시 '딴 곳에서 옮긴 것으로 여겨진다'고 소설가이자 향토사학자 최해군(1926~2015) 선생은 역저 《부산의 맥》에서 밝혔다. 《부산금석문》 번역 정현덕 두 시를 옮긴다.

태평교(太平橋) 아래 태평원에는 정원의 풀과 꽃 날마다 무성해지네. 돌 위에는 큰 글자 세 개 새로 새겨졌고 걸가에선 지방 방언 많이 듣는다네. 멀리 가는 수레도 변방이 괴롭지 않으니 농가에서도 모두 성군의 은혜를 안다네. 머리가 눈처럼 흰 농촌 노인 살펴보니 느릅나무 우거진 곳에서 손자와 유희하네. 태평원 안의 만년대에는 도호부사가 외영(外營)을 물가에 멸었네. 명승지에 아지랑이 안개를 쉽게 관장하고 언덕 둘러 꽃나무도 새로 심었네. 젊은 학생 풍류거리 잘도 만들고 백면서생 장수의 재질 아니라네. 요즈음 변방에는 급한 경보 없어 그림다리에 앉아 달을 보고 밤늦게 돌아오네. 만년대 아래 만년교에는 물에 걸린 긴 무지개 그림자 흔들리니 방초 핀 맑은 시내에서 술잔 씻는 것 바라보고 녹음 진 밝은 달 아래 퉁소를 불게 하네. 자주 푸른 장막 멸어 판가 걸 바라보지만 어찌 검은 두건 눌러 쓰고 군(郡)의 조회에 누우리오[와군조(臥郡朝)]. 걸가는 행인들아 괴이하게 생각 말아라. 요사이 일이 없이 날마다 소요한단다.
- '태평원' 시비

정묘년(1867. 고종 4)에 내가 동쪽으로 오니 이 고을 백성과 물자가 번성하구나. 주
민은 모두 태평한 시절을 즐기고 있지만 늙은 태수만이 폐단 막은 공적이 없네. 붉
은 연꽃 연못 누대에서는 달을 노래하고 푸른 버들 성곽에서는 술집 깃발 날린다
네. 계림의 옛이야기 의연히 남아 있으니 만파식적 피리 아직도 소리가 들리는구
나. 커다란 바다 옆의 높다란 성곽에는 백 년 동안 변방의 봉홧
불 조용했지. 조정에선 나를 목민관으로 삼았지만 치적이야 어
찌 옛사람과 같을 수 있나. 감히 관대한 정치로 풍속을 교화한다
하겠는가. 오랑캐와 이웃이 되었다고 말하기도 부끄럽네. 임금
의 은혜 갚지 못한 채 몸은 덧없이 늙어가고 옥피리와 매화꽃에
서 또 봄을 보내는구나. 지부해소(知府海所) 정현덕

- '동래 금강원' 시비

금강공원 정현덕 시비에 새긴 낙인. 이 낙인과 반
송 삼절사 '세한당' 현판에 새긴 낙인이 똑같다. 나
무든 돌이든 자기 글 끝에 낙인 새기는 것을 정현
덕 부사가 즐겼음을 엿볼 수 있다.

동래 금강공원에 있는 정현덕의 시비. '정묘년(1867. 고종 4)에 내가 동쪽으로 오니 이 고을 백성과 물자가 번성하구나'로 시작하며 '동래
금강원' 시비로 불린다. 바로 옆에 '동래 금강원' 표지석이 있어서다. 하지만 둘은 엄연히 별개다. 시비는 조선시대, 표지석은 일제강점기
산물이다.

금강공원 정현덕 시비와 '동래 금강원' 표지석. 시비 옆에 제목처럼 보이는 큼지막한 화강암 다섯 글자는 일제강점기 잔존시설이다. 금정산 이 일대가 금강산 같다고 해서 일제강점기 세운 화강암 조형물이다. 그러므로 시 내용과 '동래 금강원'은 별개다.

정현덕 시비는 네모반듯하다. '태평원' 시비가 그렇고 '동래 금강원' 시비가 그렇다. 네모반듯해서 맺고 끊는 게 확실했을 정현덕의 성품을 엿볼 수 있다. 시비에 새긴 글씨는 누구 글씨일까? 정현덕 육필로 새긴 반송 삼절사 세한당 현판을 보건대 시비 둘 다 정현덕 육필이다. 세한당 현판에 새긴 낙인과 '태평원' 시비에 새긴 낙인이 같은 점도 정현덕 육필임을 증명한다. 한 글자 쓰고 음미하며 또 한 글자 쓰고 음미했을 당대의 풍운아 정현덕을 떠올리며 '태평원'과 '동래 금강원' 시를 되뇐다. '동래 금강원' 시의 맨 끝에 보이는 '지부해소'는 바닷가 지방관, 곧 동래부사를 뜻한다. 지부(知府)는 중국 지방관 관직으로 '청지부 삼년이면 은이 십만 냥' 속담이 있다.

양산 구포에서
동래 구포로,
다시
양산 구포로

구포복설비

북구 구포는 애초 양산 땅이었다. 그러다 동래에 편입되었다. 양산 사람들이 불복한 것은 불문가지. 우여곡절을 거쳐 구포는 다시 양산 땅이 된다. 구포복설비(復設碑)는 구포를 여섯 해 만에 되찾은 것을 기념하는 비다. 세 기가 있다. 내원사 입구 도로변에 있다가 1985년 양산향교로 옮겼다.

"구포는 영남의 중요한 물목이었습니다."

낙동문화원 이은호 전 사무국장이 핵심을 짚는다. 낙동문화원은 북구 문화원. 부산 최초 지자체 문화원이고 전국에서 유일하게 지자체 명칭을 쓰지 않는 문화원이다. 이 국장 말에 따르면 복설비 세우던 무렵 구포는 땅으로 치면 양산 백분의 일이고 인구로 치면 십분의 일이지만 세수는 양산 평균 이삼십 배에 달하는 요지였다. 그랬다. 이 국장 언급대로 구포는 물목이었다. 수운창과 선착장을 갖춘 유통과 물류의 중심지였다. 사람이 모였고 돈이 모였다. 구포와 맞닿은 동래로선 구미가 당겼을 법. 정3품 당상관 동래부사가 나서고 연줄이 닿는 조정 요로가 움직이자 구포는 손을 놓을 수밖에 없었다. 1869년 양산 구포에서 동래 구포가 되었다.

양산으로선 아닌 밤중 홍두깨였다. 마른하늘 날벼락이었다. 인 부족, 세 부족 탓이었다. 양산이 술렁였다. 삼삼오오 수군댔다. 구포는 양산 효자였다. 효녀였다. 벌어들이는 돈이 수두룩했고 걷어 들이는 세금이 수두룩했다. 그런 구포를 하루아침 동래에 넘길 수 없었다. 경제적 문제였고 자존심 문제였다. '우리는 하나'라는 유대감에 금이 간 상실감도 컸다.

대책회의가 열렸다. 환속을 위해 진정키로 했다. 얻는 것 없이 시간만 축냈다. 저쪽엔 대원군의 심복으로서 서슬 시퍼런 정현덕 동래부사(재임 1867. 6~1874. 1)가 버텼다. 입도 벙긋하지 못했다. 다시 회의가 열렸다. 상경해 임금께 상소하기로 했다. 강단지고 똑똑한 유림 셋을 장두(狀頭, 상소하는 글의 우두머리)로 뽑았다. 그때 올린 상소문은 양산박물관이 전시한다. '양산 백성 뼈를 깎는 원통한 일'이란 구절에서 절박한 심사가 전해진다.

양산향교의 구포복설비. 북구 구포는 애초 양산 땅이었다. 그러다 1869년 동래에 편입되었다. 양산의 항의가 이어졌다. 우여곡절을 거쳐 1875년 다시 양산으로 편입됐다. 구포복설비는 그것을 기념한다. 세 기가 있다.

양산향교 영의정 송덕비 개석(蓋石). 구포복설 당시의 영의정 이유하를 기리는 비석의 머릿돌이다. 비석은 대석(臺石, 받침돌), 비신(碑身, 몸체), 개석으로 구성된다.

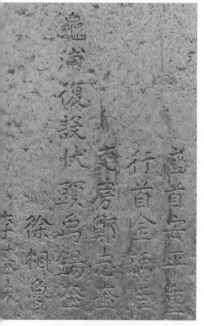

구포복설비 음기(陰記). 음기는 비석 뒷면에 새긴 글. 구포복설에 애쓴 장두(狀頭, 상소하는 글의 우두머리) 세 사람의 이름이 보인다. 우석규, 서상로, 이기수다.

아뿔싸! 장두 셋은 양산 대표였지만 눈 뜨고 코 베어 가는 한양에선 씨알도 먹히지 않았다. 임금은커녕 구포를 양산으로 환속시킬 만한 실력자를 만나는 것조차 밤하늘 별 따기였다. 누구 하나 알은체하지 않았다. 양산사람들 모아준 돈으로 술 사고 밥 살 때는 건성으로나마 고개 끄덕이던 거간꾼들은 돈 떨어진 눈치를 채고선 코빼기도 비추지 않았다

이판사판이었다. 빈손으로 귀향할 수는 없는 일. 셋은 죽기로 작정하고 최후의 방법을 모의했다. 남산에 올라가 봉홧불을 피웠다. 봉홧불 다섯이 캄캄한 하늘을 밝히자 한양이 발칵 뒤집혔다. 봉수대 불구멍은 다섯. 하나 피우면 평상시지만 둘, 셋 많아질수록 전시 상황이다. 봉홧불 다섯은 적과 교전 중이란 다급한 신호니 발칵 뒤집히는 게 당연했다.

"네 이놈!"

셋은 오랏줄 꽁꽁 포박돼 의금부 국문장에 꿇렸다. 여차하면 목숨까지 내놓을 판이었다. 셋은 당당하게 강단지게 이실직고했다. 그러면서 구포가 양산으로 환속해야 하는 당위성을 조목조목 따졌다.

"양산고을 소속인 구포가 불의에 동래로 탈속되었으니 이는 반드시 동래 세도가들 농간이라 아니할 수 없습니다."

장안을 발칵 뒤집은 사안이었다. 심문 내용은 국정을 총괄하는 영의정에게 직보됐다. 영의정은 이유원. 영

양산향교 전경. 양산향교는 1406년(태종 6) 들어섰다. 공자와 성현 위패를 모시고 제례와 교육 두 가지 기능을 담당했다. 제례를 맡은 건축물은 대성전과 동·서무가 있고 교육 건축물은 명륜당과 동·서재가 있다.

양산향교의 비석들. 경내로 들어가는 누각 정문에 해당하는 풍영루(風詠樓) 양옆으로 양산 곳곳에서 모인 비석이 즐비하다. 왼쪽에 18기, 오른쪽에 16기다. 깨어진 비석도 적지 않다.

상 이유원은 세 사람 기상이 가상타 하여 봉화 사건은 면책하고 구포의 양산 환속을 지시했다. 그때가 1875년이었다. 정현덕 부사는 그 전 해 파직돼 유배자 신세였다.

복설을 기념하는 비석은 세 기. 하나는 이유원 영의정 송덕비고 다른 둘은 양산 군수 송덕비다. 양산 군수가 둘이었냐고? 그건 아니다. 하나는 복설 당시 군수 어윤중을 기리고 하나는 비석 건립 당시 군수 이능화를 기린다. 영의정 송덕비 뒷면에 '구포복설 장두'라 해서 세 유림 이름을 새겼다. 꽃무늬 덮개돌 문양은 단아하다. 넘치지도 않고 모자라지도 않는다. 세 비석은 1879년 12월 세 유림 고향 가까운 내원사 도로변에 세웠다. 구포는 1904년 다시 동래 땅이 되었다.

구포복설비는 과거와 현재가 다르지 않음을 보여 준다. 행정구역을 갖고 갑론을박하는 경우는 지금도 비일비재하다. 남해 앞바다를 두고는 영호남이 법정까지 갔다. 구포복설비가 던지는 교훈 중의 하나는 억울한 사람이 없게 하라는 것. 억울했기에 목숨 내놓고 봉홧불을 지폈다. 억울한 사람이 없게 하려면 순리대로 하면 된다. 예나 지금이나 순천자존(順天者存)이고 역천자망(逆天者亡)이다.

갯바위에
암행어사와 기생
이름을 새기다

어사암과 어사비

어사암은 갯바위다. 기장군 죽성리 갯가에 있다. 깊지는 않아도 바닷물 찰랑거려 물이 빠져야 건너갈 수 있다. 가까이 가면 바위에 새긴 이름이 둘 보인다. 하나는 이도재(李道宰), 하나는 기월매(妓月每)다. 이들은 누구며 왜 여기 이름을 새겼는가.

이도재(1848~1909)는 고종 임금 때 사람이다. 왕조실록을 검색하면 161건 나온다. 고종실록 156건이고 순종실록 5건이다. 왕조실록에 100번 넘게 나오는 경우는 흔하지 않다. 그 유명한 동래부사 송상현이 87번 나오고 조선의 청백리 이안눌이 81번 나오는 정도다. 이도재 생애가 당대에서 대단히 주목받았다는 방증이다.

이도재를 기리려고 이름을 새긴 돌은 부산지역에 셋 있다. 죽성리 갯바위가 그 하나고 나머지 둘은 비석이다. 한 비석은 기장읍성 송덕비들과 함께 있고 한 비석은 양산향교에 있다. 일반인에겐 이름도 생소한 사람을 부산지역에선 왜 그리 칭송했는지 궁금증이 인다.

이도재는 암행어사였다. 1883년 경상좌도 암행어사가 되어 부산 기장과 양산을 비롯해 영남 일대를 암행했다. 기장 암행은 볏섬 도난 사건이 발단이었다. 나라 곳간에 들어갈 양곡을 실은 배가 기장 앞바다에 침몰했다. 굶주린 백성이 그것을 건져 먹었다. 그게 죄가 되어 잡혀가서 곤욕을 치렀다. 피해를 과장하는 바람에 가져간 것보다 더 물어야 했다. 가혹행위로 죽는 이마저 나왔다. 원성이 자자했다. 급기야 암행어사가 납셨다.

암행어사 내사가 시작됐다. 관아에 들렀고 감옥에 들렀다. 소문이 났고 주민들은 관기(官妓) 월매에게 간청했다. 시중들 기회가 오면 주민들 억울함을 있는 그대로 알려 달라고. 억

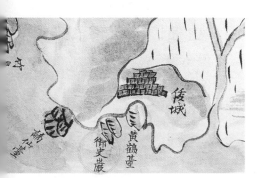

1899년 편찬한 《기장현읍지(機張縣邑誌)》에 실린 기장 지도에 나오는 어사암. 《기장현읍지》 지도는 현존하는 기장의 고지도 중에서 가장 늦게 제작한 것으로 추정한다. ©규장각

울함을 풀어 달라고. 그때의 관기는 단순히 기생이 아
니었다. 공공기관에 적을 둔 50세 정년의 공연 예술가
였다.

기회가 왔다. 마을에 들른 어사가 사고현장이 잘 보이
는 갯바위를 찾았다. 열아홉 월매가 안내했고 백성의
억하심정을 있는 그대로 들려주었다. 억하심정은 풀렸
고 감읍한 백성은 어사 손길이 닿았던 바위에 어사암
세 글자를 새겼다. 이도재는 어사암에서 바라보는 기장
앞바다 풍광을 담은 시를 남겼다.

기장 죽성 어사암. 암행어사 이도재와 기생 월매의 이
름을 새겼다. 1883년 죽성 앞바다 볏섬 도난 사건으로
파견된 암행어사와 암행어사의 선처를 이끈 기생을
기린다.

　하늘이 텅 비었으니 보이는 것이 없고
　사나운 바다는 시객을 위해 춤을 추는데
　저 멀리 돛단배는 언제 무사히 돌아오려나.
　- 향토사학자 주영택 번역(국제신문 2012년 6월 4일)

어사암에서 이도재와 기월매로. 갯바위에 새긴 어사암
석 자는 세월이 흘러 흐릿해졌다. 이도재에 대한 고마
움은 영세불망이기에 어사암 바위에 새로 글자를 새겼
다. 그 글자가 이도재와 기월매다. 지금도 선명하다. 요
모조모 잘 살피면 어사암 세 글자도 보인다.

고종실록은 암행어사 이도재 보고서를 인용한다. 1883
년(고종20) 9월 23일 실록이다. 기장 볏섬 사건과 직접
적인 연관은 없지만 심각했던 식량문제 일단을 엿볼 수
있다. 찬찬히 읽으면 마을 주민들이 볏섬을 건져 먹을
수밖에 없었던 이유가 이해된다. 대충 이런 내용이다.

어사암과 어사암에서 보는 죽성성당. 어사암은 기장군
죽성리 갯가 갯바위다. 깊지는 않아도 바닷물 찰랑거
려 물이 빠져야 건너갈 수 있다. 어사암에선 SBS드라
마 촬영지로 유명한 성당이 보인다. 실제 성당은 아니
고 드라마 촬영용이다.

기장읍성 이도재 생사단비. 선덕을 베푼 암행어사 이도재를 기리는 비석이다. 대단히 고마운 나머지 산 사람에게 제사 지내겠다는 마음으로 세운 비석이 생사단비다.

양산향교 이도재 영세불망비. 암행어사 이도재의 공덕은 부산은 물론 양산에서도 기린다. 이도재는 1883년 경상좌도 암행어사가 되어 부산 기장과 양산을 비롯해 영남 일대를 암행했다.

　방금 경상좌도 암행어사 이도재의 별단(別單)을 보니 경상좌도 환곡 폐해가 다른 도에 비해 가장 심하다. 횡령 환곡을 조사해서 받을 수 없는 것은 탕감해 주고, 받을 수 있는 것은 독촉하여 받아 실제 수량을 채우고 각 읍에 고르게 나눠 줘야 한다.

고종이 암행어사 이도재를 독대한 기록은 등골에 땀이 밴다. 1883년 6월 2일 실록에 나온다. 독대하면서 보고서를 올렸고 죄지은 경상좌도 벼슬아치들이 줄줄이 거명된다. 죄를 물은 벼슬아치는 다음과 같다. 밀양부사 영천군수 풍기군수 군위현감 기장현감 칠곡부사 양산군수 의성현령 영해부사 황산찰방. 이름은 생략한다.
　"생사단은 고마움의 표시죠. 일 년에 한 번 생일날 공덕을 기렸습니다. 산 사람이라 제삿날 대신 생일날 그랬던 거죠"
기장읍성 송덕비 명칭은 어사이공도재생사단. 기장문화원 황구 실장은 타인일망

정 제사 지내고 싶을 만큼 고마운 마음이 생사단(生祠壇)을 세웠다고 설명한다. 산 사람이라서 제사 대신 생일날 공덕을 기렸다고 덧붙인다. 제액 양옆으로 사언시를 새겼다. 우리 고을에 왜 이리 늦게 오셨나 영원히 기리오리다, 그런 내용이다. 비음에 세운 연도가 나온다. 계미(1883) 봄에 세웠다.

양산향교 송덕비 제액은 어사이공도재영세불망비다. 양산에서 어사 활동하는 내내 공직자 청렴한 자세를 견지했고 재난 방지용 둑을 사비로 지었다. 그에 대한 고마움이 이 송덕비다. 기장 송덕비처럼 제액 양옆에 시를 새겼다. 둑을 쌓아 줘 고맙다는 내용이다. 비음에 세운 연도가 나온다. 암행어사로 다녀간 지 10년이 지난 1903년 3월 세웠다.

이도재는 후덕하고 강직했다. 아래로는 후덕했고 위로는 강직했다. 칭송과 유배, 복권, 사직으로 점철된 생애였다. 학부대신 때는 단발령에 반대해 사직했으며 외부대신 때는 러시아가 영도에 석탄창고 기지를 짓는 게 부당하다며 사직했다. 1908년 총리대신 이완용 모함을 받아 죄인 취급을 당했다. 분기탱천했을까, 이듬해 별세했다. 묘소는 전북 옥구에 있다.

종1품 이도재가 죽다

순종실록 1909년 9월 25일자 기사 제목이다. 제목만 봐도 이도재가 어떻게 살고 어떻게 죽었는지 감이 잡힌다. 기름기 모조리 뺀 한 문장 단문이지만 어금니 꽉 깨문 비장함이 읽힌다. 제목으로 쓰인 문구 아래는 조선 마지막 임금 순종이 직접 한 말. 육성으로 들어보자.

> 강개하고 결백하며 현저한 업적을 나타냈다. 짐이 의지했던 사람으로서 벼슬자리에 있을 때나 물러갔을 때나 차이가 없었다. 그런데 갑자기 부고를 듣게 되었으니 어찌 슬픔을 이길 수 있겠는가?

좀더 알아봅시다 / **이도재와 영도**

영도를 '숯검정' 에서 구해 내다

이도재가 내부대신 남정철에게 보낸 청의 서(請議書) 표지. 제목은 '절영도아병감소 수석탄고조차지청구서(絶影島俄兵艦所 需石炭庫租借地請議書)'다. 러시아 공사가 영도에 석탄고 조차를 요구하자 이 문제 를 의정부 회의에서 다뤄 달라며 1898년 2월 이도재가 작성했다. 일본과 영국의 저 지 노력, 절영도에 대한 국방의 중요성을 고려해 1898년 3월 조선 정부는 러시아에 절영도 조차를 허락할 수 없다고 통보했 다. ©규장각

이도재가 상소를 올려 사직을 청하다.

《조선왕조실록》고종 35년(1898) 3월 2일 두 번째 기사 제목이다. 연호 제정과 단발령에 반대해 3년 전 상소를 올리고 학부대신 그 좋은 자리를 내던진 이도재 가 또 사직하겠다며 상소를 올렸다. 당시 이도재 관직은 외부대신. 외교를 총괄 하는 막강한 자리였다.

화근은 영도 석탄 창고 기지였다. 절영도로 불리던 영도는 일본 미국 영국 독일 프랑스 러시아 등 각국 조계지였다. 조계지는 조계지로만 쓸 뿐 다른 용도로 쓸 수 없었다. 그런데도 얼지 않는 항구 확보에 목매달던 러시아가 공사를 내세워 1897년 7월부터 석탄 창고 기지를 짓겠다며 나섰다. 창고도 창고였지만 청일전 쟁 이후 대륙으로 진출하려는 일본 견제, 한반도에서 영향 강화 등의 저의가 깔 렸다.

서리대신 민종묵이 평지에 풍파를 일으켰다. 한 입으로 두말하였다. 다른 용도 로 쓸 수 있는지 조회하는 공사관 문건에 대한 회답이 이 나라 달랐고 저 나라 달 랐다. 영국 영사에게는 '떼어 준 각국 조계지는 절대로 다른 용도로 사용할 수 없 다' 하고선 러시아 공사가 청한 것은 허가했다. 그러면서 일본 공사관에 서한을 보내어 해당 지역은 원래 각국의 조계지가 아니라고 발뺌했다.

이도재는 발끈했다. '허가 여부를 결정하는 일은 우리나라 고유 권한인데 어떻 게 이렇게 서두르기를 두려워하듯 한단 말입니까? 내처 칭병하며 사직을 청한 다. 실제로 병은 깊었던 모양. 고종은 이맛살 찌푸리지만 병이 깊음을 헤아려 사 직을 윤허한다. 외부대신 자리를 민종묵이 이어받자 반대 상소가 빗발쳤다. 독 립협회까지 나서면서 결국 1898년 3월 석탄 창고는 없던 일이 됐다. 이도재가 아니었으면 영도는 숯검정 됐을 뻔. 부산으로선 영세불망 이도재다.

모자라지도 않고
넘치지도 않는
'이런 데 이런 비석'

가야공원 동래부사비

가야공원은 부산진구 가야동에 있다. 엄광산 자락에 터를 잡은 유서 깊은 공원이다. 서 씨가 일군 공원이라 해서 서씨공원으로도 불린다. 실제로 공원에는 달성 서씨 재실과 유허비가 당당하다. 유허비는 1557년부터 달성 서씨가 동래부 가야동에 세거를 이뤘다고 밝힌다. 달성 서씨 종산(宗山)이던 곳이 시민의 종산인 공원이 되었다.

가야공원 동래부사비는 둘이다. 둘 다 송덕비다. 하나는 이 일대 전원(田原, 밭과 들)을 개간한 공덕을 기렸고 하나는 땅을 구획해 세금 고르게 한 공덕을 기렸다. 주인공은 각각 김선근과 정인학이다. 김 부사는 1880년 12월부터 1883년 5월까지 재임했고 정 부사는 1894년 12월부터 이듬해 5월까지 재임했다. 두 부사 모두 재임 기간에 약간의 이견이 있으나 조선왕조 공문서인 고종실록 기록은 그렇다.

참고로, 고종실록은 《조선왕조실록》에 포함되지 않는다. 고종 다음 임금인 순종실록도 그렇다. 《조선왕조실록》이 1997년 10월 1일 유네스코에 세계기록유산으로 등재될 때 유독 고종실록과 순조실록은 포함되지 않았다. 두 실록은 일제강점기 편찬하면서 객관성과 순수성에 의문을 갖는다.

동래부사 임기는 900일이었다. 동래부사는 오늘날 부산시장에 해당하는 고위직. 다들 임기를 꾸역꾸역 채웠을 것 같지만 정반대였다. 동래부사 256명 가운데 임기를 채운 부사는 20명 남짓에 불과했다. 사망이나 파직, 나이가 차서 그만두는 과만 등도 있었지만 대개는 '더는 못 하겠다'며 사직했다.

사직 명분은 신병이나 집안 사정 따위였다. 명분은 명분일 뿐. 동래는 한양에서 멀리 떨어진 변방이었고 섬나라 오랑캐가 코앞인 변경이었다. 탈도 많고 말도 많고 모기도 많은 곳에서 900일 임기를 꼬박 채우느니 이 핑계 저 핑계 귀경하거나 '다 때려치우고' 귀향했다.

가야공원 동래부사 둘은 경우가 좀 달랐다. 김 부사는 파직당했고 정 부사는 신병으로 사임했다. 흔한 경우가 아니었다. 김 부사는 본인 의사와 무관한 사건으로 파직당했으나 파직 한 달 전에 열린 어전회의에선 '어진 관리'로 인정받아 잉임(仍任, 유임)됐던 모범 공직자였다. 고종실록 1883년 5월 22일 기사다. 김 부사 파직 사유가 나온다.

동래부에서 난민 수백 명이 이달 11일 갑자기 관청 뜰에 밀려들어 당상에 올라와 행패를 부렸다. 감옥 문을 깨고 죄인들을 놓아주었으니 변괴와 관계되는 사건이다. 해당 부사 김선근을 우선 파출하였다.

파출은 파직해 쫓아내는 것. 동래부 관청 뜰에 난민 수백 명은 왜 들이닥쳤을까. 한 해 전 임오군란이 일어난 걸 고려하면 이해가 된다. 군란이 진정된 이후에도 민심은 흔들렸고 난민은 수시로 밀려들었다.

김 부사는 파직당했어도 관운이 창창했다. 파직당한 그해 9월 공조참판으로 임명됐다. 이어 중국 주진대원(駐津大員)으로 나갔다. 주진대원은 임오군란 이후 텐진[天津(천진)]에 주재했던 통상담당 외교관의 수장이었다. 텐진은 베이징과 상하이 다음가는 중국 제3의 도시. 원나라(1279~1368) 때부터 무역과 상업의 중심지였다. 주진대원은 1884년 3월부터 1894년 6월까지 10년 3개월 동안 4명이 임명됐다. 첫 주진대원이 김선근이었다. 주진대원은 급변하는 국제정세에 대응하여 다양한 활동을 펼쳤다. 김선근이 첫 주진대원으로 등용된 건 동래부사 경험이 컸다. 1876년 개항한 개항기 동래부사는 일본은 물론 외국과의 관계 설정, 곧 외교와 통상에 많은 공을 들였다. 외교와 통상 전문가가 김선근이었다.

정인학은 신병으로 사임했다. 신병은 사실이었다. 조정 요직을 여러 차례 사임해야 할 만큼 병치레가 잦았다. 동래부사 자리도 대여섯 달 하다가 병이 무거워 내던져야 했다. 중앙 요직에 있을 때도 병을 이유로 자주 사임했다. 고종실록에 일일이 나온다. 대신 장수했다. 1839년 태어나 1919년 사망했다.

가야공원 송덕비 옆의 시비(詩碑). 부산진구는 각 동마다 시비가 있다. 가야2동은 김 용택 시인의 '참 좋은 당신'을 시비에 새겼다.

가야공원 송덕비. 오른쪽이 정인학 송덕비고 왼쪽이 김선근 송덕비다. 둘 다 동래부사를 지냈다.

그동안 사망 연대는 알려지지 않았다. 동래정씨문익공파보 기록으로 밝혀졌다. 벼 슬길은 마흔 무렵 들어섰어도 관운이 활짝 열렸다. 사헌부 대사헌과 병조와 형조· 이조참판 등을 거쳐 동래부사를 지냈다. 동래부사 이후에도 중앙 요직을 두루 거 쳤다.

"이런 데 이런 비석이 있네요."

가야공원 동래부사비는 꼭꼭 숨었다. 부산의 비석을 망라한 책자에도 나오지 않고 부산시 디지털 백과사전에도 나오지 않는다. 부산진구청 향토지에 간략하게 언급 됐을 뿐이다. 길가에 있지만 모르고 가면 찾기가 쉽지 않다. 이경혜·이진정 두 아 주머니는 친구. 나이는 예순에서 일흔 사이다. 비석을 답사하다가 우연히 알게 됐 다. 일행이 되어 삼사십 분 주민들에게 수소문하다가 마침내 발견하곤 '이런 데 이 런 비석'이라며 반가워한다. 당감동 동평초등학교 자리는 옛날 성터. 원래는 거기 있다가 길거리 나뒹구는 신세가 되었다. 그러다 1950년대 중반 이리로 옮겼다. 부 산진구 토박이가 그렇게 구술했다.

'이런 데 이런 비석' 가야공원 동래부사비. 가야공원 정인학·김선근 동래부사비는 어찌 보면 세상에 어울리지 않는 은둔거사 같다. 꼭꼭 숨어 세상에 나오지 않는 선비형이다. 선비답게 자세가 단정하다. 모자라지도 않고 넘치지도 않는다. 선비 비석답게 앞면에 둘 다 사언시를 새겼다. 각각 계미(1883년) 3월과 을미(1895년) 7월 세웠다. 시내버스 110-1번 차고지 근방에 있다. 가야공원 동래부사비는 천연기념물 같은 비석이다. 부산진구청 향토지 말고는 공식 문서 어디에도 언급이 없다. 언급이 없으니 건립 배경

송덕비 안내판. 김선근 부사와 정인학 부사의 송덕비를 설명한다. 옛날엔 동구 수정동에서 부산진구 감고개로 다녔는데 감고개 아래에 가야리가 있었다며 가야동의 유래를 밝힌다.

이라든지 비문 해석 또한 귀하다. 찾아보기 어렵다. 선인들이 딴딴한 돌에 한 획 한 획 더디게 새겼을 때는 나름대로 깊은 뜻이 있었을 터. 괜히 불경을 저지른 기분이다. 동서대 미디어커뮤니케이션학부 하강진 교수가 번역한 비문을 싣는다. 하 교수는 한문학을 전공한 한문학자다.

재해 입은 논밭은 탕감하고 지나친 징수를 고쳐
진휼을 실시한 덕분에 삶이 온전해졌지.
시절 형편 따라 조세를 면해 주고 땅을 구획해 세금 고르게 하셨네.
은혜가 깊어 자식처럼 돌봐 주어 칭송이 자자한 어진 수령이시라.
이 조각돌에 새겼으니 생각건대 길이 전해지리라.

蕩灾釐濫 設賑賴全 隨時給租 井地均田
恩深子保 頌滋侯賢 銘玆片石 念久永傳

탕재리람 설진뢰전 수시급조 정지균전
은심자보 송자후현 명자편석 염구영전
- 정인학 송덕비

굶주린 자 구제하고 궁핍한 자 도와주어 우리 백성들을 살리셨네.
재해 입은 논밭은 탕감하고 지나친 징수를 고쳐 이곳 전원을 개간하게 하셨지.
은혜는 부모와 같아 혜택이 자손까지 미치니
장차 길이 전해짐을 이 조각돌은 말하리라.

賑飢賙乏 活我黎元 蕩灾釐濫 闢此田原 恩同父母
澤及子孫 傳之永久 片石能言
진기주핍 활아려원 탕재리람 벽차전원 은동부모
택급자손 전지영구 편석능언
- 김선근 송덕비

◀◀
정인학 송덕비 비양. 제액 양옆에 시를 새겨 '銘玆片石 念久
永傳(명자편석 염구영전)'의 바람을 담았다.

◀
김선근 송덕비 비양. 정인학 송덕비처럼 제액 양옆에 시를
새겼다. 두 송덕비에 공동으로 들어가는 문구가 보인다. '蕩
灾釐濫(탕재리람)'이다. 재해 입은 논밭은 탕감하고 지나친
징수를 고쳐준 은덕에 대한 칭송이다.

'매미'에 떠내려간
송덕비,
'난마돌'에 돌아오다

영도 송덕비 들

영도 옛 이름은 절영도다. 여기에서 기른 말은 그림자가 끊길 정도로 빠르다는 데서 유래했다. 지명에서 짐작하듯 영도는 말 목장이었다. 조선시대 목장은 국영이었다. 국가가 관리하는 목장이 각 도에 있었고 감목관 또는 겸목관을 두었다. 말 사육은 군두(郡頭)와 군부(郡副), 목자(牧子)가 담당했다.

가장 하위직은 목자였다. 16세에서 60세까지 목자 4명이 암말 100필과 수말 15필을 길러 매년 새끼 85필 이상을 생산해야 했다. 30개월 단위로 생산 점수를 매겨 상(上)을 3회 이상 받으면 승진, 중(中)을 3회 이상 받으면 좌천 또는 파면, 하(下)를 3회 이상 받으면 처벌받았다. 승진 방식은 목자에서 군부로, 군부에서 군두였다. 통상 군두 1명에 군부 2명, 목자 4명이었다. 물론 꼭 그대로 하진 않았다. 약간의 편차는 있었다.

절영도 국마장은 다대진에서 옮겨왔다. 다대진이 부산진과 함께 군사적으로 중요해지면서 목장에 신경 쓸 겨를이 없자 절영도로 옮겼다. 절영도에서 키운 말은 부산진과 다대진 군마로 보급했다. 시간이 지나 절영도 목장도 옮겨야 했다. 거기가 송도 모지포였다. 다대진에서 옮겨온 마찬가지 이유였다. 정책 무게추가 남방에 실리면서 절영도의 군사적 비중이 높아졌다. 1881년 조선의 관문 영도에 절영도진으로 불리는 해군부대가 들어섰다.

해군부대가 들어선 직접적 요인은 일본이었다. 1876년 부산항이 개항하자 일본은 부산에 조계지를 설치하였다. 일본 해군 저탄창고 명목으로 1885년 영도 청학동을 조차하였다. 처음에는 저탄창고 비축 석탄을 대마도에서 가져왔다. 대마도 운송보다는 현

근대 개항기 제작한 10폭 병풍 회화식 지도인 '동래부산도병(東萊釜山圖屛)에 보이는 절영도. 한가운데 나무로 둘러싸인 청학동 마을이 절영도진 자리다. 민가는 동삼동 해변에 많았다. 조선시대 목장은 섬 남쪽에 있었다. ©부산시립박물관

지 조달이 유리하다고 판단한 일본은 영도 산림 벌채 허가를 청원하였다. 경상감사 윤자승은 조정에 장계를 올렸다. 절영도는 조선의 관문이니 벌채 허가 대신 군부대 주둔 필요성을 역설했고 그대로 되었다.

절영도진 부대장은 첨사였다. 종3품 무관이 맡았다. 청일전쟁이 일본 승리로 끝나고 일본 주도로 군제가 바뀌면서 1895년 8월 폐진할 때까지 13명이 재임했다. 절영도진 첨사 재임 기간은 평균 1년이었다. 서너 달 재임한 첨사도 있었다. 초대 첨사는 이정필이었다. 1881년 5월부터 이듬해 9월까지 재임했다. 진남포 부사로 영전했다. 마지막 첨사는 박기종이었다. 1894년 8월부터 꼬박 1년 재임했다. 박기종은 근대 부산을 대표하는 풍운아다. 생애는 대학노트 열 권으로도 모자란다.

2023년 현재의 영도 송덕비들. 2003년 태풍 매미에 유실된 비석 한 기가 2017년 태풍 난마돌 때 되돌아와서 모두 네 기다.

2015년 일간지에 '부산의 비석'을 연재할 당시의 모습. 2003년 태풍 매미에 한 기를 유실하는 바람에 세 기뿐이었다.

영도 송덕비는 셋. 둘은 첨사 송덕비고 하나는 경상감사 송덕비다. 있는 곳은 영도여고 뒷길 마을버스 정류소 근방이다. 원래는 첨사영 소재지 영도 동삼동 중리 마을 안에 네 기가 있었다. 동삼동 동삼(東三)은 영도 동쪽에 있는 세 마을. 상리, 중리, 하리다. 주변 환경이 변하면서 비석은 2001년 10월 중리 바닷가로 이전하였다. 2003년 9월 태풍 '매미'로 한 기가 유실되자 안전한 곳을 찾아 2003년 10월 영도여고 뒤편으로 옮겼다. 유실된 비석은 '겸감목관 임익준 청덕선정비'다.

태풍 난마돌로 다시 찾은 엄익준 송덕비. 2017년 태풍 난마돌이 물러간 직후 영도 중리 자갈해변 상인들이 무너진 천막을 세우다가 이 비석을 발견했다. 정식 명칭은 '겸감목관 임익준 청덕선정비'다.

(···) 2017년 7월 7일 태풍 난마돌로 잃어버린 임익준의 1기를 다시 찾아 헌 모습으로
보존 설치하였다.

기적 같은 일이 벌어졌다. 태풍 '매미'로 유실된 비석이 그로부터 14년 후 2017년
들이닥친 또 다른 태풍 '난마돌'에 날려서 다시 우리 앞에 나타났다. 그때가 2017년
7월 7일. 영도 송덕비 새로 세운 안내판은 이러한 사실을 보무도 당당하게 밝힌다.
부연하자면, 영도구 중리 자갈해변에서 장사하던 상인들이 무너진 천막을 세우다
가 한자가 새겨진 네모반듯한 돌덩이를 발견했다. 2003년 태풍 매미가 데려간 '겸
감목관 임익준 청덕선정비'였다. 영도 주민들은 길조로 여겼다. 송덕비는 영도여
고 뒷길 다른 송덕비와 합류했다. 향토사 연구가 김도용 선생은 임 첨사가 고마운
인물이라며 송덕비의 귀환을 반겼다.
 "첨사 임익준은 영세불망비 등 송덕비가 2개일 정도로 주민들의 큰 칭송을 받
  은 인물이었습니다."
임익준은 절영도진 3대 첨사였다. 1883년 8월부터 꼬박 1년 재임했다. 세금을 줄
이거나 면제했고 식량을 베풀었다. 양반 동네 서울 필동 사람으로 영도 봉래산 산
작명을 그가 했다. 영선동, 신선동, 봉래동, 청학동 지명도 그의 작품이다. 유실됐
던 송덕비가 귀환하면서 영도구 임 첨사 송덕비는 두 기다. 임 첨사의 기존 송덕비
는 제액이 행첨사임공익준영세불망비다. 을유년(1885) 3월 세웠다. 수영구 민락동
백산에도 송덕비가 있다.
송덕비에 이름을 남긴 신응균은 7대 첨사다. 서울 출신. 그 역시 꼬박 1년을 있었
다. 1886년 3월부터 이듬해 3월까지 재임했다. 신 첨사 송덕비는 무자년(1888) 11
월 군졸이 세웠다. 제액은 행첨사신공응균영세불망비다. 제액 양옆 '도진승부(島
鎭陞復)'로 시작하는 4언시는 '절영도 섬에 있는 진이 다시 승격'하면서 부임한 신
첨사가 담장이며 성곽을 잘 정비해 고맙단 내용이다.

영도구 중리의 절영마 모형. 절영도는 영도의 옛 지명. 이곳 말이
워낙 빨라서 그림자[影(영)]가 끊어져[絶(절)] 보인다는 의미다. 지
명 유래도 그렇고 실제로 국마장도 있었서 말은 영도를 상징한다.

나머지 한 기는 관찰사 이호준을 기린다. 1888년 9월 세웠다. 절영도진을 다시 승격시킨 공을 기린다. 절영도진은 폐진하기 이전 강등된 적이 있었다. 1883년 폐진한 다대진이 1885년 복진하면서 절영도진은 위세가 떨어졌다. 절영도진 첨사 직함 또한 감하(減下)돼 정4품 좌수영 우후가 맡았다. 우후는 부대 지휘관의 참모장쯤 된다. 경상감사인 이호준 관찰사는 1887년 8월 15일 장계를 올렸다. 절영도는 나라를 방어하는 요충지라고 강변했다. 이에 예전대로 복진한다. 복진하면서 사람이 늘어났고 사는 형편이 나아졌다. 이호준 송덕비 건립에 담긴 이야기다.

목장은 비리와 원성의 온상이었다. 주민 처지에선 몰아내야 할 기피시설 1호였다. 목장 말은 나라 것. 농작물을 짓밟는다든지 피해를 줘도 하소연할 데가 없었다. 말을 다치게 하거나 병들게 하면 장형 70대, 죽이면 80대와 변상이었다. 비리와 횡포마저 극심해 원성이 자자했다. 임자가 있는 멀쩡한 땅을 목장 공한지로 속여 비일비재 가로채었다. 사하구 괴정에선 감목관을 성토하다가 죽는 일까지 있었다고 한다.

축마비(逐馬碑)는 당대의 원성이 담긴 비석이었다. 이런저런 이유로 목장을 타지로 옮기면 주민들은 기쁜 나머지 기념비를 세웠다. 축마(逐馬), 말을 쫓아내는 기쁨은 그리도 컸다. 경남 남해군 이동면에 축마비 몇 기가 남았다. 푸른 풀밭이 그지없이 낭만적이었을 조선의 목장. 멀리서 보면 아름다웠을 풍광이 그 안은 썩고 곪았다. 옛일만도 아니고 남 일만도 아니다.

좀더 알아봅시다 / **행수법**

소령 같은 대위, 중위 같은 대위

영도여고 첨사 송덕비는 행(行)으로 시작한다. 행첨사임익준이고 행첨사신응균이다. 행은 영도 뿐 아니라 부산뿐 아니라 전국 각지 비석에 곧잘 등장한다. 임금이 신하에게 벼슬을 하사하는 교지에도 보인다. 행은 뭘까. 무슨 의밀까.

조선은 위계사회였다. 다른 시대도 그랬지만 조선은 더 따졌다. 사회 질서를 이루는 근간이 위계였다. 관직과 품계가 위계사회를 이끌었다. 관직은 정부 직제에 따른 직책이었고 품계는 계급이었다.

관직은 뭐고 품계는 뭔가. 비유를 들자. 군대에선 통상 중대장을 대위가 맡는다. 중대장은 관직이고 대위는 품계다. 대개는 품계에 맞는 관직을 맡는다. 중령은 대대장, 중위나 소위는 소대장 하는 식이다.

가덕도 천가초등에 있는 비석. 제액 첫 글자가 행(行)이다. 품계보다 낮은 관직에 있으면 관직 앞에 '행(行)'을 썼다. 반대면 '수(守)'를 썼다. 이를 행수법이라 했다. 행수법은 우리 시대 곱씹을 만하다. '앗 뜨거러!' 공직사회가 정신 번쩍 차릴 불침이 될 수도 있겠다.

조선시대에도 관직과 품계는 맞아떨어졌다. 정3품 품계는 그에 해당하는 관직인 도승지나 대사간, 참의 등을 맡았다. 그러다 차질이 생겼다. 벼슬자리는 그대론데 사람이 넘쳤다. 벼슬을 주려고 해도 맞는 자리가 없었다. 한 단계, 또는 두 단계 이상 품계를 낮춰 관직을 줘야 했다. 그런 경우 관직 앞에 행을 붙였다. 당사자도 행을 떠벌리고 다녔다. '내가 누군지 아느냐' 일종의 과시였다. 비석에 행자를 넣은 이유다. 품계보다 낮은 관직을 행직(行職)이라 했다.

행직 반대도 있었다. 품계보다 높은 관직을 맡는 경우였다. 역모 같은 사건에 공을 세웠거나 역량이 뛰어난 경우가 여기에 해당했다. 행 대신 수(守)를 붙였고 수직(守職)이라 했다. 대위가 중위급 소대장을 맡으면 행직이고 중령급 대대장을 맡으면 수직, 그렇게 이해하면 되겠다.

비유하자면 대위 같은 중위고 중위 같은 대위였다. 수직을 밝히면 낮은 품계를 까발리는 것. 그래서 수가 들어간 비석은 영 없는 것은 아니지만 찾아보기 힘들다. 행은 일종의 엄포였고 수는 커밍아웃이었다. 조선시대 그때나 지금이나 엄포는 횡행하고 커밍아웃은 귀하다.

행수법은 행직과 수직을 아우른 인사법규였다. 품계와 무관하게 임명해 인사 적체를 해소하고 하급관리 사기를 높였다. 문제점은 있었다. 위계질서가 깨졌고 신분사회가 흔들렸다. 그런데도 행수법은 우리 시대 곱씹을 만하다. '앗, 뜨거라!' 공직사회가 정신 번쩍 차릴 불침이 될 수도 있겠다.

조선 수군
다니던
길목에
죽비처럼 서다

백산 옛길 비석

백산은 수영구 민락동에 있다. 옥련선원을 품은 민락동 진산이다. 정상에 '첨이대
(覘夷臺)' 표석이 있다. 첨이대는 왜선 동태를 감시하던 초소였다. 수상한 점이 있
으면 한달음 거리에 있던 수군부대에 알렸고 병선이 출동했다. 병선이 정박하던
자리엔 '선소유허비' 표지석이 있다. 민락동 현대아파트 101동과 103동 사이가 그
자리다.

백산 옛길은 수영에서 광안리를 잇는 길이다. 백산 허리 높이라서 백산 허리길이
라고도 한다. 도시철도 2호선 민락역 1번 출구로 나와 직진하면 아파트단지가 끝
나는 자리에서 오르막길이 시작된다. 그 길이 옛길이다. 옛길 아래는 수영강변. 방
부목을 깐 산책로가 민락수변공원까지 이어진다. 부산을 대표하는 갈맷길 한 구간
이다.

산책로는 1980년대까지만 해도 바다였다. 고깃배 두어 척 한가롭게 떠 있었다. 해
안에는 횟집들이 성업했다. 주종이 '꼬시래기'라서 꼬시래기횟집촌이라 불렸다.
명성이 자자했다. 타지에서 일부러 찾아올 정도였다. 한복 입은 접대부들이 장구

1872년 제작한 지도에 보이는 백산고개. 고개를 가리키는 붉은 실선이
수영에 있던 수군부대 좌수영성에서 민락동 바닷가로 이어진다. 가운
데 보이는 판곶리(板串里)는 넓구지마을이라고 불린 지금의 민락본동
이다. ©규장각

수영현대아파트 입구 선소유허비. 조선시대 이 일대 주둔하던 수군이 썼던
배를 여기서 만들었다. 선소유허비 상단에는 부산에서 순군으로 근무했던
조선 3대 시인 박인로의 시 '선상탄'을 새겼다.

치며 노는 모습이 장관이었다고 한다. 1970년대 중반 이후 중상류 공장 오폐수로
인해 강이 오염되면서 서서히 명맥을 잃었다. 1980년대 중반 이후 자취를 감췄다.
백산 옛길은 1980년대 초반 내가 자주 다니던 길이다. 방위로 군 복무하던 데가 강
건너편 수영비행장 해안대대였다. 일과 중일 때나 일과를 마치고 광안리 갈 일이
있으면 이 길로 다녔다. 수영에서 광안리로 가는 가장 지름길이었다. 비행장에서
다리를 건너 옛길로 접어들었다. 다리는 지금은 수영교지만 당시는 민락교였다.
백산 옛길을 지나면서 길 아래 보이는 꼬시래기횟집촌에 입맛을 다셨다.
조선시대도 이 길로 군인이 다녔다. 좌수영성에서 복무하던 조선 수군은 이 길로
해서 예하부대인 포이진이며 감시초소인 첨이대로 오갔다. 내 비록 해안부대 방위
병이었지만 조선 수군의 어엿한 후예였던 셈이다. 물론, 방위병 복무하던 그때는
전혀 몰랐지만. 조선의 군인들이 다니던 그 길에 옛 비석은 죽비처럼 섰다.

백산 정상 첨이대 표지석. 백산은 수영구 민락동 진산이다. 첨이대는 왜선 동태를 감시하던 초소였다. 수상한 점이 있으면 한달음 거리
에 있던 수군부대에 알렸고 병선이 출동했다.

백산고개 비석들. 오른쪽부터 서헌순 경상감사, 이규헌 동래부사, 효자 정정우, 임익준 절영도진 첨사를 기린다. 서 감사는 은혜가 얼마나 컸던지 살아 있는 부처[活佛(활불)]이라고 새겼다.

옛길 비석은 삼익빌라 맞닥뜨리기 직전에 보인다. 삼익빌라는 내가 방위병 하던 시절에도 있었다. 지금은 연식이 좀 됐지만 그때만 해도 풍광 뛰어난 최고급 주택이었다. 비석은 도로 오른편에 네 기가 나란히 있다. 비석 제액은 다음과 같다. 오른쪽부터다. 비석의 주인공은 서헌순 경상감사, 이규헌 동래부사, 효자 정정우, 임익준 절영도진 첨사다.

　순상국서공헌순영세불망비(1864년)
　부사이공규헌만고불망비(1824년)
　효자정정우정려비(1843년)
　겸감목관임공익준영세불망비(1884년)

감사는 경상도 최고위직이었다. 종2품이었다. 정3품 동래부사 직속상관이었다. 서헌순은 1863년(철종14) 경상도 감사로 도임하여 1865년(고종2) 3월 이임하였다. 고종이 즉위한 1864년 2월 창녕과 밀양 민가에 큰불이 났다. 서 감사가 장계를 올려 보고했다. 고종은 어명을 내렸다.

원래의 휼전(恤典, 이재민 등을 구제하려고 버리는
특전) 외에 각별하게 더 돌보아 주고 불에 타 죽은
사람이 생전에 버지 못한 신포(身布)와 환곡이 있을
경우에는 모두 탕감해 주며 즉시 집을 지어 편안하
게 살게 할 방도를 마련하라.

2024년 이전 백산고개. 도로가 지금보다 구불구불했다. 수영에서 광안리를 잇는다. 길 아래 강변에는 1980년대까지 꼬시래기 횟집촌이 있었다. 주종이 '꼬시래기'였다. 명성이 자자했다.

서 감사는 어명을 충실히 이행했다. 백성으로선
하늘 같은 은혜였다. 임금의 송덕비를 세우진 못
하니 감사를 기리는 송덕비를 세웠다. 송덕비에
새긴 사언시는 32자. '민소폐혁 유아상공(民蘇弊
革 由我相公)'으로 시작한다. '백성을 소생시키고
폐단을 개혁한 것은 우리 상공에서 비롯되었네'라
고 했다. 은혜가 얼마나 컸던지 살아 있는 부처[천
가활불(千家活佛)]라는 문구도 보인다. 서 감사는
승진과 영전을 거듭했다. 병조판서와 공조판서를
지냈다. 양산 물금에선 매년 추모제를 열 정도로
선정을 베풀었다. 동학을 창시한 수운 최제우가
경상감영으로 이송되자 심문을 맡기도 했다.

2024년 현재 백산고개. 2021년부터 3년에 걸쳐 백산 허리길 도로 확장포장 공사로 길이 이전보다 넓어졌고 반듯해졌다. 백산 허리 높이라서 백산 허리길이다. 도로 왼쪽에 옛날 비석들이 보인다.

숭정기원후 4갑신 10월 해사면입(海四面入)

이규헌은 1822년 8월부터 1824년 윤칠월까지 동래부사로 재임했다. 학문을 권장한 공로가 컸다. 명장동 동래향교에 흥학평(興學坪) 비석이 있다. 백산 옛길 이규헌 송덕비 뒷면에는 한문이 가득하다. 숭정기원후 4갑신, 그러니까 1824년 바다를 접한 네 군데 면에서 세웠다. 바다를 접한 네 군데 면은 동면, 남촌면 등등이겠다. 이규헌 송덕비 한문은 어떤 뜻일까. 거칠게 요약하면 이 부사가 경상감영에 4,500냥을 청구하여 바닷가 4개 면(海四面) 폐단과 고질을 바로잡았다는 내용이다. 700냥은 급한 일에 먼저 쓰고 800냥은 5년 동안 이자를 취해 감영의 본전을 갚도록 했다. 원전은 해사면에 맡겨 폐단을 방지할 자금으로 삼았다는 내용도 보인다. 비음엔 '은혜가 산처럼 무겁다'라고 새겼다.

영원히 폐단을 고쳐 은혜가 산처럼 무겁다.
永革大弊 恩重如山
영혁대폐 은중여산

효자 정정우는 연일((延日) 사람이었다. 연일은 포항 영일 옛 지명이다. 효성이 지극해 정려의 상을 받았으며 비석 각석이 마모돼 다시 세운다는 내용이다. 정려(旌閭)는 충신이나 효자, 열녀에게 나라에서 내리는 일종의 표창이었다. 정려를 받으면 정려비를 세워 널리 알리는 게 관례였다. 방손인 석교(錫僑)의 두 아들 존수, 민수와 석교(錫敎)의 두 아들 재수, 내수가 숭정기원후 4계묘(1843년)에 세웠다.

임익준 첨사 송덕비는 1884년 11월 세웠다. 세운 주체는 오장이민(五場吏民), 다섯 시장의 서리와 백성이었다. 조선시대 부산의 시장이 몇 되진 않았을 터. 거의 모든 상인이 비석 건립에 동참했음을 알 수 있다. 어떤 공덕을 기렸을까. 비양에 새겨진 사언시 첫 구절 '목금이부(牧今移附)'가 열쇠다. 목장 감독관을 겸한 임 첨사가 목장을 옮겼다는 뜻이다. 목장을 옮겨준 게 고마워서 세운 게 임 첨사 송덕비다. 축마비의 변형이었다.

들녘에
물길 있는 한
은혜와 혜택
끝없으리

월내 배상기 송덕비

기장군 월내엔 이례적인 비석이 있다. 한 사람을 기려서 자발적으로 세운 송덕비
가 세 기나 된다. 벼슬을 지낸 이가 아니고 권문세가가 아니다. 오히려 정반대다.
정반대라서 더 이례적이다. 사농공상 맨 끄트머리 계층인 상인이 비석의 주인공이
다. 대개의 고관대작 송덕비와는 달리 주변인들이 자발적으로 세운 비석은 예나
지금이나 눈길이 그윽해진다.

비석의 주인공은 배상기(裵常起). 100년 전 사람이다. 월내를 주축으로 기장과 동
해안 일대에서 보부상 우두머리를 지냈다. 보부상(褓負商)은 보따리 봇짐장수 보
상(褓商)과 지게 등짐장수 부상(負商)를 아우른 말. 봇짐장수 등짐장수가 뭐 대단
하랴 싶어도 전국 조직을 갖춘 강대한 조합이었다. 조정에서도 그들의 눈치를 볼
정도였다. 보상 중에서도 대보상(大褓商)은 수운과 마차를 이용하는 거상이었다.
배상기 송덕비 있는 곳은 월내어린이공원. 월내역 부근 길가 등에 있던 것을 도로
가 확장되면서 이리로 옮겼다. 월내와 길천을 잇는 길천교 건너기 직전 왼쪽 송림
이 어린이공원이다. 공원 입구 고색창연한 비석은 모두 넷. 그중 셋이 배상기 송덕
비다. 다음은 송덕비 제액과 세운 연도다.

좌우사반수배상기휼상영세불망비(左右社班首裵常起恤商永世不忘碑, 1904년)
통정대부배공상기창계휼리비(通政大夫裵公常起刱契恤里碑, 1913년)
통정대부배공상기창숙장학비(通政大夫裵公常起刱塾裝學碑, 1917년)

맨 앞에 보이는 좌우사는 보부상의 다른 이름이다. 보상을 좌사(左社) 또는 좌단
(左團)이라 했고 부상을 우사(右社) 또는 우단(右團)이라고 했다. 반수는 보부상
우두머리. 휼(恤)은 빈민이나 이재민에게 금품을 나누어 구제한다는 구휼의 뜻이
다. 통정대부는 문신으로 정3품 당상관. 일개 상인이 썼다간 명줄이 열 개라도 부
지하지 못했겠지만 1910년 전후의 조선은 이미 그 옛날의 조선이 아니었다.

둘째 비석 창(刱)은 '시작하다, 만들다'는 의미. 창(創)과 같은 뜻이다. 창으로 우물을 파는 장면이 연상되는 한자다. 창계휼리(刱契恤里)는 계를 만들어 마을을 구휼하다는 뜻. 비음 음기는 세운 해와 계, 그리고 수고한 이를 밝힌다.

대정 2년 계축년 6월 20일 기장군 중북면 월내동 서리계 입비(立碑)

대정(大正)은 일본 명치(明治)와 소화(昭和) 사이 연호. 대정 2년은 1904년이다. 일제가 강제 병탄한 1910년 이전인 1904년 일본 연호를 썼으니 이때 이미 조선팔도가 일제의 영향력에 들어갔다. 중북면(中北面)은 1914년 3월 조선총독부 행정구역개편령 시행 이전에 있던 지명이다.

월내어린이공원에 있는 배상기 공덕비. 3기 모두 이 지역 보부상 우두머리였던 배상기를 기린다. 세운 해는 모두 다르다.

창숙장학비는 장학사업을 기리는 비다. 정사년(1917) 5월 세웠다. 장학비도 그렇고 배상기 송덕비는 공통점이 있다. 세 비석 모두 비양에 사언율시를 새겼다. 율시는 보통 사언이나 오언, 칠언을 썼다. 다음은 좌우사반수 비석 율시다. 나머지 비석은 부산광역시 홈페이지 부산금석문 참조.

　수천 냥 재산 털어서 우리 행상 도우셨네.
　우뚝한 한 조각 비석도 한 입으로 반수 어른 칭송하네.

기장문화원 황구 연구실장은 한학에 해박하다. 성경 한시집 '경제사율(經題詞律)'을 번역 출판해 기독교리와 한학을 접목하는 학문적 성과를 거뒀다. 향토사 연구

정면에서 본 배상기 공덕비. 왼쪽 비석 맨 위에 보이는 다섯 글자 좌우사 반수(左右社班首)는 보부상 우두머리란 뜻이다.

월내 무료급식소 월내어린이공원 안쪽에 있다. 배상기가 1895년 갑오년 큰 흉년 때 월내와 좌천 장날마다 가마솥을 장터에 내걸어 무료로 급식한 전통을 이어받는다.

에도 매진해 배상기 반수 일대기에 정통하다. 묘소가 어디 있는지도 훤하다.

"기장군 장안읍 용소리 시명산 8부 능선에 묘소가 있습니다."

배상기는 1842년 전북 익산에서 부잣집 종손으로 태어났다. 구한말 민란 주모자로 몰리면서 고향을 떠나 보부상 무리에 섞였고 1860년대 월내에 정착했다. 멸치잡이와 젓갈로 큰돈을 벌었으며 빈민구제와 장학사업에 매진했다. 1895년 갑오년 큰 흉년 때는 월내와 좌천 장날마다 가마솥을 장터에 내걸어 없는 사람 배고픔을 달랬다. 일제강점기 암암리에 독립자금을 대기도 했다. 부산에 후손이 산다.

월내어린이공원은 송림. 송림 한쪽에 무료급식소가 있다. 백몇십 년 전 장터 가마솥은 아니겠지만 가마솥 정신은 이어져 없는 사람 배고픔을 달랜다. 월내에서 기장에서 동해안에서 가마솥 정신을 퍼뜨렸던 보부상 반수 배상기. 사람은 가고 없어도 비석은 오롯이 남아 그때 그 시절을 기억한다. 그때 그 사람을 기억한다.

월내어린이공원 소나무. 여기 공원은 소나무가 볼 만해 소나무공원이라고도 한다. 공원 뒤로 동해선 광역전철이 다닌다.

조상님
함자를
태운 불티가
하늘에 닿다

복천동 영보단비

영보단비(永報壇碑)는 천인공노다. '네까짓 게 뭔데 우리한테 이래라저래라하느냐.' 안에서 치솟는 부산 사람 천 명, 만 명, 천만 명의 분기탱천이다. '죽기는 쉬워도 길을 내어주기는 어렵다'던 1500년대 부산 사람 기개의 1900년대 버전이 동래구 복천동 마안산 기슭 영보단비다.

1909년. 부산이 들끓었다. 그때는 부산을 동래라 했으니 동래가 부글부글 들끓었다. 같잖게도 일제가 감 놔라, 배 놔라 했다. 동래 13개 면의 호적대장을 거둬들이겠노라 했다. 조상님네 함자가 적힌 호적대장을 네까짓 게 뭔데 들여다보려고 하느냐, 장삼이사가 들끓었고 남녀노소가 들끓었다.

있을 수 없는 일이었다. 있어서도 안 되는 일이었다. 임진왜란 첫 격전지라서 피해가 막심했던 부산은 조선팔도 어디보다도 반일 감정이 드셌다. 천 명 중에서 한두 명이 살아남은 피해였기에 분노는 뼈에 새겨졌고 누대에 걸쳐 이어졌다. 1500년대에서 1900년대. 뼈에 새긴 분노가 여전히 이어지던 1909년 그때 일제가 또 만행을 저지르려고 했다.

의도는 뻔했다. 돈이었다. 세금이었다. 호구조사로 조선팔도 밥그릇이 몇, 숟가락이 몇인지 알려고 했다. 이미 일제의 먹잇감이 된 조선을 철저하게 우려먹으려는 사전 포석이었다. 의도가 뻔했기에 호락호락 내어줄 수 없었다. 더군다나 일본이라면 이를 갈던 동래 사람이었다. 조상님 함자를 기재한 호적이기에 더더욱 아니 될 일이었다. 분기탱천, 화가 하늘을 떠받칠 정도로 났다.

주느니 없애기로 했다. 아예 깡그리 태워서 없애 버리기로 했다. 철천지원수의 손에 족보와 다름없는 호적을 내어주는 건 천하의 몹쓸 노릇이었다. 한양에서 들려오는 소문은 흉흉했다. 툭하면 고종 임금에게 대든다고 하더라. 왜놈이 저희 마음대로 한다고 하더라. 조선을 지키고 임금을 지키려는 충정으로. 저희 마음대로 안 되는 것도 있음을 내보이려는 심정으로 동래 13면 호적을 태워서 없애기로 했다. 그때가 1909년이었다. 한일 강제 합병 한 해 전이었다. 총독부 이전 통감부 시대였

영보단비. '조상님께 영원히 보답한다'는 마음을 담았다. 일제가 호구조사 목적으로 호적대장 제출을 강요하자 이를 거부하고 모조리 태웠다. 조상님 함자가 적힌 호적대장을 태웠으니 조상님께 오죽 미안했을까. 그 미안함으로 한 글자 한 글자 새겼다.

영모단과 영보단비. 1909년 부산 13개 면 호적대장을 태우고 그 자리에 영모단을 쌓았다. 이후 1915년 '영보단'이라 새긴 추모비를 세웠다. 주변 풍광이 빼어나 일제강점기에는 '야유회 1번지'였다.

다. 조선은 이미 일제의 손바닥 안이었다. 언제 어디서 지켜보고 있을지 몰랐다. 감시의 눈길을 피해서 모인 곳은 복천동 뒷산인 마안산 기슭. 동래를 품은 안온한 산이었다. 이 산에 모여서 태우고 또 태웠다. 동래 사람 천 명, 만 명, 천만 명 천인공노가 불티가 되어서 하늘에 닿았다.

> 1909년 중앙정부에서 호적대장을 거두어들이려 하자 주민들은 조상들의 성명이 적힌 호적대장이 아무렇게나 버려지는 것을 우려하여 마안산 기슭에 동래지역 13개 면의 호적대장을 모아 불태우고 이 위에 단을 쌓아서 영모단(永慕壇)이라 하였다.

영보단비 안내판 문구 앞부분이다. 문구에서 보듯 태운 자리를 아무렇게나 내버려 둘 수는 없었다. 뭔가 추모의 흔적, 추모의 마음을 남겨야 했다. 조상님 함자가 적힌 귀물을 태운 자리에 단을 쌓았다. 그때는 영원히 보답한다는 영보(永報)가 아닌 영원히 추모한다는 영모(永慕)를 써서 영모단이라 했다.

영모단 내지 영보단은 이후 동래의 명소가 되었다. 매년 음력 4월 23일 단하에 모여서 제사를 지내고 잔치를 벌였다. 동래 어른들의 모임인 기영회에서 주관했다. 때가 때인 만큼 호적대장 몇 매를 태웠고 언제 태웠고 누가 태웠는지 하는 기록은 남기지 않았다. 동래기영회 주관의 제사와 잔치가 4월 23일 열렸던 만큼 그날 태웠을 개연성이 높다. 동래 퇴직공무원 친목계로 1846년 출범한 동래기영회는 민족의식이 투철했다. 일제의 강압으로 송공단, 칠총제, 거사단, 관황묘 등지의 공공향사가 폐지되자 이를 인수해 집행했다. 영보단 향사도 기꺼이 맡았다.

야유회도 영보단에서 열렸고 데모도 영보단에서 했다. 1920년대 신문을 검색하면 동아일보에 관련 기사가 셋 뜬다. 조선·동아는 1920년 창간했다. 한 해 전 조선팔도 들불처럼 번진 3·1독립운동에 화들짝 놀란 조선총독부가 무단정치를 누그러뜨린 결과였다. 동아일보 기사 셋 가운데 둘은 야유회 기사고 하나는 동래고 동맹휴학 기사다.

어떤 내용일까. 먼저 1927년 5월 25일 있었던 일부터 보자. 그날 동래유치원 원아와 부모 60여 명이 영보단에서 원족회(遠足會)를 가졌다. 구경꾼 200여 명까지 합쳐서 즐거이 놀았다. 기사와 함께 실린 사진은 부산의 국보급이다. 귀하고 귀하다.

1927년 5월 27일 동아일보의 '동래유치원 원족' 기사와 사진. 원족(遠足)은 야유회의 그때 표현. 동래유치원 학부모와 원아, 그리고 구경꾼이 영보단에서 어울려 즐거이 놀았다는 보도다.

부산에 있는 유치원 행사를 동아일보가 사진과 함께 특필한 데서 동래유치원의 위상을 알 수 있다. 동래유치원은 동래부인회가 지역 유아 교육을 위해 설립했다. 동래부인회는 1922년 동래지역에서 설립한 여성 계몽단체였다.

다음은 1928년 6월 10일 있었던 일. 이날도 영보단에서 야유회가 열렸다. 동래지역 여성들이 주최한 행사였다. 1927년 조직한 전국 규모 여성운동 단체 근우회(勤友會) 동래지회 회원 100여 명이 '동래의 명승지' 영보단에서 원유회(園遊會)를 했다. 원족

영보단의 동래고보 학생들. 동래고와 가까운 영보단은 학생들에게 정신적 지주와 같았다. 1925년 7월 학교의 불합리한 운영에 개선 조건을 내걸고 동맹휴학에 나선 학생들이 당국의 회답을 기다리며 집결한 곳도 영보단이었다. ©부산시립박물관

회니 원유회니 지금은 쓰지 않는 말이지만 1920년대 그때는 일반적으로 쓰였음을 이들 기사로 확인할 수 있다.

경남 동래군에 있는 고등보통학교생 4학년 이하가 동맹휴학하였다. 이미 보도한 바이어너와 동맹파업한 이유는 수개월 전에 동교에 한문교사로 부임한 이 모의 배척과 학교 당국에 대한 두어 가지 요구 조건을 제출하였던바 들어주지 않았으므로 그렇게 휴학한 것이라는데 그 요구 조건은 아래와 같다더라.

- 동아일보 1925년 7월 10일 2면

요구 조건은 모두 여덟 건이었다. △선생의 음행망동의 건 △신의로 생도를 지배하지 않고 감정으로 생도를 지배한 건 △언행 불일치한 건 △00일보를 매욕(罵辱)한 건 △학교 당국에 대한 건 △하숙주(下宿主)의 생도를 감독하게 한 건 △경찰로서 생도를 감독하게 한 건 △타교에서 퇴직된 선생을 재취업하게 한 일, 사임을 하여달라고 요구하였으나 학교에서 들어주지 않은 일 등이었다. 요구 조건을 내건 학생들은 '복천동 뒷산 영보단'에 모여서 학교 당국의 회답을 기다렸다.

영보단비에서 본 복천동 고분군. 영보단 자리도 명당이고 고분군 자리도 명당이다. 하늘도 명당이라서 언제 가봐도 새파랗다.

乙卯 四月 日 郡民共立
을묘 사월 일 군민공립

비석은 언제 세웠을까. 1909년 추모단을 세운 이후 몇 년 동안은 추모비 없이 매년 4월 제사를 지내고 잔치를 벌였다. 뭔가 2% 부족했다. 추모비를 세우면 좋을 것 같았다. 동래 군민이 마음을 모았다. 비석을 세우고 세운 연도를 음기에 남겼다. '을묘 사월'이었다. 을묘년 4월 어느 날 동래가 훤히 내려다보이는 명당자리에 반듯한 비석이 섰다. 을묘년은 언제일까. 1909년 이후 일제강점기 을묘년은 1915년이 유일하다. 1915년 4월 군민이 마음을 모아 세운 추모비가 영보단비였다.

비석은 자리를 잘 잡았다. 바로 앞에는 옛날 옛적 고분이 즐비하고 바로 옆에는 복천박물관과 동래읍성, 장영실과학동산이 있다. 명장동 쪽으로 내려가면 임진왜란 때 동래 사람을 숱하게 살린 인생문 고개. 조상님 신성한 함자를 품은 불티 하늘까지 닿아서인지 동래는 하늘도 명당이다. 언제 가봐도 새파랗다.

북방 외교와
일본 외교
맞물린
조상 송덕비

부산박물관 유원각 감고비

정식 명칭은 유원각선생매안감고비(柔遠閣先生埋安感古碑)다. 유원은 '멀리 있
는 것과 부드럽게 지낸다'는 뜻. 선생은 뜻이 여럿이다. 여기선 먼저 태어난 선조를
가리킨다. 각 관아 역대 관원의 성명과 직명, 생년월일, 본적 따위를 기록한 책을
선생안(安)이라 한다. 매안은 선조 신주나 물건을 묘소 앞에 묻는 것. 감고는 오래
기억한다는 뜻이다.

비석은 광무 10년 세웠다. 1906년이다. 광무는 고종 때 사용하던 연호다. 순종이
즉위하면서 융희로 바뀐다. 비석 터는 동구 초량동 개인주택 마당이었다. 건물을
지으면서 훼손 우려가 있자 2000년 9월 남구 대연동 부산박물관으로 옮겼다. 매안
이라 했으니 문서나 물건이 땅에 묻혔을 터. 이리저리 살폈으나 찾지 못했다.

비각 전체가 석조로 조성된 것으로서는 유일하게 남아 있다.

부산박물관 야외전시장 비석거리. 왼쪽 첫 번째 비석이 유원각감고비다. 정식 명칭은 유원각선생매안감고비(柔遠閣先生埋安感古碑)다.
유원은 멀리 있는 것과 부드럽게 지낸다'는 뜻이고 매안은 선조 신주나 물건을 묘소 앞에 묻는 것이다. 감고는 오래 기억한다는 뜻.

유원각감고비. 애초 동구 초량동 개인주택 마당에 있었다. 건물을 지으면서 훼손 우려가 있자 2000년 9월 남구 대연동 부산박물관으로 옮겼다. 거북을 새기고 개석은 학과 뭉게구름을 새겼다. 학은 금방이라도 거북 등에 내려앉을 듯하다.

유원각감고비는 비석 못지않게 비각이 이색적이다. 지붕도 돌이고 기둥도 돌이다. 안내판은 부산 유일이라고 한껏 치켜세운다. 비각은 비석을 보호하려고 지은 집. 대개는 기와지붕과 나무 기둥이다. 안내판 설명대로 석조 비각은 대단히 귀하다. 경북 영천 유공영세불망비, 충남 금산 고경명선생비각 등 몇 정도다. 고선생 비각은 1962년 세웠다. 유원각감고비가 한 갑자 이르게 세웠으니 귀하긴 귀하다. 감고비도 그걸 알아서 은근히 우쭐댄다.

우쭐댈 만도 하다. 비석을 받친 받침돌은 거북. 귀티가 난다. 거북 대석은 권력과 명성과 존경의 상징. 왜 아니 우쭐되겠는가. 존경은 글쎄다. 권력, 명성과 달리 존경은 하늘의 무지개처럼 멀고 높으니. 거북목에 새긴 갈기 문양은 기품이 서렸다. 비석 지붕돌 개석에 새긴 학과 뭉게구름은 별유천지비인간이다. 학은 금방이라도

가까이서 본 유원각감고비 비양. 제액 양옆으로 시를 새겼
다. '적누유근 역세내광(積累攸勤 歷世乃光)'을 첫 구절에 새
겼다. 《부산금석문》은 '쌓아 오신 업적이 근면도 하여 세월이
지났어도 더욱 빛나여라'로 해석한다.

유원각감고비 비음. 건립 연월일 다음에 '종2품 변리공사(辨
理公使) 박기종' 이름이 맨 앞에 보인다. 변리공사는 외교 사
절의 계급. 전권공사 다음이다. 박기종은 유원각감고비 건립
의 계장(禊長)을 맡았다. 계(禊)는 계(契)와 같은 말로 여기선
공공사업을 목적으로 조직한 집단에 해당한다.

거북 등에 내려앉을 듯하다. 지금은 흐릿하지만 옮길 때
만 해도 학의 입과 다리는 홍색, 깃털은 백·청색, 구름은
홍·청·백으로 채색됐다고 한다.

나라에서 사병산 아래 유원각을 설치하다

제액 양옆은 운문을 각자했다. 여덟 구절 사언시다. 비
음 음기는 195자. 비석을 건립한 내력과 목적을 밝힌다.
세운 사람과 글쓴이, 석공 이름을 함께 새겼다. '나라에
서 사병산 아래 유원각을 설치하다'는 음기 첫 구절이
다. 사병산은 네 병풍 산. 국경을 병풍처럼 두른 네 곳의
산으로 조선시대 군사 조직을 두었던 국경도시 네 곳을
이른다. 함북 종성, 온성, 부령, 경흥이다. 유원각은 유원
위(柔遠衛)를 말한다. 유원위는 행정과 군사를 도맡아
교린에 치중한 군사 조직이었다.

유원각감고비는 조상 송덕비다. 수백 년 전 함북 유원위
에 근무하면서 북방 교린을 도맡았던 선조의 음덕으로
자손들이 잘되었으니 잊지 않겠다며 세운 불망비다. 비
석을 초량에 세운 건 교린에 종사했던 선조가 나고 자란
곳이 거기였다. 비석에는 조상 이름이 나오지 않는다.
글쓴이가 김건두라서 김씨 집안 사람이려니 짐작한다.
그런데도 음기에는 여러 성씨가 등장한다. 김뿐 아니라
박도 보이고 정, 이도 보인다. 음기가 그 연유를 밝힌다.
선조의 옛 업적을 잊을 수 없어 '서로 함께 협의한 결과

여러 사람이 동의'하여 전각을 세웠다. 협의하고 동의한 사람들 성씨가 박, 정 등이었다. 협의하고 동의한 사람은 공통점이 있다. 부산에서 일본 교린을 담당하는 외교관이었다.

이로써 감고비 건립 배경이 드러난다. 북방 교린에 종사했던 조상을 둔 집안과 일본 교린 징표가 필요했던 외교적 이해관계가 맞아떨어져 유원각선생매안감고비를 세웠다. 그러므로 감고비는 조선시대 대일외교 창구였던 부산의 국제성과 개방성을 상징한다. 안내판은 '(한일 교류의) 정치·사회·문화적 산물'이라고 평가한다.

건립에 동의한 사람 가운데 최고위직은 박기종. 종2품 판리공사였다. 공사는 대사 아래 해당하는 외교관이었다. 박기종은 1839년 동구 좌천동에서 태어났다. 조선 통신사 일행으로 일본 문물을 접하면서 일본통이 되었

동구 좌천동 정공단에는 박기종 불망비가 둘 있다. 하나는 1893년 세운 불망비고 하나는 1895년 세운 송덕비다. 1839년 동구 좌천동에서 태어난 박기종은 다대진과 절영도진 첨사, 부산항 경무관 등을 지냈다. 철도왕으로도 불린다.

다. 다대진과 절영도진 첨사, 부산항 경무관 등을 지냈다. 부산 최초 신식 학교인 개성학교, 부산상공회의소 전신인 부산상무소를 세웠다. 철도왕으로도 불린다. 조선 곳곳 철로 부설에 나섰다. 1907년 타계했다.

구포 토박이 윤상은(尹相殷)은 박기종 넷째 사위다. 한국 근대경제 아이콘으로 여러 분야에서 뚜렷한 족적을 남겼다. 우리나라 최초 민족계 지방은행인 구포은행을 설립했고 학교 설립, 김해 맥도 개간, 독립운동 자금 지원에 이름 석 자를 남겼다. 1948년 대한민국 재무부 초대 전매국장을 지냈다. 부산대 초대총장 윤인구 박사가 장남이고 애국지사 윤현진이 조카다. 윤현진 지사 아버지는 부산시장 격인 동래부윤을 지낸 윤필은(尹弼殷)이다. 동래 동헌에 송덕비가 있다.

좀더 알아봅시다 / **부산의 비석**

얼추 300기

부산 비석은 몇이나 될까? 특정하기 어렵다. 건립 시기와 범위를 어떻게 잡느냐에 따라 달라진다. 경성대 전신인 부산산업대 향토문화연구소 1984년 발간 《부산시 금석문》은 부산의 비석을 156 기로 집계했다. 임진왜란 이후 대한제국까지 한정했다. 이때는 강서구와 기장군이 빠졌다. 강서 구와 기장군 편입, 새로 발견된 비석을 합치면 곱절이 된다. 300기가 넘는다.

《부산금석문》은 부산 16개 구·군 금석문을 망라한 역저. 2002년 부산시와 경성대 한국학연구소 에서 공동 발간했다. 지자체 별로 모두 454기를 파악했다. 1984년 《부산시 금석문》 이후 추가로 발견한 비석과 일제강점기 비석, 그리고 암벽 각자 등을 포함했다. 금석문은 쇠나 돌에 새긴 문자, 그림을 총칭한다. 비석보다 넓은 개념이다.

《부산금석문》에 소개된 비석은 308기. 물론 빠뜨린 비석도 있다. 일단은 동래구가 가장 많다. 71 기다. 기장 67기, 수영 40기, 강서 36기, 동구 25기, 사하 17기, 금정 14기, 북구 10기, 남구 9기, 사 상구 8기, 부산진구 4기, 영도구 4기, 해운대구 3기 순이다. 동래는 조선시대 행정 중심지답게 부 사 송덕비가 압도적이다. 수영은 거기 주둔하던 수군 부대의 장(長)인 수사(水使) 송덕비 일색이 다. 동구는 부산진 송덕비를 모신 정공단, 사하구는 다대진 송덕비를 모신 윤공단이 있어서 비석 이 많다. 부산진과 다대진 모두 경상좌수영 산하 해군부대였다.

금정구 비석도 볼 만하다. 범어사와 소산역, 선두구동 등등이다. 사상구도 둘러봐야 한다. 낙동강 홍수 방지 제방을 쌓은 것을 치하하는 비석 들은 괜히 고맙다. 영도는 수영처럼 수군부 대가 주둔하던 곳. 절영도진 첨사 등 비석이 영도여고 뒤편에 있다. 부산진구 정묘비, 해 운대구 장산 이산 비석과 이모준 송덕비도 부산을 높고 깊게 한다. '전복채취금령(禁令) 불망비' 등등 부산 비석의 보물창고 부산박 물관은 '일러 무삼하리요'다.

정공단의 공덕비들. 정공단 본단(本壇) 가기 전 오른편 담벼락에 있다. 별도로 모 신 '충장공 정발 전망비'는 특히 고색창연하다. 부산 전체적으론 고색창연한 비석이 300기 넘는다.

산림 약탈했던
일제에 대든
항거의 백아白牙

해운대 장산 이산 표석

해운대 장산은 조선시대 봉산(封山)이었다. 봉산은 나무 베는 것을 나라에서 금지했다. 나라에서 관리하던 산이었다. 벌목 금지 나무는 대부분 소나무였다. 궁궐이나 병선 같은 관급공사 주요 목재가 소나무였다. 장산 소나무는 병선 제조에 쓰였다. 지명에도 흔적이 서렸다. 장산 자락 재송동은 소나무를 재배한다고 얻은 지명. 재송동 소나무는 수영강 건너편으로 옮겨져 경상도 좌수영 수군부대 병선으로 쓰였다.

봉산은 두 종류였다. 황장봉산이 있었고 선재봉산이 있었다. 궁궐용 수백 년 금강 소나무를 대는 봉산이 황장(黃腸)봉산이었고 병선 목재를 대는 봉산이 선재(船材)봉산이었다. 참나무만 전문적으로 가꾸는 진목(眞木)봉산도 있었다. 어느 봉산이든 소나무 벌목 금지 규정인 송헌(松憲)을 따랐다. 위반하면 벌에 처했다.

'영남지도' 동래부 지도. 1700년대 중반 제작한 지도로 장산을 표기했다. 간비오봉수대, 회동동에 있었다는 동대(東臺), 달맞이고개에 해당하는 우치(牛峙) 등의 지명은 반갑다. 장산 장(葛)은 뜻이 많다. 보리수 같은 나무 이름도 뜻하고 나라 이름도 뜻한다. ⓒ 영남대 박물관

벌은 엄했다. 큰 소나무 10주 이상 벌목은 사형, 9주 이하면 1주당 장형 60대, 산불을 내어도 사형이었다. 영조 10년(1734) 펴낸《신보수교집록》은 봉산에 관한 법령을 정리한 기록. 봉산 산허리 위로는 화전 개간을 금하며 벌채와 화기 또한 금했다. 봉산에 사달이 나면 당사자는 물론 산지기와 담당 공무원도 연대 처벌했다.

조선시대 부산 봉산은 여러 곳이었다. 동래부와 기장군으로 봉산이 나뉘었다. 동래부 봉산은 장산을 비롯해 운수산, 몰운대, 두송산이었다. 기장군 봉산은 남산, 장안산, 거물산, 앵림산, 백운산이었다.

통상 봉산 관리 주체는 고을 수령이었다. 동래부 수령은 동래부사. 하지만 동래의 봉산 관리는 군부대에서 했다. 부산의 또 다른 수령인 경상좌수영 수군절도사, 줄여서

해운대 장산 초입에 있는 이산(李山) 표석. 일제강점기 조선총독부 소유로 넘어간 장산을 조선 왕실 사무를 보던 창덕궁이 이의를 제기하면서 다시 왕실 소유가 되었다. 이산 표석은 일제에 대든 항거의 산물이다.

좌수사가 관리했다. 좌수사는 부산에 주둔하는 해군의 최고위직이었다. 바다와 강을 낀 부산 봉산은 선재봉산이었으니 좌수사가 책임지고 관리했다. 부산 바다를 지키는 병선 제조용 소나무가 울창했던 부산의 봉산. 부산의 봉산은 부산의 바다, 조선의 바다를 지킨 첨병이었다.

울울창창했던 부산의 봉산은 야금야금 수난을 겪었다. 나날이 민둥산이 되었다. 송헌의 규정은 규정일 뿐 봉산은 농간에 놀아났다. 산지기는 뇌물 받고 벌목을 묵인했다. 소금 굽는 염전과 도자기 굽는 가마터 땔감으로도 잘려 나갔다. 1792년 경상좌수영 관할 봉산은 거의 민둥산이 되었다는 기록은 당시 실정을 여실하게 보여준다.

《속대전》는 1746년 법전. 거기엔 경상도 황장봉산이 일곱 군데로 나온다. 조선왕조 재정과 군정에 관한 내용을 집약해 1808년 편찬한 《만기요람》에는 열네 군데,

가까이서 본 이산 표석. '이산(李山)'이라 새긴 높이 30cm 직사각형 석재를 장산과 장산 맞닿은 아홉산 일대 왕실 소유 임야 경계선에 세
웠다. 향토사학자 주영택 선생은 2001년 8월부터 장산과 아홉산을 속속들이 뒤져 20개에 이르는 이산 표석을 찾아내었다.

두 배로 늘었다. 도벌과 남벌로이 횡행해 자원 확보가
시급해지자 봉산을 늘렸다. 궁궐 목재를 가꾸는 황장봉
산이 그럴진대 일반 봉산은 여북했을까 싶다.

부산 봉산의 수난사는 일제강점기 대미를 맞는다. 국유
지에서 조선총독부 소유로 넘어갔다. 조선을 강점한 일
제는 1918년 5월 조선임야조사령을 발동한다. 모두 20
조로 구성된 임야조사령은 산림의 소유자와 경계를 명
확히 한다는 명분을 내세워 소유한 임야의 신고를 독촉
했다. 일제에 비협조적이었던 조선 왕실과 지주계급 등
은 조사령을 등한시했다. 더구나 조선시대에는 산림 소
유 개념이 없었다. '산림을 개인이 점유하면 볼기 80대
를 때린다'라고 법전에 명시할 정도였다. 소위 무주공산
원칙을 지켰다.

해운대 지역신문 《해운대라이프》 2023년 2월호.
이산 표석의 석재를 경주 남산에서 가져왔다는 특
집 기사를 실었다.

조선총독부는 땅 부자가 되었다. 소유권을 신고하지 않
거나 소유권이 없는 산은 모두 총독부가 차지했다. 도둑
놈 심보였다. 조선팔도에서 수령 200년 이상 천연림이
사라졌고 산림자원이 사라졌다. 일제가 강탈한 한반도
의 산림자원은 5억㎡로 추산한다. 이는 2015년 가치로
50조 원이 넘는다. 국유지였던 장산 역시 총독부 소유로
넘어갔다.

조선 왕실은 발끈했다. 왕조는 무너졌어도 왕실은 남아
명맥을 유지하던 터였다. 이(李) 왕실로 격하한 조선 왕
실의 사무를 보던 창덕궁은 총독부에 이의서를 냈다. 이
의서를 내는 한편 '이산(李山)'이라 새긴 높이 30cm 직

해운대구 반여3동 장산 자락의 여가녹지에 있는
이산 표석. 《해운대라이프》는 이런 표석이 장산에
167개가 있다고 보도했다.

사각형 석재를 장산과 장산 맞닿은 아홉산 일대 왕실 소유 임야 경계선에 세웠다. 총독부는 1924년 생색내듯 소유권을 창덕궁에 넘겼다. 이 왕산 준말인 이산 표석은 무단 정치로 산림을 약탈했던 일제에 대든 항거의 산물이었다.

"장산에서 이산 표석 20개를 찾은 거지요."

2015년 10월 30일 부산일보는 향토사학자 주영택 선생과 손정호 기자 인터뷰를 한 면 가득 게재했다. 당시 여든이 다 돼 가는 노 사학자는 60년 가까이 향토사 연구에 매진했다. 향토사 연구하면서 언제 가장 보람 있었느냐고 기자가 묻자 첫머리 내세운 게 이산 표석이었다. 주 선생은 2001년 8월부터 장산과 아홉산을 속속들이 뒤져 20개에 이르는 이산 표석을 찾아내었다. 장산 전체적으론 현재 167개의 이산 표석이 드러났다고 해운대 지역신문 《해운대라이프》는 2024년 3월 보도했다.

부산박물관 이산 표석도 그중 하나다. 지금도 장산 곳곳에서 표석을 만날 수 있다. 참고로 왕실 묘가 있는 경남 가야 상가리 일대 곳곳에도 이산 표석이 있다. 모르고 지나치면 장정 무릎 높이 '돌팍'에 불과한 이산 표석. 알고 다가가면 부당과 비정상에 맞선 조선의 정신이었다. 조선의 뾰족한 정신으로 새긴 한 획 한 획 역시 코끼리 어금니, 백아(白牙)처럼 뾰족뾰족하다.

남과
다른 청년
‘인印 대신 신信’

부산진초등학교 의사박재혁비

熱落仙他地末古 大馬渡路徐看多

암호다. 무슨 뜻일까. 한문이긴 한데 한문으로 풀이하면 뒤죽박죽이라서 해석이 안 된다. 대체 무슨 뜻일까. 얼마나 큰 비밀이기에 이렇게 어렵게 했을까. 하지만, 어렵게 생각할 것 없다. 소리 나는 대로 읽으면 된다.

연락선 타지 말고 대마도로서 간다.

암호 작성자는 박재혁(1895~1921). 일제강점기 의열단원 박재혁, 부산경찰서 폭탄 의거 박재혁 의사(義士) 그 박재혁이다. 암호를 적어서 보낸 용지는 엽서. 편지도 아니고 보란 듯이 엽서에 적어 보냈으니 당국의 의심을 더욱 피할 수 있었다. 암호 엽서는 현재 개성고 역사관에 전시 중이다. 개성고 전신은 부산상고. 박 의사가 이 학교 출신이라서 여기 전시한다. 박 의사는 부산상고 4회 졸업생이다. 박 의사는 상고를 졸업하고 부산전기회사 전차 차장을 하다가 곡물 무역상으로 업을 바꾼다. 친척 박국선이 경북 왜관에서 운영하던 곡물 무역상이었다.

무역상을 하면서 해외 업무가 잦았다. 일본, 중국 출입이 잦아지면서 중국 독립투사와 교류했고 독립자금을 보냈으며 의열단 가입 등 항일운동에 전념한다. 무역상이니 항구의 상황을 소상히 손바닥 보듯 했다. 중국 동지에게 보낸 엽서는 일본을 통해 조선으로 입국할 때는 일경의 감시가 덜한 대마도로 가란 암호였다.

1895년 삼대독자로 태어난 박재혁 의사는 15세 때 아버지를 여의고 홀어머니 밑에서 여동생과 함께 자라게 된다. 자식에 대한 교육열이 남달랐던 의사의 어머니는 어려운 환경에서도 자식 교육에 대한 끈을 놓지 않았고, 박재혁 의사는 사립육영학교를 거쳐 부산상업학교에 입학해 공부를 계속하게 된다. 이때 같은 학교에 다니던 최천택, 오택과 교우를 맺으며 독립운동에 눈을 뜨게 된다.

부산진구 범천동 부산진초등학교 교정에 있는 박재혁의사비. 1948년 정공단에 세운 추모비로 부산진초등 개교 70주년을 맞아서 1981년 5월 8일 이 학교 교정으로 옮겼다. 박재혁 의사의 모교가 여기다.

독립기념관의 '박재혁 의사' 해설 앞 대목이다. 해설에 나오는 사립육영학교는 현재 부산진구 범천동 부산진초등학교 전신이다. 좌천동에서 태어난 박 의사는 좌천동과 맞닿은 범천동 부산진초등을 다녔다. 그러기에 박 의사를 추모하는 비석이 이 학교 교정에 있다. '의사박재혁비(義士朴載赫碑)'다.

해설에 나오는 최천택, 오택은 부산상고 동기. 두 분 다 애국지사다. 참고로, 부산상고는 독립유공자의 학교다. 단일 학교로는 한국에서 가장 많다. 무려 36명이다. 특히 4회 졸업생이 많았다. 4명이 독립유공자고 4명 가운데 3명이 의열단원이었다.

최천택은 죽마고우였다. 학창 내내 뜻을 같이했다. 부산경찰서 거사 전날에도 유일하게 같이 지냈다. 부산상고 2학년 때는 일제가 금지한 대한제국 보통학교 국사 교과서《동국역사(東國歷史)》를 오택 등과 비밀리 등사, 배포했다. 같은 해인 1913년《동국역사》동지들 위주로 16명이 비밀결사단체 구세단(救世團)을 조직하여 등사판 잡지 발간 등 독립운동에 앞장섰다.

영화 '암살'로 깨어난 부산 사나이

문화재청이 작성한 박 의사 소개글 제목이다. 그랬다 영화 '암살'의 모티브가 바로 박재혁 의사의 부산경찰서 폭탄 의거였다. 그날이 1920년 9월 14일이었고 점심 먹고 관공서 근무가 느슨했을 오후 2시 30분쯤이었다. 고서적 수집가였던 부산진경찰서 서장에게 중국 고서적 상인으로 접근해선 책 보따리로 위장한 폭탄을 터뜨렸다.

난리가 났다. 치명상을 입은 서장은 곧 죽었고 신문은 대서특필했다. 그 자리에서 체포된 박 의사는 1심 사형, 2심 무기징역, 최종심 사형을 선고받았다. 사형 확정 판결 후 일제의 손에 죽는 게 치욕스럽다며 옥중 단식, 대구형무소에서 순국하였

박재혁 의사의 거사 당일인 단기 4253년(1920) 9월 14일 부산일보 호외. '부산서(署)에서 폭탄 소요가 있었고 교본(橋本, 하시모토)이 부상, 가정부원(假政府員)인 범인은 현장에서 중상을 입었다'고 보도한다. ⓒ독립기념관

다. 그때가 1921년 3월 12일이었다. 고종 왕비 명성황후가 시해된 해 5월 17일 태어난 삼대독자의 만 26세 짧은 생애였다.

박 의사 유해는 기차 편으로 부산진역으로 왔다. 인파가 몰리고 반일 확산을 우려한 일제는 부산진역을 통제했다. 유해는 좌천동 공동묘지에 매장했다. 거의 가매장 수준이었다. 1969년 서울 국립현충원에 안장했다. 추모비는 1948년 정공단에 세웠다. 임진왜란 첫 격전지에서 순국한 정발 장군 등을 모신 제단이었다. 부산진초등 개교 70주년을 맞아서 1981년 5월 8일 이 학교 교정으로 추모비를 옮겼다.

의열단원 박재혁 폭격보(爆擊報)

당시 박 의사 의거를 대서특필한 기사의 제목이다. 부산일보 호외 특보였다. 원본은 독립기념관에서 소장한다. 호외 발행 날짜는 단기 4253년 9월 14일. 의거 당일이었다. 오후 2시 30분쯤 의거가 있었으니 첫 보도였을 수 있다. '부산서(署)에서

박재혁 의사가 실제 사용했던 목도장. 이름 끝에 인(印) 대신 '신(信)'을 새겼다. 부산진구 당감동 개성고 역사관에 전시 중이다.

동구 좌천동 박재혁 의사 생가터 표지판. 박의사는 1895년 5월 17일 박희선과 이치수의 1남 1녀, 3대 독자로 태어났다. 묘지는 국립서울현충원에 있다.

박재혁 의사의 의거 현장 부근. 돌계단 오른편에 일제강점기 부산경찰서가 있었다. 지금 주소는 중구 광복로85번길 14다. 부산경찰서는 1924년 6월 지금의 중부경찰서로 옮겼다.

폭탄 소요가 있었고 교본(橋本, 하시모토)이 부상, 가정부원(假政府員)인 범인은 현장에서 중상을 입었다'는 내용이다. 속보이고 첫 보도라서 사실과 다른 내용이 보이지만 당시 긴박한 상황이 구구절절 담겼다.

"박재혁 의사 사진은 유일하게 세 장이 남아 있습니다. 세 사진 모두 우리 역사관에 있습니다."

개성고 역사관 노상만 관장의 말이다. 노 관장 역시 부산상고 출신. 중등 교장을 정년퇴직하고 여기 관장을 맡고 있다. 거의 자원봉사 수준이다. 역사관 취재차 찾아가자 영원한 청년 박 의사 사진을 가리킨다. 사진으로 보는 박재혁은 하나 같이 청년, 영원한 청년이다. 사진은 셋. 부산상고 시절 소풍 가서 찍은 사진이 그렇고 졸업기념 사진이 그렇고 의거 전날인 1920년 9월 13일 동기 최천택과 찍은 사진이 그렇다.

박재혁신(朴載赫信)

사진도 눈길을 오래 붙잡지만 그보다 더 오래 눈길을 붙잡는 게 있다. 박 의사 누이의 손녀가 기증한 박 의사 목도장이다. 무역상 박재혁 손때가 묻은 이 도장에 새긴 글자는 넷. '박재혁신(朴載赫信)'이다. 이름 끝 인(印)을 새겨야 할 자리에 신(信)을 새겼다. 보통 사람은 생각조차 못 했을 '인 대신 신'이었다. 영원한 청년이며 남과 다른 청년, 그 청년이 박재혁 의사다.

명나라 대장군, 영양 천씨 중시조 되다

부산진성 천만리 기공비

천만리(千萬里)는 중국 사람이다. 임진왜란 때 명나라 대장군으로 참전했다. 정유재란이 일어나자 재차 참전했다. 평양과 울산과 동래 전투에서 공을 세웠다. 전쟁이 끝나자 아들과 조선에 귀화해 영양 천씨 중시조가 되었다.

나라에서는 장군을 극진히 예우했다. 공적을 기리는 기공비를 부산진성에 세웠다. 지금도 매년 10월 3일 전국 종친이 부산진성을 찾아 제사를 지낸다. 묘소는 전북 남원에 있다. 함께 참전하고 함께 귀화한 두 아들 묘소는 경남 고성군 동해면에 있다.

기공비는 동구 범일동 부산진성 정상에 있다. 장군 지휘소로 쓰였던 2층 누각 승가정(勝嘉亭) 바로 옆이다. 부산진성 진동문(鎭東門)과 승가정(勝嘉亭) 현판은 2022년 새로 달았다. 부산시 무형문화재인 전각장(篆刻匠) 안정환 선생 작품이다.

승가정의 이전 명칭은 진남대(鎭南臺). 그러나 왜 진남대인지 근거가 없었다. 2022년 9월 진남대 안내문을 승가정으로 수정하고 이후 현판을 새로 달았다. 승가정 입구 안내판의 승가정 설명이다.

(…) 임진왜란 때 왜적이 구 부산진성[정공단 부근]을 헐고 그 성의 동남쪽에 자성대 왜성을 쌓았는데 성안에 있는 높은 곳을 따라 자성(子城)을 쌓아 장대(將臺)로 삼았다고 한다. 임진왜란이 끝난 후에는 자성대 왜성을 부산진성으로 사용하였다. 그 후 임인년(1842)에 부산진 첨사 이의봉이 자성 위에 '육우정'이라는 정자를 짓고 '승가(勝嘉)'라는 이름을 붙인 뒤 '자성은 부산진의 장대가 되고, 승가는 자성의 장대가 된다'고 하였다.

총독장화산군영양천공지비(總督將花山君穎陽千公之碑). 부산진성 천만리기공비 정식 명칭이다. 명군 총독으로 참전해 귀화하면서 화산군 칭호를 받은 천만리 장군을 기린다. 부산진성 정상에 오르면 승가정 바로 옆에 보인다. 기공비 앞면은 바다를 향한다. 바다를 보며 호령하던 명나라 대장군의 기상이 읽힌다.

공의 함자는 만리다.

公諱萬里 공휘만리

비석 뒷면의 음기 첫 구절이다. 단아한 해서체 한자가 다섯 행에 걸쳐 이어진다. 한자를 읽어 내려가다가 시선이 건립 연도에서 딱 멈춘다. 뭔가 아귀가 맞아떨어지지 않는다. 비석에 새긴 연도는 단기 4280년. 서기로 환산하면 1947년이다. 임진왜란 공덕을 기린 비석이면 1600년 전후가 돼야 정상인데 무슨 연유일까. 음기를 꼼꼼히 다시 읽는다. 비로소 그 연유를 알아챘다.

追考增新 추고증신

다섯 행 음기 끝 네 자다. 옛날을 추모하며 새롭게 세운다는 뜻이다. 그러니까 지금 비석은 임란이 끝난 직후 세운 게 아니라 새로 세웠다. 옛 비석이 일본 심기를 불편하게 했음은 불문가지. 일제강점기 철거돼 매몰된다. 광복되자 후손들이 매몰된 비석을 찾아내지만 글자가 깨지는 등 심하게 훼손됐다. 결국 1947년 새 비석을 원래 있던 자리에 후손들이 세운다.

천만리는 조병영량사(調兵領糧使)로 참전했다. 영량사는 식량 등 군수품 보급과 이재민 구호를 맡는 막중한 자리. 천 장군은 명나라 5군을 이끌며 군량 수송을 책임졌다. 전후 4년에 걸쳐 명나라가 조선에 보낸 쌀 54만 석, 금 65만 양, 은 15만 9천 양, 포목 40만 필을 무사히 수송했다. 직속상관이 평양에서 소서행장 군대를 대파한 이여송 도독이었다. 정유재란 때는 마귀(麻貴) 장군과 함께 울산 전투에서 공을 세웠다.

명군의 군량 책임자는 둘이었다. 동한유와 천만리였다. 동한유는 1599년 귀국하고 천만리는 귀화해 영양 천씨 중시조가 되었다. 장군이 귀화하자 조정에선 화산군(花山君)으로 봉했다. 봉군은 원군(院君), 대군(大君), 낭군(郎君)처럼 왕실임을

부산진성 승가정과 천만리 장군 기공비. 승가정의 이전 명칭은 진남대(鎭南臺)였다. 그러니 근거가 없어서 2022년 9월 진남대 안내문을 승가정으로 수정하고 이후 현판을 새로 달았다. '1842년 부산진 첨사 이의봉이 자성 위에 육우정이라는 정자를 짓고 승가(勝嘉)라는 이름을 붙인 뒤 자성은 부산진의 장대가 되고, 승가는 자성의 장대가 된다'고 안내한다.

천만리 장군 기공비 비음. 정식 명칭은 '총독장화산군 영양천공지비(總督將花山君潁陽千公之碑)'다. 임진 왜란 명나라 총독으로 참전해 귀화하면서 화산군 칭호를 받은 천만리 장군을 기린다.

인정한다는 의미. 그만큼 예우가 융숭했다. 장남은 뒤에 한성 윤(尹)에 봉했다. 윤 역시 왕실에 내리는 관작이다.

집안일을 잊고 나라를 걱정함은 충이요 난을 당하여 적을 물리치고 이기어 극복함은 장이라.

충(忠)과 장(壯). 조선 마지막 임금 순종 4년(1910) 7월 천만리 장군에게 내린 시호가 충장공(忠壯公)이었다. 일본에 강제 합병되기 두 달 전이었다. 임진왜란 왜군과 싸워서 이겼던 천 장군을 되새김으로써 조선 수호의 의지를 대내외 천명했다. 300년 전 타계한 천 장군에게 새삼 시호를, 그것도 '적을 물리치어 이기어 극복'을 내세운 시호를 내리는 순종의 의중을 일제가 모를 리 없었다. 강제 병합을 더욱 서두르게 하는 빌미가 됐을 것이다.

장군의 충장은 결코 빈말이 아니었다. 장군의 문집에서도 드러난다. 문집 제목은
《사암천문집(思菴千文集)》. 사암은 호다. 문집 역시 사후 오랜 시일이 지난 1903
년 간행했다. 지난날을 그리워하거나 고향에 돌아가고 싶은 심회를 읊은 글과 이
항복·김상용·김상헌·이덕형 등의 화답시가 실렸다. 임진왜란과 정유재란을 언급
한 화답시를 통해 극일 의지를 우회적으로 표출했다. 발문은 최익현 등이 썼다. 최
익현은 정2품 고위직을 지냈음에도 항일의병장으로 활약했고 대마도에 감금되자
단식 옥사했다.

기공비 옆 승가정은 부산진성 남쪽에 있다. 임진왜란 주범 왜적은 여기에 성을 쌓
았다. 왜성 잔재는 지금도 뚜렷하다. 왜성인지 아닌지는 어떻게 알까. 가장 간단하
게 알아보는 방법이 성벽이다. 성벽이 직각이면 우리 성이고 비스듬하면 왜성이
다. 일본인 비스듬한 성정은 성벽으로도 드러난다. 여기 성벽은 비스듬한 게 영락
없이 왜성이다. 정상에서 왜성을 지그시 누르고 있는 천만리기공비. 기공비는 어
쩌면 왜의 발호를 억누르는 철심인지도 모르겠다.

부산진성 길은 네 군데다. 동문과 서문, 북문, 그리고 영가대 길이다. 동문과 서문
에는 각각 건춘문(建春門), 금루관(金壘關) 현판을 내
걸었다. 어느 길로 가든 산책로와 이어지고 승가정으로
이어진다. 서문 양쪽에는 부산시 지정 기념물 제19호
우주석(隅柱石)이 있다. 우주석은 모퉁이 기둥. 두 기둥
에 한자 넉 자씩을 새겼다.

부산진성 서문과 우주석(隅柱石). 서문 양쪽 모퉁이
두 우주석에는 각각 南微咽喉(남요인후), 西門鎖鑰
(서문쇄약) 네 글자를 새겼다. '여기는 나라의 목에 해
당하는 남쪽 국경이라서 서문은 나라의 자물쇠와 같
다'는 뜻이다.

여기는 나라의 목에 해당하는 남쪽 국경이라서
南微咽喉 남요인후

서문은 나라의 자물쇠와 같다.
西門鎖鑰 서문쇄약

좀더 알아봅시다 / **시호**

194+107, 그리고 120

시호(諡號)는 죽은 이의 공덕을 기려서 주는 호다. 아무나 주지 않고 왕이나 사대부가 대상이다. 주는 대상만 한정하지 않았다. 시호로 쓸 수 있는 글자도 한정했다. 처음엔 194자로 한정했고 나중에 107자를 추가해 시호로 쓸 수 있는 글자는 모두 301자였다.

실제 쓰인 글자는 이보다 훨씬 적었다. 120자 정도였다. 문(文)·정(貞)·공(恭)·양(襄)·정(靖)·양(良)·효(孝)·충(忠)·장(莊)·안(安)·경(景)·장(章)·익(翼)·무(武)·경(敬)·화(和)·순(純)·영(英) 등을 주로 썼다. 공적은 있어도 악하고 사나운 일로 알려진 이는 양(煬)·황(荒)·혹(惑)·유(幽)·여(厲) 등을 썼다.

시호는 조선 500년을 이끈 정신이었다. 좋은 시호는 좋은 대로, 안 좋은 시호는 안 좋은 대로 조선을 앞에서 끌고 뒤에서 밀었다. 당사자 개개인의 선악을 구별, 두고두고 대대손손 알려 조선의 죽비로 삼았다. 안 좋은 시호라 하더라도 다시 청하거나 개시(改諡)를 청할 수 없었다.

조선은 왕의 시대였다. 충(忠)은 최고의 가치였고 충이 들어간 시호를 으뜸으로 쳤다. 천만리 장군의 충장공 역시 어마어마한 시호였다. 문인은 충에 문(文)이 들어가고, 무인은 충에 무(武)가 들어간 시호를 최고의 영예로 여겼다. 대표적인 인물이 충문공 성삼문, 문충공 유성룡, 충무공 이순신·김시민이었다.

동구 좌천동 정공단에 있는 충장공(忠壯公) 정발 장군 전망비(戰亡碑). '충장공'은 시호 시호는 죽은 이의 공덕을 기린다. 조선은 왕의 시대였다. 충(忠)은 최고의 가치였고 충이 들어간 시호를 으뜸으로 쳤다.

찾기는 어려워도
꼭 찾아봬야 할
부산의
사라진 역사

범일로동 영가대기념비

영가대(永嘉臺)는 평평한 언덕이었다. 배를 대기 좋게 포구를 넓히고 바다을 준설
하면서 나온 흙이 쌓여서 생긴 인공 언덕이었다. 바다 풍광이 절경인 자리에 누각
을 지었다. 부산으로 여행 온 시인묵객은 누각에 들러 시를 썼다. 일본으로 가는 조
선통신사 일행은 무사히 돌아오기 바라며 제사를 지냈다.

영가는 경북 안동 옛 지명. 포구를 넓히고 언덕을 조성한 사람 공덕을 기리는 지명
이다. 곧 경상도 순찰사 권반이 주인공이다. 안동 권씨 권반 순찰사는 광해군 5년
(1613) 경상도 관찰사로 부임해 이듬해 영가대를 조성했다. 조선 건국에서 숙종 때
까지 주요 인물을 항목별로 소개한《국조인물고》에 권반 기록이 나온다.

> '영남은 지역이 넓고 백성이 많아 송사가 산적한데다 섬 오랑캐와 인접해 있어서 조
> 석으로 방비를 해야 했는데(중략) 부산 연해안에 바람이 마구 몰아쳐 전함이 낡아
> 졌으므로 포구를 파 배를 정박하니 배가 아무렇지도 않았다.'

고지도는 영가대를 선명하게 묘사한다. 1872년 부산진지도가 그것이다. 지도에는
부산진성이 동서남북 사대문을 갖춘 네모반듯한 성으로 나온다. 남문 바로 앞은

바다. 남문과 서문 사이 모서리 바깥 해안에 영가
대 누각이 보인다. 영가대 안쪽 선창엔 거북선 네
대가 정박했다. 영가대 포구는 일반 포구가 아니
라 군함이 정박한 해군 시설이었다. 조선통신사
가 드나들어 한일 친선 상징이 되기 이전엔 국방
수호 최선봉이었다.

범일동 영가대 사당의 본래 모습. 영가대 헐린 자리에 1952
년 10월 사당을 짓고 그 안에 기념비를 세웠다. 영가대가
여기 있었다는 사실조차 형체 없이 사라질 것을 우려한 범
이동(凡二洞) 갑3조와 을3조 주민들이 자발적으로 사당을
짓고 기념비를 세웠다.

국방수호 최선봉 영가대는 헐린 지 오래다. 국방
수호의 상징이었으니 일제강점기 무사했을 리 만
무다. 해안을 매립하네, 철길을 놓네 하면서 언덕

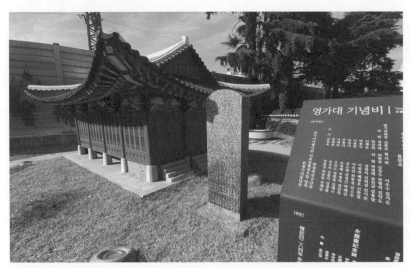

범일동 영가대 사당의 현재 모습. 기념비 사당은 없어진 대신 모형을 새로 지었고 기념비는 양지바른 뜰로 내었다. 안내판 역시 말쑥하게 새로 세웠다. 좌천동에서 기념비로 이어지는 굴다리 길은 부산 동구청 주도로 2017년 '사라진 부산의 도심철길'을 기억하는 역사 갤러리로 변모했다.

은 깎이고 누각은 형체도 없이 사라졌다. 형체도 없이 사라진 게 아쉬워 2013년 동구청은 자성대 남쪽에 영가대를 복원했다. 조선통신역사관이 근처에 있다.

나라가 약해지자 왜구가 침입하여 산을 파서 바다를 메워 육지를 만들었다. (영가)대 밖에 있던 도랑도 평평하게 만들었으며 입구 문도 땅에 넘어뜨렸다. 영가라는 두 글자도 거의 형체가 없어졌고 오직 고목만이 남아 혼자 그 흔적을 전해 주고 있을 뿐이다.

영가대가 원래 있던 자리엔 기념비를 세웠다. 320자가 넘는 비문은 영가대가 어떻게 사라졌는지 세세하게 밝힌다. 세운 때는 1952년 10월. 영가대가 여기 있었다는 사실조차 형체 없이 사라질 것을 우려한 범이동(凡二洞) 갑3조와 을3조 주민들이

자발적으로 세웠다. 하필이면 한국전쟁 와중에 세웠을까. 전쟁 내지 적에 대한 각
성을 촉구하고 싶었으리라.

범일동이란 지명은 범천(凡川)에서 유래했다. 범천은 하천이면서 마을이었다. 일
제가 조선에서 득세하면서 1900년대 전후 개정된 지명이 많았는데 그 무렵 범천
1·2리를 합쳐서 범1동이라 했다. 1904년 탁지부 사세국(司稅局)에서 발간한 《경상
남도 동래군 가호안》에는 범1·2·3동까지 나온다. 범천은 호랑이 기상이 서린 하천.
식민지로 전락할 조선에 호랑이 지명이라니! 일제로선 눈꼴시렸다. 조선 내내 범천
으로 불리던 하천을 동천(東川)으로 은근슬쩍 바꾼 것도 그 무렵으로 추정한다.

영가대 기념비 비문은 320자 넘는다. 긴 비문엔 영가대 애정이 철철 넘친다. 비문을
쓴 이는 영가대를 본 적 없어도 오랫동안 본 것처럼 썼다. 마음 밑바닥에서 우러난
애정 없이는 어려운 일이다. 군함이 정박했으며 무기를 저장했던 영가대엔 조수가
드나들었다. 영가대 중간 높이 솟은 곳에는 나무가 듬성듬성 섰다. 충신이나 우국
지사가 영가대를 거닐면서 시를 읊거나 애통한 노래를 불렀다.

애통? 다른 건 그러려니 하겠는데 애통은 낯설겠다. 애통이란 표현은 또 보인다. 조
수가 넘쳐들 때도 북받치어 분개하거나 애통해져 격하게 되었노라 했다. 왜 그랬을
까. 영가대엔 보는 순간 북받치게 하는 비석이 있었다. 비석의 주인공은 정발. 임진
왜란 첫 전투는 1592년 4월 14일 부산진성 전투. 그 전투에서 전사한 흑의장군 정
발을 애도하는 추모비 충장공정발전망비(戰亡碑)를 어루만지면서 분개하거나 애
통해져 격하게 되었다.

정발 장군이 전사한 해는 1592년. 전망비는 이보다 훨씬 늦어 1761년 세웠다. 문
(文)과 무(武)의 차별일 수도 있고 중앙과 변방의 차별일 수도 있다. 1761년 그때 부
산 해안을 방어하던 수군 사령관 박제하가 주도해 영가대에 충장공정발전망비를
세웠다. 시호 충장공은 어떻게 해서 정해졌고 무슨 뜻일까. 《충렬사지》에 나온다.
때는 신유년. 1681년 조정에 대신이 모여 정발의 공덕을 칭송하며 시호(諡號)를 어

떻게 할지 의논한다. 제시된 안은 3배수. 충장(忠壯)과
장무(壯武), 의민(義愍)이다. 각각에는 설명이 붙는다.
다음과 같다.

환란에 임하여 나라를 잊지 아너함을 충(忠)이라 하고,
벌판과 들에서 죽음을 장(壯)이라 함. 장(壯)은 위와 같고
적의 침입을 막아 외모(外侮)를 방어함을 무(武)라 함. 임
금을 앞세우고 자기를 뒤로 미루는 것을 의(義)라 하고,
나라에 있어 간난(艱難)을 맞는 것을 민(愍)이라 함.

영가대의 실제 모습. 1613년 바다 밑바닥을 준설하면서 나온 흙이 쌓인 인공 언덕에 지은 누각이었다. 부산으로 여행 온 시인묵객은 누각에 들러 시를 썼다. 일본으로 가는 조선통신사 일행은 무사히 돌아오기 바라며 제사를 지냈다. ©부산시립박물관, 자성로역사갤러리

이에 숙종 임금은 '충장으로 하비(下批)'한다. 하비는 벼
슬 임용에 관한 임금의 재가를 말한다. 3인을 추천하면
임금은 그중 1인을 낙점했다. 신하가 올린 글에 대해서
임금이 그 가부를 정하여 내리는 것도 하비라 했다.
"종발이도 다 없어지고 치마저고리도 없어졌어요."
내가 영가대기념비를 처음 봤을 때는 2015년. 그때만 해
도 사당 안쪽에 모셨다. 사당은 애초 둘이었으나 하나는
자성대로 옮겨갔다. 사당 목문을 열면 오른쪽에 비석이
있고 비석 앞에는 제를 올린 흔적이 보였다. 사당 입구
에서 해바라기하다가 마주친 노인은 매우 아쉬워했다.
관리가 제대로 되지 않아 네 갠가 되던 백자 사발과 여
자 저고리가 감쪽같이 사라졌다고 했다. 제 올릴 때 쓰
던 것들인데 효험이 있다고 여겨 누군가가 가져간 모양
이었다.

1909년 영가대 전경. 바다와 골목을 낀 절경이었다. 1909년 부산진과 동래 쪽을 오가는 철로를 놓으면서 바다는 메우고 영가대는 헐었다. ©부산시립박물관, 자성로역사갤러리

1909년 한국 최초의 사철(私鐵)인 부산궤도(釜山軌度) 철로를 놓은 직후의 영가대 모습. 이후 영가대도 헐리면서 부산의 원형은 크게 훼손됐다. ©부산시립박물관, 자성로역사갤러리

자성로역사갤러리 입구. 동구 좌천동에서 기념비로 이어지는 굴다리 길은 부산 동구청 주도로 2017년 '사라진 부산의 도심철길'을 기억하는 역사 갤러리로 변모했다. 당대의 실제 영가대를 사진으로 만나는 반가움이 크다.

자성로 지하로-사라진 부산의 도심 철길

2023년 다시 찾은 영가대기념비 주변은 완전히 달라졌다. 기념비 사당은 없어진 대신 모형을 새로 지었고 기념비는 양지바른 뜰로 내었다. 안내판 역시 말쑥하게 새로 세웠다. 좌천동에서 기념비로 이어지는 굴다리 길은 부산 동구청 주도로 2017년 '사라진 부산의 도심철길'을 기억하는 역사 갤러리로 변모했다. 당대의 실제 영가대를 사진으로 만나는 반가움이 크다.

영가대기념비를 찾아가려면 성남초등학교가 좋다. 거기 정문에서 후문으로 이어지는 담장 역시 야외 사진관. 거리의 죽 노점상, 부산진시장 양념채소 노점상과 반찬가게 등 이 일대 부산의 역사를 미주알고주알 담았다. '영가대 본터.' 담장을 계속 가다가 막다른 데서 왼쪽으로 틀면 전깃줄 높이쯤에 보이는 이정표다. 이 이정표에서 부산진시장 후문으로 이어지는 길은 일직선 반듯하다.

"영가대 본터 앞길이 부산 최초의 기찻길입니다."

이 길은 부산 철도의 역사에서 맨 앞자리다. 부경근대사료연구소 김한근 소장은 이 길이 부산 최초의 기찻길이라고 추켜세운다. 바다와 접한 여기에다 한국 최초의 사철(私鐵)인 부산궤도(軌度)를 1909년 8월 착공, 11월 준공했다. 이 궤도를 따라 증기기관차가 부산진과 동래 남문구를 오갔다. 남문구 직전의 양정 모너머고개는 이때 헐렸다. 12월에는 남문구에서 온천장으로 궤도를 연장했다. 1915년 전차도 다니다가 이듬해부터 전차만 다녔다. 궤도 노선은 전차 운행이 중단된 1968년까지 있었다. 영가대 바닷가가 기찻길이 되고 지금은 다시 사람 다니는 길이 됐으니 돌고 도는 세상이다.

부산진성 인근에 복원한 영가대. 영가대는 원래 조선통신사가 해신제를 지내던 누각이었다. 1908년 헐린 이후 2003년 9월 25일 원래
의 자리는 아니지만 바다가 보이는 자성대 남쪽에 영가대를 세웠다. 원래 영가대 재목(材木)은 부산에서 일본 거류민단장을 지낸 오이
케 타다스케(大池忠助)가 매입하여 그의 별장인 능풍장(陵風莊)으로 옮긴 이후 흔적이 사라졌다.

좀더 알아봅시다 / **조선시대 부산기행**

조선의 핫플레이스 '부산'

부산은 변방이었다. 그렇지만 부산을 찾는 내륙 유림이 적지 않았다. 동래온천이 있었고 범어사가 있었고 무엇보다 충절의 화신 송공단과 충렬사, 정공단, 윤공단, 의용단이 있었다. 지은이가 알려진 유일한 고려가요 '정과정곡'을 지은 정서가 지낸 정자 '정과정' 역시 충절의 상징이었다. 내륙유림은 갯가 부산을 찾아 부산 유림과 교유했고 부산 기행시를 남겼다.

내륙 유림들은 어떤 경로로 부산을 찾았을까. 그리고 부산 어디를 찾았을까. 경성대 한문학과 정경주 교수는 이에 관한 자료를 세 차례 나눠 부산시사편찬위 발간《항도부산》에 실은 바 있다. 경유지는 부산 어느 쪽에서 오느냐에 따라 달랐다.

손규영은 밀양 사람. 1838년 8월 부산을 기행했다. 기행시에 따르면 밀양에서 출발해 양산 임경대, 황산, 범어사, 왜관, 온천, 동래읍, 정묘, 영가대, 정공단, 영도, 주례를 거쳐 구포로 빠져나갔다. 민재남은 지리산과 부산 기행을 남겼다. 1857년 의령에서 출발해 마산 월영대, 창원, 김해, 명지, 장림, 다대포, 몰운대, 야망대, 왜관, 온천, 범어사, 양산 황산역, 밀양이 경유지다.

김윤겸이 그린 <진재화집>에 실린 1700년대 초반 영가대. 조선시대 내륙지방 유림에겐 해안과 온천을 낀 부산은 절경이었고 영가대는 그중에서도 절경이었다. 영가대를 화폭에 담은 화가도 많았다. 진재(眞宰) 김윤겸 역시 그랬다. 진경산수화첩, 영남명승기행사경첩(嶺南名勝紀行寫景帖) 등의 화집을 남겼다. ⓒ동아대 박물관 경남 고성 최우순은 유림 신망이 두터웠다. 1899년 4월 8일 고성에서 출발하여 마산을 거쳐 부산까지 29일간 유람했다. 부산 주요 경유지다. 구포, 덕포, 구덕고개, 부민동, 왜관, 영도, 청관, 초량 구관, 부산, 동래부, 온천, 범어사, 통도사. 최우순은 일제 당국에 비판적이었다. 은사금(恩賜金)으로 회유하려 했지만 거부하고 1911년 음독 자결했다.

전남 함평 김훈은 1890년 기행기 《남유록》을 남겼다. 함평에서 부산까지 5개월 대장정이었다. 구포나루, 부산, 정공단, 자성대, 청관, 양관, 왜관, 정묘, 동래객사, 송공단, 온정, 범어사, 통도사를 경유했다.

부산은 부산진성 일대. 부산진성과 정공단과 영가대는 한 몸이었다. 부산에 들렀다면 십중팔구 영가대도 들렀다. 조선시대 유림이 오고 간 부산은 조선의 '핫플레이스'였다. 유림은 부산 여기저기 옛길을 따라서 부산을 기행했다. 옛길 끊긴 자리 한가운데 영가대기념비가 꼭꼭 숨었다. 꼭꼭 숨겨놨다.

'사로승구도(槎路勝區圖)'에 나오는 영가대 부분 확대. 조선 후기 소나무와 대나무의 화가 이성린이 1748년 조선통신사 여정의 중요한 장면을 30폭 두루마리에 담은 그림의 하나다. 두루마리 첫 부분에 '사로승구라 썼다. '사로'란 바닷길을 의미하고 '승구'란 아름다운 경치를 의미한다. ©국립중앙박물관

전기 놓은
특별공로자
한전 아닌 한은

초읍법동 전기가설기념비

부산진구 초읍동새마을금고 도로변 화단. 여기에 가성비 높은 비석이 있다. 비석에 가성비 개념을 들이대는 건 생뚱맞다. 하지만 비석의 나이라든지 크기에 비하면 존재감만큼은 '가성비 갑'이다. 어디에도 있을 법한 비석이지만 여기 말고는 어디에도 보이지 않는 비석이 초읍동새마을금고 비석이다.

초읍동 전기가설기념비. 비석의 정식 명칭이다. 전기 들어오는 게 얼마나 기뻤던지 필체가 훨훨 날아다닌다. 호롱불이나 양초 대신 전깃불이라니! 그 기쁜 마음을 새겨서 펴낸 기념비가 이 비석이다. 부산 어디에도 전기 들어오지 않는 데는 없지만 전기 들어왔다고 기념하는 비석은 여기가 거의 유일하다. 여기 말고는 아직 보지 못했다.

솔직히 말하면 존재감은 밋밋하다. 워낙에 낮고 작다. 그러기에 알고 보면 '가성비 갑'이지만 대개는 모르고 지나친다. 나도 그랬다. 살아오면서 이 비석을 여러 수십 번은 지나갔을 텐데 모두 지나쳤다. 비석을 안 건 우연이었다. 신상(神像) 대신 신석(神石) 셋을 모셨다는 초읍 당산을 취재하다가 여든 넘긴 토박이에게 비석 이야기를 들었다.

초읍 토박이 김정태 어른이 전기가설기념비를 가리킨다. 초읍동새마을금고 도로변 화단에 있다. 부산 어디에도 전기 들어오지 않는 데는 없지만 전기 들어왔다고 기념하는 비석은 여기가 거의 유일하다.

"우리 동네 전기 들어온다고 좋다고 세웠지. 그때가 6·25전쟁 막 끝나갈 무렵일 거야."

토박이는 김정태 어른이었다. 취재하던 2020년 그때 여든다섯이었다. 기억에 의존해서 하는 이야기라 반신반의하며 기념비 있다는 곳으로 따라갔다. 어른의 기억은 의외로 정확했다. 비석을 세운 때도 전쟁이 끝나갈 무렵이 맞았고 어디에 있다가 어디 어디를 거쳐서 지금의 자리로 왔는지도 또렷하게 기억했다.

초읍동 전기가설기성회 건립, 단기 4286년 2월 15일

비석에 새긴 문구는 기억의 정확성을 입증했다. 전기가설 시공자와 전기가설 주
체, 그리고 비석 건립 시기를 밝혔다. 전기가설 주체, 그러니까 시행은 초읍동 전
기가설기성회였고 시공은 남선전기공업주식회사였다. 건립은 단기 4286년 2월
15일, 서기로는 1953년 2월 15일 했다.

비석을 처음 세운 데는 초읍못 둑이었다. 화지언(華池堰)으로 불리던 조선시대 저
수지 초읍못은 1965년 매립했다. 초읍시장이 거기다. 지금은 흔적도 없지만 사진
이 몇 장 전한다. 물이 가득 찬 1953년 초읍못, 물을 다 뺀 1960년대 초반 초읍못,
매립 후인 1967년 초읍못 등이다. 부산진구가 2010년 발간한《옛 사진으로 보는
서면 이야기》에 실린 이들 사진은 초읍 토박이 서수윤 선생이 제공했다.

부산진구 초읍동 전기가설기념비의 양쪽 측면. 각각 건립 주체와 건립한 때 공로자와 특별공로자를 새겼다. 1953년 2월 세웠고 공로자
는 이상산·손덕기·김종필 세 사람이고 특별공로자는 한국은행이다.

'여지도' 동래부. 1736년과 1776년 사이에 그린 이 지도에 화
지언, 초읍못이 보인다. 양정 정묘와 당감동 선암 사이에 지
(池)라고 표기한 자리가 거기다. ©국립중앙도서관

초읍동에는 예로부터 화지언 일명 초읍언이라는 큰 못이 있었다. 이곳은 1960년대 초까지만 해도 약 만 평이나 되는 큰 못이라 인근 서면 등에서 온 낚시꾼들이 낚싯대를 드리우고 낚시질하는 모습을 자주 보았으며, 물새가 둑 위의 버드나무에 둥지를 짓고, 한가히 나는 모습도 자주 눈에 띄었다고 한다. 1965년 부산진고등학교 앞 야산을 깎아 매축하여 현재 초읍시장 및 주택지로 사용하는 곳이다.

《옛 사진으로 보는 서면 이야기》에 나오는 화지언 설명이다. 연지초등학교 자리 연지언(蓮池堰)보다 크며 깊다고 덧붙인다. 1740년 발간《동래부지》는 동래부 서쪽 10리에 있다고 했다. 옛날 지도에도 단골로 등장한다. 양정 정묘(鄭墓)와 당감동 선암사 사이에 동그라미를 그리거나 지(池)라고 표기했다.

다시 비석으로 돌아가자. 전기가설기념비는 측면에 공로자와 특별공로자를 새겼다. 공로자는 이상신, 손덕기, 김종필 세 분. 여기까진 그러려니 지나친다. 관심은 그다음 문구다. 그다음 보이는 특별공로자가 이채롭다. 공로자보다 상단에 사람 이름이 아니고 기관명을 새겼는데 그 기관이 특이하다. 그냥 특이한 게 아니고 아주아주 특이하다.

특별공로자 한국은행

특별공로자는 한국은행. 한국전력 한전이라면 모를까, 한국은행 한은이다. 전기가설 기념사진에 보이는 흰 셔츠, 정장 바지들은 한국은행 임직원일 가능성이 높다. 한국은행은 어쩌다 특별공로자가 되고 한은 임직원은 어쩌다가 기념사진에 등장할까.

6·25전쟁 한국은행이 부산으로 임시 이전시 초읍본동에 피
란 온 직원들이 초읍못 옆으로 출근하는 모습.

초읍 전기가설 기념사진. '전기가설기성회' 명의로 1953
년 8월 20일 찍었다. 사진 아래는 사진에 나온 이들 모
두의 이름을 적었다. 모두 46명으로 당시 국회의원이던
김지태 전 삼화고무 사장도 보인다. 김지태는 어린 시절
을 초읍에서 보냈다. ©서수윤

어쩌다가 등장했을까. 그 의문을 《옛 사진으로 보는 서면
이야기》에 실린 사진과 사진 설명이 풀어준다. 초읍못 사
진은 앞에 언급한 사진 말고도 서수윤 선생이 제공한 사
진이 한 장 더 있다. 1950년 초읍못을 배경으로 걸어가는
스무 명 가까운 성인 남녀 사진이다. 전쟁 중인데도 남녀
는 모두 정장 차림. 사진 설명은 이들이 한국은행으로 출
근하는 직원이라고 밝힌다. 1953년 사진에는 초읍못 옆
으로 지나가는 한국은행 통근버스가 보인다.

1953년 초읍못. 전기가설기념비를 처음 세운 데가 초읍
못 둑이었다. 지금은 매립해 초읍시장이 들어섰다. 사진
오른편에 한국은행 통근버스가 보인다. ©서수윤

한국은행은 전쟁이 터지기 2주 전 창립했다. 전쟁이 나자
부산으로 피란했다. 부산지점은 대청동 1가 44번지 있었
다. 일제강점기 조선은행 부산지점 건물이었다. 한국은
행 부산지점은 1953년 8월까지 본점 역할을 담당했다. 한
은 임직원은 부산 곳곳에 임시 거처를 마련했다. 그중 한
곳이 초읍동이었다. 통근버스 승하차 지점이 초읍못이었
다. 초읍은 피란민으로 포화상태였던 다른 지역에 비해
상대적으로 여유가 있었다. 방세가 쌌으며 '풀골'로 불릴
만큼 경치가 빼어났다. 피란민 서럽고 불안한 마음을 온
정으로 품어준 데가 초읍이었다.

1950년 전쟁이 나자 한국은행은 부산으로 피란했다. 피
란 직원 일부는 초읍동에 방을 얻고 출퇴근했다. 사진은
출퇴근하는 직원들. 초읍못과 초읍이 보인다.
©서수윤

"한 집에 방 서넛이 셋방 나갈 정도로 초읍은 한국은행
직원에게 인기가 높았어."

김정태 어른의 기억은 그 장면에서 또렷하다. 윗각단이니 아랫각단 같은 토박이 언어가 술술 나오고 토박이 성 씨가 뭐며 한 집에 셋방을 몇 두었는지를 다 기억한다. 초읍 원주민과 한은 임직원은 친밀하게 지냈다. 초읍 사람 누군가는 다른 데는 전기가 들어가는데 우리 초읍은 전기가 안 들어온다고 하소연했을 테고 한은 직원 누군가는 그 말을 꼭꼭 새겨두었다가 서울로 돌아가기 직전 선물 보따리를 내밀었을 테다.

초읍동 전기가설 기념, 서기 1953년 8월 20일, 전기가설기성회

《옛 사진으로 보는 서면 이야기》에 실린 또 한 장의 사진이다. 전기 들어온 것을 기념해 1953년 한여름 찍었다. 제목은 사진 한가운데 꽤 길게 그리고 큼지막하게 '초읍동 전기가설 기념' 등으로 썼다. 쉰 명 가까운 이들이 앉거나 섰고 한 분 한 분 이름을 초읍 토박이 서치문 선생이 일일이 번호 매겨서 적었다.

사진에 보이는 이들은 표정이 환하다. 전깃불 들어온 것 같다. 대부분 갓 쓰고 도포 입은 초읍동 유지. 양쪽에는 흰 셔츠, 정장 바지 차림이 몇 보인다. 한국은행과 남선전기 임직원이리라. 정중앙에는 당시 여기 국회의원이자 초읍동 반(半) 토박이 김지태가 보인다. 좌천동에서 태어나 어린 시절 초읍 외가에서 자란 김지태는 사진 찍은 몇 년 후 삼화고무를 인수했다.

1953년 6월 10일

초읍동에 전기가 들어온 날이다. 한국전쟁 정전이 그해 7월이니 전쟁 막바지에 전기를 가설했다. 기념사진 찍은 날이 전기 들어오고 두 달 지나서 8월 20일이니 시국이 어수선했으리라. 기념비 세운 날짜는 전기 들어온 날보다 넉 달이나 앞선다. 2월 15일이었다. 전쟁 막바지 전황이 급변해서 일정에 차질이 생겼겠지만 넉 달

이른 기념비 건립은 전기가설의 소망이 그토록 컸다는 방증이다.

사실, 초읍 전기는 일제강점기 가설할 수 있었다. 그때가 1929년이었다. 그랬건만 초읍 대농가 지주들의 완고한 반대로 좌절했다. 반대의 이유는 머슴 노름판이었다. 대지주들은 전깃불 들어오면 머슴들이 밤새 안 자고 노름판 벌일 것을 우려했다.

"대연리에 전기 넣고 농사 망쳤다더라."

초읍 당산과 당산나무. 팽나무의 사촌 격인 500년 폭나무로 부산진구 보호수다. 초읍 당산은 특이하게도 신상(神像) 대신 신석(神石) 셋을 모신다.

초읍동 지주들이 전가의 보도로 써먹은 논리였다. 그때 이미 전기가 들어가던 남구 대연동 실제 사례를 들먹이며 반대해 말발이 먹혔다. 한 번 때를 놓치니 기회는 더디더디 왔다. 1929년에서 24년 지난 1953년 비로소 전기를 가설했다. '아, 옛날이여!'다. 초읍못 둑에 처음 세운 기념비는 초읍동 사무소가 있던 성지지구대 파출소 앞을 거쳐 지금은 초읍동새마을금고 도로변 화단에 있다.

참고 하나! '남선전기'를 새긴 비석은 또 있다. 범일동 범일골목시장 위쪽 아름빌 101동 길가 '무연제정령지비(無緣諸精靈之碑)'다. 부산대 한국민족문화연구소 차철욱 소장이 이 일대를 2020년 1월 답사하다가 발견했다. 무연고자 공동묘지이던 이곳에 남선전기가 변전소를 지으면서 묻힌 이들을 진혼하고자 세운 것으로 추정한다. 키는 나지막하다. 초읍동 전기가설기념비와 비슷하다. 소화 13년 3월 10일 세웠다. 1938년이다.

2024년 3월 14일 오후 신라대 김대래 명예교수 제안으로 나선 범일동 답사에서 2020년 부산대 차철욱 교수가 발견한 '무연제정령지비(無緣諸精靈之碑)' 비석을 들여다보는 장면. 김대래·차철욱 교수와 김한근 향토사학자, 임시수도기념관 동진숙 관장·곽권희 사무관이 탐방했다.

좀더 알아봅시다 / 남선전기 사옥

부산 최초 엘리베이터 놓은 국가등록문화재

구(舊) 남선전기 사옥. 서구 충무동에서 토성동으로 가는 길목에 있다. 건물은 오래됐으나 반듯하다. 1936년 10월 지었고 2007년 7월 3일 국가등록문화재 제329호로 지정되었다. 일제강점기엔 남선전기공업주식회사 부산지점 사옥으로 썼다.

남선(南鮮)은 조선 남쪽의 준말. 전기 그 자체가 첨단산업이던 시절 남선전기는 끗발 날렸다. 좋은 학교 나온 엘리트가 선망하는 직장이었다. 남선전기 사옥은 원래 조선와사전기 본사 건물이었다. 그것을 인수해 남선전기 부산지점으로 썼다. 6·25전쟁 임시수도 때는 상공부 건물로 썼다. 지금은 한전 중부산지사 건물로 쓴다.

사옥은 전기를 다루는 회사답게 당대 최첨단이었다. 부산 최초로 엘리베이터를 놓았다. 시카고에서 들여온 인조 대리석 계단, 화려한 귀빈 응접실, 현금과 전차표, 유가증권 등을 보관하던 대형 철제금고 등도 볼 만하다. 주차장 벽면도 눈여겨봐야 한다. 부산 1세대 화가 대작이 거기 있다. 가로 620cm, 세로 155cm 부조 벽화다.

"처음 봅니다."

남선전기를 찾은 건 2024년 3월 4일. 주차장 부조 벽화를 사진에 담아서 카톡으로 보냈다. 부산 1세대 화가에 천착해 온 수영구 미광화랑 김기봉 대표는 금방 답했다. 임호(1918∞1974) 작품이 맞다며 처음 본다고 했다. 신문이나 미술 잡지에 알려달라는 당부를 덧붙였다. 그랬다. 누구 작품인지 아는 이 별로 없이 주차장 벽면 방치되다시피 한 작품은 부산 1세대 화가의 대작이었다. 벽화 귀퉁이에 새긴 작가 사인 '67, 湖' 보기가 민망했다.

중구 토성동 한전 중부산지사 주차장의 부조 벽화와 벽화 맨 오른쪽에 새긴 작가 서명. 부산 1세대 화가 임호(1918~1974)의 대작이다. 누구 작품인지 아는 이 별로 없어 안타깝고 가치를 아는 이 별로 없어서 또 안타깝다.

부산 아닌
불산
'부적 같은 비석'

용두산신위비

　재앙을 막고 악귀를 쫓기 위해 쓰는, 붉은 글씨나 무늬가 그려진 종이

국어사전 부적(符籍) 설명이다. 무탈을 바라는 마음으로 지갑이나 안주머니 같
은 데 꼬깃꼬깃 넣어 다니곤 한다. 요즘은 덜하지만 한 세대 이전만 하더라도 부
적은 일상사였다. 부모가 자식의 무탈을 빌며, 아내가 남편의 무탈을 빌며 부적
을 구했다.

비석도 부적이 될 수 있을까. 반드시 종이여야 한다는 규정은 없어도 종이 아닌 돌
을 부적으로 삼기엔 뭔가 어색하다. 꼬깃꼬깃 접어서 몸 어딘가에 지참할 수 있어
야 효능이 있으리라 믿는 판국에 무겁기 한량없고 딴딴하기 한량없는 돌덩어리가
부적이라니! 일반의 상식으론 받아들이기가 어렵다.

용두산신위비(龍頭山神位碑)는 일반의 그런 상식을 뒤엎는다. 극한상황에 이르면
돌도 부적이 될 수 있음을 보여준다. 별칭은 용두산 화재예방비. 돌에 글자를 새겨
서 세워두면 화재를 영영세세 예방할 수 있지 않을까 하는 간절한 마음으로 세운
비석이 용두산 오솔길 용두산신위비다.

비석을 세운 때는 1955년 2월 7일. 비음(碑陰)에는 '단기 4288년 정월 15일'이라
고 새겼다. 그해 정월 대보름이 양력으론 2월 7일이었다. 단기에서 2333을 빼면
서기 몇 년이 된다. 부적 용도로 세운 비석인 만큼 군데군데 붉은 글씨가 보인다.
일단 그 이야기는 나중에 하고 1955년 그해 비석을 왜 세웠는지, 누가 세웠는지
짚어 보자.

네 번의 대화재. 비석을 세우기 한두 해 전 부산에 큰불이 연이어 네 번이나 났다.
돌아서면 큰불, 돌아서면 큰불. 부산이 아니라 불산이었다. 전쟁 피란민이 넘쳐나
던 때라서 인명 피해가 컸고 재산 피해가 막심했다. 좀 과장되게 표현하면 부산 시
내 절반 이상이 홀라당 탔다. 부산이 이대로 다 타는가 싶었다.

첫 번째 대화재는 1953년 1월 30일 국제시장에서 났다. 설날 직전이었다. 그날 저

녁 7시 30분께 식당 춘향원에서 발화했다. 화장품 상인 셋이 식당 2층에서 과음했다. 벽에 걸린 석유 등불을 깨뜨렸다. 벽지에 불이 붙어 '판잣집 국제시장'은 졸지에 불바다가 됐다. 국제시장과 맞붙은 창선시장이며 신창동과 부평동, 국제전신전화국, 국군통신대를 휩쓸며 다음 날까지 부산 중심가를 태웠다. 4천 채가 넘는 시장 점포와 인근 가옥이 불탔고 2만 명 넘는 이재민, 현재 가치로 1조 원대 재산 피해가 발생했다.

1953년 연말에 또 큰불이 났다. 부산역전 대화재였다. 11월 27일 저녁 8시 30분경 피란민이 밀집한 중구 영주동 판자촌에서 발화했다. 불길은 회오리바람을 타고 번졌다. 중구 일대를 태웠고 당시는 중구 중앙동에 있던 부산역이 전소했다. 한동안은 가건물을 부산역으로 쓰다가 1968년 현재 자리인 동구 초량동에 역이 들어섰다. 이 불로 부산이 마비됐다. 부산일보, KBS 부산방송총국, 부산우편국이 제 기능을 못 했다. 주택 3,132채 전소, 사상자 29명, 이재민 6천 세대 3만 명이 발생했다. 피해액은 177억 환. 현재 가치로 1조 7,700억 원 상당이다.

1954년 12월 또 큰불이 났다. 이번엔 용두산이었다. 그것도 두 번이나. 오갈 데 막연한 전쟁 피란민 판잣집이 용두산에 들앉았던 고난과 결핍의 시기였다. 용두산 첫 화재는 12월 10일 새벽 3시 57분 발생했다. 용두산과 맞붙은 동광동 고물상에서 불이 났다. 용두산 판잣집 1천 가구와 동광초등학교가 타 버렸다. 경향신문은 '불에 타던 장소는 높은 곳에 위치한 지대였으므로 불을 끌 물이 나오지 않아 걷잡을 수 없이 번지는 불길을 막을 수 없었다'고 보도했다.

같은 해 같은 달 용두산에서 또 화재가 발생

1953년 부산역전 대화재 직후 화재 원인 감식차 둘러보는 군인들. 화재는 11월 27일 저녁 8시 30분경 피란민이 밀집한 중구 영주동 판자촌에서 시작해 회오리바람을 타고 번졌다. 중구 일대를 태웠고 당시는 중구 중앙동에 있던 부산역을 깡그리 태웠다. ⓒ부경근대사료연구소

1954년 12월 용두산 대화(大火)를 알리는 조선일보 기사. 용두산은 그해 12월에만 두 번의 대화재가 발생했다. 10일 용두산과 맞붙은 고물상에서 난 불이 번져서 용두산 판잣집 1천 가구와 동광초등학교가 탔고 성탄절 다음 날인 26일 또 불이 나서 국보급 궁중유물 3천5백 점이 탔다.

경향신문의 1955년 1월 6일 '재로 화한 국보' 기사. 1954년 12월 용두산 대화재로 소실한 궁중유물 책임을 따지는 과정에서 '열쇠 관리 문제로 옥신각신하는 당국을 고발했다.

했다. 화재의 인명과 재산 피해는 앞의 다른 대화재에 비교하지 못할 정도로 적었지만 문화재 피해가 컸다. 그것도 그냥 문화재가 아니라 국보급 궁중유물이었다. 3,500점에 이르는 국보급 궁중유물이 복구 불가, 회복 불가의 피해를 보았다. 불은 12월 26일 오전 6시 20분경 전기공 사청부업자 정수홍의 판잣집 2층 마룻바닥에서 났다. 식모 안순자가 거기서 자며 켜둔 촛불이 발화지점이었다. 용두산 동남쪽 판잣집 298동과 사망자 1명, 이재민 1,422명, 397만 환의 피해를 보았다.

이 화재로 문화재가 엄청난 손실을 봤다. 동광동 국악원 창고에 보관하던 구황실 유보(遺寶) 4천 점 중에서 3천 4백여 점이 회신(灰身)됐다. 조선 임금들의 초상화인 어진을 비롯해 어필, 왕조실록, 승정원일기 등이었다. 겨우 546점만 건져 서울 사람들이 '광복동 창고'라 부르던 국립박물관 창고로 보내졌다. 피해는 어진이 가장 컸다. 보관 중이던 어진 48축 가운데 30축이 소실했다. 건져낸 18축도 대부분 용안 부위가 탔다. 제대로 남은 어진은 5축 정도였다. 인터넷에 '불탄 어진'을 검색하면 타다 만 어진이 수두룩하게 뜬다.

궁중유물 대화재 이후 건립한 용두산신위비는 어쩌면 급조된 비석이었다. 순수성에도 의심이 간다. 급조도 내 생각이고 순수성 의심도 내 생각이긴 하지만 크게 어긋나진 않을 것이다. 왜 그런가. 엄청난 이재민을 낸 앞의 다른 화재 때는 별다른 반응을 보이지 않다가 용두산 궁중유물

용두산 부산타워 뒤편 산책길. 왼쪽 데크 계단으로 올라가면 고색창연한 비석들이 보인다. 용두산 대화재 직후인 1955년 정월 대보름 세운 용두산신위비 등이 있다.

용두산 비석들. 가운데가 용두산신위비다. 중구의 원로 이영근 선생과 향토사학자 주영택 선생이 추가로 발굴한 보국충신비는 모퉁이 돌아가면 보인다.

대화재 직후 부랴부랴 비석을 세운 점, 비석 뒷면이며 옆면에 비석 건립 유공자 면면을 일일이 새긴 점은 행간의 의미를 더듬게 한다. 유공자는 경남도지사, 경남 경찰국장, 부산시장, 부산 각 지역 경찰서장을 전현직까지 일일이 밝혔다.

왜 그랬을까. 다른 화재는 둔감하던 이들 공직자가 비석에 필사적으로 이름을 올린 이면엔 이승만 당시 대통령의 불호령이 작용했다. 소위 유시(諭示)였다. 소관 행정책임자 엄단이란 유시가 내려지자 내무부는 경찰서장과 보안계장, 소방서장 등의 연대책임 규명에 나섰다. 전주 이씨 이승만 대통령으로선 선조들 어진을 홀라당 태웠으니 그런 불효, 그런 불충이 또 어디 있었을까. 대통령의 불호령이 떨어지자 묘안을 짜내다가 부적 같은 비석을 급조했다. 화재 예방 염원이란 비석의 순수성에 의심이 드는 이유다.

官許 龍頭山神位 관허 용두산신위

용두산신위비 앞면에 새긴 글자다. '관허'는 유독 붉은색으로 강조했다. 다른 비석과 달리 관이 나섰다는 것을 노골적으로 드러냈다. 인사권자가 봐주길 바라며 맨

용두산신위비. 1954년 12월 두 번의 용두산 대화재 직후 세운 화재 예방 기원비다. 비석 앞면에도 붉은 글씨가 보이고 뒷면에도 붉은 글씨가 보인다. 일종의 부적이었고 부적 같은 비석이었다.

용두산신위비 뒷면의 붉은 글씨 부분. 불 화(火)를 가운데 두고 사방에 물 수(水)를 새겼다. 불을 물에 가두어 화재를 예방하려는 간절한 마음의 표현이었다.

윗자리 새긴 '인증샷'이었다. 붉은색은 비석 뒷면에도 보인다. 비석 뒷면의 붉은색은 이 비석 별칭이 왜 화재예방비인지 알려준다. 상단에 붉은색 네모를 그리고 그 안에 불 화(火)를 새겼다. 네모의 위아래와 좌우에 물 수(水)를 새기고 전체에 다시 붉은색 네모를 둘렀다. 불을 물에 가둬서 꼼짝달싹 못 하게 하려는 의도였다.

비석은 민간단체인 수화예방기도회에서 세웠다. 1953년 대화재 이후 화마는 물론 수난까지 예방하자는 마음을 담아 수화 예방이라 했다. 비석 뒷면 유공자 명단엔 기도회 회장 문기홍을 가장 앞자리 새겼다. 민간인 수화예방기도회에서 세웠고 관청에서 허가한 비석이 용두산신위비였다. 그래서 '관허'였다

문기홍은 누굴까. 인터넷 검색으론 구체적 정보를 얻기 어렵다. 다행히 부산일보 이상헌 기자가 2010년 6월 2일 보도한 기사에 따르면 《국조단군지》를 발행한 '단군시보사' 사장이었다. 향토사학자 주영택 선생이 경성대 정경주 교수에게 입수한 《국조단군지》는 유림과 단군의 이름으로 나라를 바로 세워야 한다는 논지를 내세웠다.

이 비는 중구의 원로 이영근 씨의 제보로 흙에 묻혀 있는 비신의 흙을 제거하고 발굴해 세간에 알려지게 되었다. 곁에 서 있는 것은 보국충신비다.

비석 안내판에서 보듯 용두산신위비는 푸대접받았다. 땅

에 파묻혔다. 1955년 세운 비석이라면 부산 비석계에선 손자의 손자의 손자뻘 비석. 그런데도 파묻혔다! 비석에 대한 불만 내지 불신이 극에 다다랐다는 이야기다. 그 불만, 그 불신은 비석을 세운 직후 터진 부산역 대형 참사에서 비롯했을 수도 있다. 화재 예방비를 세웠는데도 또 불이 났다는.

1955년 3월 2일. 용두산신위비를 세운 지 한 달 채 안 되는 그날 또 불이 났다. 부산역에서 출발 대기 중이던 열차에서 대참사가 일어났다. 승객 지참 인화물질이 폭발했다. 순식간에 불바다로 변했다. 42명이 숨졌다. 3월 9일과 한식인 4월 6일 위령제를 지냈다. 4월 10일에는 '국조단군'이라 새긴 보국충신비를 세웠다. 일제에 저항한 순국선열 안중근, 민영환, 이준의 이름을 함께 새겼다. 이 역시 파묻혔다. 국조단군. 문기홍의 냄새가 물씬 난다.

왜 파묻혔을까. 불만과 불신에 이어 반감일 수도 있겠다. 비석에 이름을 남긴 행정·경찰 고위직에 대한 반감으로, 또는 행적이 묻힌 의문의 인물 문기홍에 대한 반감으로 1960년 4·19혁명 이후 파묻혔을 가능성 역시 크다. 신위비는 일반의 기억에서 잊힐 정도로 오래 파묻혔다가 중구 원로 이영근 선생의 제보로 세상에 알려졌다. 신위비 옆 모퉁이에 파묻힌 보국충신비는 이영근 선생과 향토사학자 주영택 선생이 발굴했다. 주영택 선생은 충신비에 순국선열을 새긴 이유가 "구국 충신들의 호국정신을 담아 부산을 화마로부터 구해내고자 했던 것"이라고 추정했다.

현재 용두산 비석은 모두 4기. 용두산 부산타워 뒤로 돌아서 동광초등학교 자리 공영주차장을 내려다보며 걷는 오솔길 왼쪽에 있다. 4기 가운데 3기는 한 방향 일렬로 서 있고 보국충신비는 모퉁이 돌아가면 보인다. 반쯤 파묻혀서 모르고 가면 모르고 지나간다.

좀더 알아봅시다 / 용두산 대화재

국보급 궁중유물 3,500점 태우고도 '나 몰라라'

한국전쟁은 부산을 국보의 도시로 승격했다. 전란을 피해서 국보급 문화재가 대거 부산으로 왔다. 그중에 구황실 유물도 포함됐다. 전쟁이 나자 바로 부산으로 온 것은 아니었다. 초기엔 피란에 급급했으므로 문화재 돌볼 여유가 없었다. 인천상륙작전으로 서울을 수복한 후 여유가 생겼다. 미군의 도움을 받아서 서울에 보관 중이던 궁중유물을 임시수도 부산의 관재청 문화재 임시 수장고로 옮겼다. 동광동 국악원에 있었다.

임시 수장고 보관 유물은 4천 점 남짓. 전란에도 무사했고 앞의 대화재 때도 무사했던 유물들이었다. 그러다가 전쟁이 끝나고서 난리가 났다. 초대 국립중앙박물관장 김재원이 화재 두 달 전인 1954년 10월 문교부에 공문을 보내 대책 강구를 촉구했지만 흐지부지됐고 전대미문의 문화재 대참사로 이어졌다.

가관이었다. 화재 발생 20분쯤 불은 수장고 지붕으로 번졌다. 그런데 창고 열쇠를 못 찾았다. 타는 걸 지켜봐야만 했다. 문교부와 구황실재산사무총국은 상대방이 열쇠를 갖고 있었다며 책임을 떠넘겼다. 추태였다. 신문은 추태를 그대로 보도했다. 당국자는 끝까지 오리발이었다. 화재 초기엔 책임 전가는 물론 불탄 사실 자체를 부인했다. 이 사건을 조사한 치안국은 피해 사실이 확인된 이후에도 구체적 발표를 거부했다. 동아일보 1955년 1월 10일 기사는 그러한 정황을 알린다.

(…) 왕궁 유물인 귀중한 고적 문화재(어진, 어필 등)가 대량 소실되었다는 사실이 확인되었다 한다. 그런데 이들 문화재는 국보대장에 기록되어 있지 않아 국보로는 인정되지 않고 있으나 구왕궁 유물대장에 기록되어 있는 역시 귀중한 문화재임에는 틀림없다고 한다. 한편 치안 당국에서는 구왕궁 유물이 일부 소실되었음을 시인하고 있을 뿐 그 품목과 수량점수 등에 대하여는 일체 발표를 거절하고 있는 바 그 진상 여부가 주목되고 있다.

용두산 대화재로 반쯤 불에 탄 철종 임금 어진(御眞). 이 정도는 약과였다. 아예 완전히 탔거나 10~20%만 남은 어진도 부지기수였다. 화재 직후 당국은 책임 소재를 떠넘기거나 부인하기에 급급했다. ©국립고궁박물관

특별시,
서울은 되고
부산은
왜 안 돼?

부산탑 건립 기념비

1960년대 서면 로터리 부산탑. 탑 아래로 전차가 다녔다.
ⓒ《100가지 서면 이야기》

부산탑(釜山塔)은 부산직할시 승격을 기념하는 조형물이었다. 부산이 경상남도에서 독립해 정부 직할시로 승격한 건 1963년 1월 1일. 부산탑은 그해 12월 14일 세웠다. 세운 곳은 서면 로터리. 높이 23m 순백의 부산탑은 사방팔방 어디서도 보였고 그 자체 명물이었다. '부산' 머리글자 ㅂ 상단에 일렬로 놓인 오륙도 형상, 그리고 조각가 박칠성의 남녀 청동상은 직할시 승격으로 역동하는 부산의 가장 '부산다운' 기념물이었다. 한마디로 부산하면 부산탑이었고 부산탑 하면 부산이었다.

세월 앞에 장사 없었다. 사람도 그렇고 사물도 그렇다. 부산탑 역시 세월의 도도한 물살을 비껴가진 못했다. 1980년 부산지하철 1호선 공사가 벌어지면서 부산탑은 뒷방으로 물러나야 했다. 지하철이 시대의 대세이긴 했지만 18년 부산의 애환 부산탑을 마구잡으로 몰아내선 안 된다는 여론이 들끓었다. 맞는 말이었다. 대안은 해체 후 이전이었다. 23m 탑신은 철거되고 청동 조각상은 남구 대연동 부산박물관으로 옮겨졌다. 청동 조각상은 현재 '부산직할시 승격 기념상'이란 제목으로 부산박물관 야외 전시 중이다.

이 탑은 넓은 바다와 맑은 하늘의 복과 덕을 입어 자유와 평화에의 굳은 신념으로 새로이 출발한 직할시 부산의 영원한 번영과 자손만대의 무궁한 발전을 기원하는 온 시민의 정성으로 모아진 것이다. 서기 1963년 12월 1일

'부산직할시 승격 기념상' 아래는 비문이 둘 있다. 하나는 1980년대 이전 이후의 상황을 설명하는 비문이고 하나는 직할시로 승격한 것을 기념해 탑을 세우던 그때

비문이다. 비문을 새긴 날짜는 1963년 12월 1일. 그 아래엔 부산탑 건립에 수고한 이들을 새겼다. 다음과 같다.

부산시장 김현옥 부산상공회의소 회장 강석진 찬여 구인회 김지태 박경규 박정판 신경호 신덕균 신세균 신종달 양태진 왕상은 이병철 이영진 장홍식 정기욱 정태성 상의의원(商議議員)

찬여(贊與)는 찬조하고 참여한 이. 면면이 대단하다. LG와 삼성 창업자가 찬여했고 김지태를 비롯해 부산의 전설이 다 모였다. 여기 이름만 짚어보아도 부산 경제사는 물론 한국 경제사의 달인이 되겠다. 찬여자 면면을 짚어보고 더 다가가고는 싶지만 일단 다음으로 미루자. 이 글을 쓰는 의도는 거기에 있지 않으니.

부산시립박물관 야외전시장 부산직할시 승격 기념상. 부산의 역동성을 드러낸 남녀 청동상으로 조각가 박칠성의 작품이다. 1963년 부산이 직할시로 승격된 것을 기념해 서면 로터리에 세운 높이 23m 부산탑의 일부다.

부산특별시

이 글을 쓰는 의도다. 부산이 애초 원한 건 부산직할시가 아니었다. 부산특별시였다. 그때가 해방 이듬해인 1946년이었다. 서울이 경기도 예속에서 벗어나 특별시로 승격하자 부산이라고 안 될 이유가 없다며 부산특별시 승격 운동을 벌였다. 반대가 극심했다. 한국 유일한 특별시가 되기를 바라던 서울이 반대했고 '돈줄 부산'이 독립하기를 꺼렸던 경상남도가 반대했다. 앞에선 "오냐오냐" 달래놓고 뒤에선 물어뜯었다. 될 듯 될 듯 안 됐다. 그러다 군사정부가 들어섰고 직할시 정도로 만족

부산탑 건립 기념비문. 부산이 직할시로 승격한 1963년 세운 부산탑의 비문이다. 부산박물관 부산직할시 승격 기념상과 같이 있다. 부산탑의 의의와 건립 경위, 그리고 김현옥 부산시장, 강석진 부산상의 회장, 찬여(贊與) 15명과 부산상의 의원을 새겼다.

부산탑 건립 기념비문. 부산이 직할시로 승격한 1963년 세운 부산탑의 비문이다. 부산박물관 부산직할시 승격 기념상과 같이 있다. 부산탑의 의의와 건립 경위, 그리고 김현옥 부산시장, 강석진 부산상의 회장, 찬여(贊與) 15명과 부산상의 의원을 새겼다.

해야 했다. 부산이 원했던 대로 특별시가 되었으면 부산은 지금과는 완전히 다른 부산이 되었으리라.

서울이 특별시 승격의 명분으로 내건 건 정치수도였다. 당연히 그럴 만했다. 부산은 경제수도와 해양수도를 명분으로 내걸었다. 한국의 엔간한 기업은 부산에 몰려있던 때라서 경제수도는 당연히 그럴 만했다. 한국 제일의 무역항이기에 해양수도 역시 당연히 그럴 만했다. 승격 운동은 1946년 9월 시작했다. 중심은 부산상공회의소였다. 경제수도를 내세운 만큼 부산상의와 상공계가 중심에 섰고 관(官)이 동조했다. 하지만 좌절했다. 서울과 경남의 반대가 집요했다.

부산특별시승격기성회

반대한다고 손놓고 있을 부산이 아니었다. 심호흡했고 작전을 다시 짰다. 상공계와 관은 물론 시민이 함께하는 범시민운동으로 전개했다. 명분이 경제수도이고 해양수도인 만큼 부산 상공계와 관은 물론이고 지역 국회의원, 각계 인사, 그리고 시민이 함께했다. 1949년 6월 시민운동을 이끌 조직을 결성했다. 그게 부산특별시승격기성회였다. 회장 김지태, 부회장 김용준, 이사 김낙제 김달범 신덕균 권인수 등이 선임되어 승격 운동은 시민운동으로 나아갔다. 체제를 갖춘 기성회는 같은 달 25일 대통령과 국회의장에게 진정서를 보냈다. 부산을 정부 직할의 특별시로 승격시켜 달라는 진정서였다. 거기엔 '대(大)부산 건설 10대 구상'이 들어있었다. 진정서는 정부 당국은 물론 각 정당, 사회단체에도 배부했다. 유인물로 만들어 시민에게도 알렸다. 반응은 호의적이었다. 다만 시내 중심지

인 동광동과 중앙동 상인들은 소극적이었다. 상권 잠식
을 우려했다. 일부에서는 김지태가 서면 출신이라 서면
을 중심으로 한 대부산 건설계획을 만든 것이라는 비판
이 일었다.

어쨌거나 '부산에 의한, 부산을 위한' 특별시 승격이었
다. 상공계가 주축이 된 만큼 지역경제 발전을 내세웠
다. 부산이 낸 세금이 경남도 세수에서 압도적인 비중
을 차지해도 부산이 받는 혜택은 기대에 미치지 못하는
비합리성, 부산이 경상남도에 예속됐으므로 정부는 도
를 통하고, 도에서 다시 시로 행정이 펼쳐지는 비효율
성, 그리고 한반도 관문에 걸맞은 위상 정립 등 여러 가
지 요인이 복합적으로 작용하면서 특별시 승격 운동은
발화했다.

부산직할시 승격 기념 행진 장면. 기념식은 1962년 12
월 1일 대신동 공설운동장에서 열렸다. 군복 차림의 박
정희 국가재건최고회의 의장을 비롯해 정부 요인, 재
부 기관장 그리고 부산 상공인과 시민 2만여 명이 참
석했다. 부산시청 도로에선 축하 행진을 벌였다. ©김
종수

기성회는 달랐다. 구호가 아닌 근거를 제시하면서 운동
을 펼쳤다. 1946년 승격 운동이 무위로 그친 이유를 명
분만 내세운 데서 찾았다. 기성회는 명분과 함께 근거
를 제시했다. 왜 특별시가 돼야 하는지, 특별시가 되면
어떻게 달라지는지 조목조목 모두 10가지를 제시했다. 이른바 대부산 건설 10대
구상이었다. 10대 구상은 부산 전체의 미래 청사진이었다. 대범하고 참신했다. 그
때 그 시절, 어찌 이런 구상을 다 했을까 싶다. 그런데도 공식기록은 남아 있지 않
고 아는 사람은 별로 없다. 안타깝고 아쉬운 마음에 10대 구상 모두를 소개한다.

❶ 부산역을 서면으로 이전하고 동시에 조차장을 가야 방면으로 옮긴다.

❷ 부산항을 근대적 항만시설로 갖추고 특히 적기 방면을 개발하여 또 하나의 외항을 만든다.

❸ 부산중앙역(서면)과 연결하는 임항(臨港) 철도[서면~적기, 산 밑을 통과]를 부설하여 별도 계획의 운하

와 더불어 육해 수송 능력을 강화한다.

❹ 범일동에 있는 동천 부지를 이용, 운하[서면~대선양조장 간]를 개설하고 낙동강 물을 끌어들여 공업용수를 해결한다.(당시 대선양조장은 문현동에 있었음=글쓴이)

❺ 현재의 부산역[초량으로 이전하기 전의 본역] 및 조차장을 철거하는 데서 생기는 넓은 땅을 국내 유일의 해안 상가로 개발한다.

❻ 서면을 중심한 거제 연산 해운대 송도를 고급주택지역으로 설정한다.

❼ 지하철도(서면~시청 앞)를 기간 교통수단으로 설정하고 동래 해운대 등의 풍치지(風致地)는 관광지대로 개발하여 전철을 운행한다.

❽ 전신 전화 전기 등의 지상의 전주들을 지하 케이블화하고 고가도로를 만들어 교통을 스피드 업 하는 동시에 시가지의 모든 차단 장애물을 제거한다.

❾ 김해군 대저면에 국제공항을 건설한다.

❿ 세계의 대도시들이 하천을 끼고 발전한 사례를 본받아 낙동강 연안인 구포 김해 대저 일대가 부산시로 편입되어야 한다.

부산특별시 승격안이 국회 내무치안위원회를 통과했다는 1949년 7월 27일 동아일보 기사. 승격안 요지는 경남도에 속한 '부산이 국제도시로 나아가기 위해서 중앙 직속 특별시가 돼야 한다'였다.

1953년 10월 18일 경향신문 기사. 피란 국회에 제출했다가 보류된 부산특별시 승격안이 김지태 의원 외 132명의 국회의원의 서명 날인으로 재차 제출됐다는 내용이다. 김지태는 승격안 제안설명 국회 연설에서 "국제도시 부산은 부산의 부산이 아니라 세계의 부산이 되었으니 정부 직할로 승격함은 지극히 필요하다"라고 주장했다. 하지만 승격안은 1949년 7월 내치위를 통과한 안과 마찬가지로 부결됐다. 한국 유일의 특별시가 되기를 원한 서울이 반대했고 막대한 세원이 떨어져 나갈 것을 우려한 경상남도가 반대했다.

부산특별시는 결국 뜻을 이루지 못했다. 반대가 너무 심했다. 국회 법안 통과 문턱까지 갔다가 멈췄고 한국전쟁 임시수도 시기에는 '이런 논의는 전쟁이 끝난 뒤에 하자'며 이승만 대통령이 역정을 내면서 멈췄다. 부산은 부글부글했다. 1951년, 1953년, 1954년, 1958년, 1960년, 1961년, 1962년에도 부글부글했다. 부산 국회의원들이 국회에 부산특별시 승격안을 발의하면 될 듯 될 듯 번번이 좌절했다. 군사정권 시절인 1963년 특별시보다 하위 등급인 직할시로 만족해야 했다.

김지태사장창업35년사

김지태(金智泰, 1908~1982)는 부산의 전설이다. 그를 모
르면 간첩이다던 때도 있었다. 기업인에 언론인에 체육인
에 기부왕·자선왕에 2대와 3대 국회의원까지 지냈다. 생
전에 저서 여러 권을 냈다. 《김지태사장창업35년사》(1968
년)를 비롯해 《나의 이력서》(1976), 《김지태회장창업45년
사》(1978년) 등이 있다. 서울이 특별시로 승격하자 곧바
로 부산특별시를 밀어붙였다. 그게 시대의 흐름이라고 확
신했다.

그때가 부산상공회의소 회장 때였다. 승격 운동이 처음 벌
어지던 1946년 그때 부산상의 회장이 김지태였다. 부산상
의 회장으로서 승격 운동을 주도했다. 승격안이 국회에서
좌절되는 현실을 보고서 1950년 2대 국회의원으로 출마했
고 부산시 갑구(甲區)에서 당선했다. 2대 부산의 국회의원

제2대 국회에서 발언하는 김지태. 부산특별시 승격안
이 국회에서 좌절되는 것을 보고 정계에 진출한 김지
태는 제2대와 3대 국회의원을 지냈다. 부산이 임시수
도이던 2대 국회 때는 부산특별시 승격을 위해 백방으
로 애썼다. ⓒ김지태회장창업45년사

은 갑을병정 각 1명과 무소속 2명, 모두 6명뿐이었다. 김지태는 국회에 입성한 후
의원들을 대상으로 부산특별시의 당위성을 역설하고 백방으로 애썼다. 임시수도
부산 시절이라서 피란 의원 상당수가 김지태 도움을 입었고 김지태 주장에 동조했
다. 다음은 2대 국회가 끝날 무렵인 1953년 10월 17일 의원 132명 찬성으로 승격
안을 제안하면서 국회에서 한 연설의 요지다.

"부산시의 행정조직을 급속히 정부 직할시로 승격시켜 국가장래의 발전과 지방의
복리를 도모해야 한다. 이 안은 전심(前審) 회기 때 국회 본회의에 상정되었다가 환
도시(還都時)까지 보류된 것이므로 여러분의 찬성으로 통과될 것으로 믿는다. 부산
은 천연의 양항이며 지리적 조건과 항만시설이 군사 전략적 요체를 이루고 있을 뿐

만 아니라 수륙교통이 지극히 편리하고 대소상공이 발전도상에 있다. 거기에 국제 항도로서 제반 시설조건을 구비하고 있으며 외국과의 문화교류에도 국내의 요총지가 되고 있다. 부산시가 국가 정책상 수행해야 할 임무가 긴요한 **만큼** 이 특수지역에 상응한 행정조직을 갖추어 국가백년대계를 위한 원대한 국가적 경륜 밑에 국방·경제·무역·문화 정책을 수행하는 데 필요한 모든 시설이 지금부터 착착 건설되어야 할 것으로 믿는다. 특수지역에 대한 행정적 직할제도는 역사상으로 신라시대 고려시대 조선시대에도 볼 수 있으며 현재의 제주도(島)를 도(道)로 승격시켜 직할로 하는 것도 이 취지에 의한 것이다. 그리고 일본의 오사카 교토시가 직할로 된 것도 이러한 취지이며 뉴욕 상해시가 직할로 된 것도 바로 이와 같은 특수사명 때문인 것이다. 국제도시 부산은 부산의 부산이 아니라 세계의 부산이 되었으니 정부 직할로 승격함은 지극히 필요한 일이며 그렇게 해야**만** 대한민국의 비약을 기할 수 있다고 보는 바이다."

'부산특별시' 좌절은 두고두고 아쉽다. 특별시가 되었다면 지금과는 전혀 다른 부산이 되었을 것이다. 서울에는 없는 바다를 내세워 세계의 부산을 진작에 이루지 않았을까. 지금 말 많은 지역균형발전인들 진작에 이루지 않았을까. 서울특별시는 되고 부산특별시는 왜 안 되나? 부산이 특별시가 됐으면 지금과는 다른 부산, 지금과는 다른 한국이 됐을 텐데 하는 이 아쉬움! 어디 가서 낮술이라도 한잔해야겠다.

요산 김정한,
17년 옥고
독립투사를 기리다

요산문학관 백낙주 비문 족자

"이 족자를 기증하려고 왔습니다."

2015년이었다. 초로에 접어든 부부가 금정구 남산동 요산문학관을 찾았다. 나여경 사무국장이 건네받은 폭 50cm 족자는 둘둘 말려 두툼했다. 붓글씨가 달필인 한지를 표구한 족자 제목은 '고(故)세창백낙주선생비문'이었다. '이걸 왜 요산문학관에 기증하지?' 의문은 3m나 되는 족자를 다 풀고서야 풀렸다. 족자 끝자락에 비문 쓴 이를 적었다. 요산 김정한 선생이었다.

비문 쓴 날짜는 1966년 5월 11일. 일제강점기 절필을 선언한 요산 선생이 단편 '모래톱이야기' 발표로 활동을 재개하던 무렵이었다. 부산일보 논설위원과 부산대 교수 등을 지낸 요산은 꼭 써야 할 글 말고는 가능하면 쓰지 않았다. 더욱이 저명인사 자화자찬 비문 청탁은 단호하게 고사했다. 요산이 비문을 썼다는 사실만으로도 족자는 관심을 끌었다. 어쩌면 이 세상 하나뿐일지도 모를 요산 비문이었다. 비문의 주인공이 어떤 생애를 살았기에 그 깐깐하던 요산이 비문을 다 썼을까.

일월은 자연의 등불이요 지조와 유덕은 인간의 광명인저

비문 주인공은 족자 제목에 나오는 백낙주. 세창은 호다. 세창 백낙주를 기리는 비문은 첫 구절부터 영탄조다. 일월과 지조, 유덕으로 주인공을 칭송한다. 비문 중반에 주인공 생애가 구체적으로 나온다. 평북 정주 출신으로 삼일운동에 가담했다가 만주로 망명해 항일구국운동을 펼쳤다. 만주 봉천에서 불과 다섯 명의 결사대를 인솔해 일본총영사와 친일집단 보민회장 등 30여 명을 사살했다. 이후 체포돼 17년간 옥고를 치르다 광복되면서 풀려났다.

백낙주 의사는 1888년 12월 평북 정주에서 태어났다. 삼일운동 이후 만주로 망명해 조선독립단에 가입했다. 군자금 모집과 지방단 조직, 왜적 토벌에 종사했다. 1921년 보민회 조직강화 순회강연에 나선 일본총영사 일행과 전투를 치렀다. 열

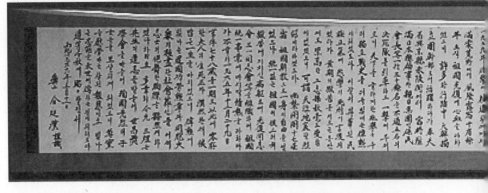

요산문학관의 백낙주(1888년∞1965년) 독립투사 비문 족자. 묘비는 남구 대연동 못골 뒷산 언덕에 1967년 세웠으나 땅에 반쯤 묻힌 상태라서 족자로 보관 중이다. 백 선생 장남이 2015년 족자를 요산문학관에 기증했다. 소설가 요산 김정한 선생이 비문을 썼다.

세인데도 전원 사살하고 30여만 원과 총기류, 시계, 가방 등을 노획했다. 이때부터 백호대장이란 별명을 얻었다. 1932년 윤봉길 의사 의거를 도모한 김구 현상금 20만 원은 지금 돈으로 20억 원쯤이다. 그걸 감안하면 백 의사 30여만 원은 조선독립군 생명줄과 같은 엄청난 거액이었다.

군자금 확보 투쟁은 계속 이어졌다. 1926년 일행 셋과 국내로 잠입해 의주, 정주 등지에서 군자금 모으다 가까스로 포위망을 뚫기도 했다. 1927년

요산문학관 내부. 요산 김정한(1908년∞1996년) 소설가를 기리는 문학관이다. 요산 생가터에 2006년 건립했다. 주소는 금정구 팔송로 60-6[남산동 662]이다.

일본 관헌과 변절자에 대비해 몽골로 잠시 피신했다. 1928년 만주 경흥 무순 출장 도중에 변절자 공성환 밀고로 같은 해 5월 허벅지 대퇴부 총상을 입고 체포됐다. 12월 만주 봉천에서 신의주로 압송돼 1심에서 사형, 2심과 3심에서 무기징역을 선고받았다. 마포와 서대문, 대전형무소에서 복역하다 광복이 되면서 출옥했다.

출옥 즉시 백 의사는 고향 정주로 갔다. 1945년 8월 24일 서울역에서 고향으로 가

부분 확대한 비문 족자. 정식 명칭은 '고(故)세창백낙주선생비문'이다. 일월은 자연의 등불이요 지조와 유덕은 인간의 광명인저로 시작한다.

는 북행열차를 탔다. 고향에는 지아비 행방을 대라며 고문받다가 '팔 병신'이 된 부인과 세 아들이 있었다. 백 의사는 고향에서 경찰서장으로 지냈다. '젊은 김일성' 우상화가 노골화되자 사상범을 죄다 풀어주고 1948년 4월 단신 월남해 부산 범일동에 정착했다. 아버지 뒤를 이어 단신 월남한 셋째아들 삼욱과 동거했다. 이후 광복동지회와 3·1동지회 부산지회장을 지낸다. 1963년 건국훈장 독립장이 수여됐다. 1965년 12월 동구 범일동 자택에서 영면했다. 향년 78세였다.

백낙주옹 사회장 보조비를 일반회계 예비비 지출

장례식은 사회장으로 치렀다. 1966년 총무처 차관 주재 제3회 회의 안건에 '사회

백낙주 선생 분향소와 장례 행렬. 분향소는 부산시청 공보관 앞에 설치했고 장례는 1959년 타계한 육종학자 우장춘 박사 사회장 이후 부산에선 처음 거행된 국가 차원 사회장으로 치렀다. 장례 행렬 옆으로 대연동(大淵洞) 지명 유래가 된 큰 못이 보인다. 지금은 매립해 주택지가 되었다. ⓒ백기환(백낙주 독립투사 손자)

할아버지 백낙주 독립투사의 묘소 자리를 가리키는 손자 백기환 선생. 요산문학관에 족자를 기증한 이다. 할아버지 관련 기록이나 사진, 언론보도 등을 일목요연 정리해 두었다.

장 보조비' 항목이 보인다. 이는 백 의사 사회장이 국가 주도였다는 걸 의미한다. 1959년 타계한 육종학자 우장춘 박사 사회장 이후 부산에선 처음 거행된 국가 차원 사회장이었다. 김현옥 부산시장이 장례위원장을 맡았고 정일권 이효상 김종필 박순천 윤보선 제씨가 이름을 올렸다.

영결식은 1966년 1월 10일 중구 남일초등학교 교정에서 열렸다. 봉안소는 중앙동 옛 시청 앞 시 공보관이었다. 대연동 못골 뒷산 언덕에 안장했다. 선영으로 쓰려고 사둔 언덕이었다. 요산 비문이 새긴 묘비는 1967년 5월 20일 제막식을 가졌다. 유해는 1975년 8월 8일 동작동 국립묘지 애국지사 묘역으로 옮겨 안장했다.

묘비는 현재 땅에 반쯤 묻힌 상태다. 국립묘지로 이장하자 유족은 묘비와 제단을 땅에 묻고 1천여 평 묘역을 광복회에 기증했다. 조립식 40여 가옥으로 광복촌을 조성, 어렵게 사는 애국지사와 유족을 돌봤다. 광복촌은 아파트 붐이 일면서 1990년 전후 개발업자에게 팔렸다. 대연그린아파트와 동남아파트가 그 자리다. 백 의사 묘터는 아파트 옹벽으로 절반쯤 잘렸고 흙이 씻기면서 비석은 절반쯤 드러난 상태다. 광복 기념일이면 행사 넘치는 우리 사회 민낯이다.

조선 500년보다

앞서는

부산 문화의 원석原石

정과정 옛터 비석

수영환경공원은 일종의 시민공원이다. 부산환경공단이 수영강에 하수처리장을 들이면서 공원을 같이 들였다. 인조 축구장, 농구장, 족구장, 게이트볼장, 배드민턴장, 테니스장 등 쉰이 넘는 체육시설과 환경공원을 누구나 자유로이 이용할 수 있다. 탁 트인 강변이라서 연날리기에도 좋다.

공원 안쪽은 테니스장. 테니스장 화단에는 어른 무릎 높이 앙증맞은 비석이 둘 있다. 하나는 표지석이고 다른 하나는 시비다. 표지석은 자연석 화강암이고 시비는 현무암인지 현무암 도금인지는 몰라도 네모반듯 검다. 둘은 테니스장을 배경으로 10살 터울 형제처럼 섰다.

10살 터울 형제. 빈말이 아니다. 실제 그렇다. 두 비석을 세운 주체는 같아도 세운 연도는 10년 차이가 난다. 세운 주체는 부산교육대학교 부속 초등학교 어린이들, 연도는 표지석이 1974년이고 시비가 1984년이다. 궁금 유발이다. 거기 학생들이 이런 비석을 10년 터울로 왜 세웠을까. 그것도 둘이나.

정과정 옛터
부산교대 부속교 어린아들

'정과정 옛터' 표지석과 '정과정곡' 시비. 부산교대 부속 초등학교 학생들이 1974년과 1984년 세운 비석이다. 수영환경공원 테니스장 화단에 있다.

차근차근 풀자. 일단 먼저 세운 비석. 1974년 세운 비석의
제목이 예사롭지 않다. '착하게 살자, 바르게 살자' 그런 투
가 아니다. '정과정 옛터'다. 초등학교 어린이들이 부산의
옛터에 관심을 기울인 것도 예사롭지 않고 부산교대 부속
초등학교가 정과정과 무슨 관련? 지금껏 드러난 이유는 없
다. 당시 관계했던 선생님이나 학생들의 증언이 필요한 대
목이다.

관심사는 여기가 '정과정 옛터'가 맞느냐는 것. 옛터 표지석
이 여기 있으니 여기가 옛터려니 여기겠지만 그건 아니다.
표지석은 애초 다른 데 있었다. 거기가 개발되면서 그나마
가장 가까운 여기로 옮겼다. 원래 자리는 어딜까. 옛날 지도
에 나온다. 1872년 제작한 군현지도의 '경상좌수영 영지도
형'에 보이는 구락리(求樂里)가 거기다.

1800년대 중반 제작한 '여지편람'에 보이는 고려
정자 정과정. 수영강을 내려다보는 자리에 정과
정이 있었다. 현재 경동레미콘 자리다. 지도는 영
인본이 국립중앙도서관에 있고 원본은 일본에
있다.

숭정리(崇亭里)

구락리의 원래 이름은 숭정리였다. 정자를 우러러보는 마
을이었다. 그 정자가 고려 때 지어 조선 500년 내내 충절의
상징으로 여겼던 정과정이었다. 지금 기준으로 수영강 강
변 경동레미콘 자리였다. 경동레미콘이 들어서고 그 앞에
부산환경공단 시설이 들어서고 하면서 오갈 데 없어진 표
지석을 지금 자리로 옮겼다.

여기는 고려 의종 때 과정(瓜亭) 정서(鄭敍)가 정배되어 노
닐던 역사적인 고장이다. 그러나 현대인의 개발 의욕은 이

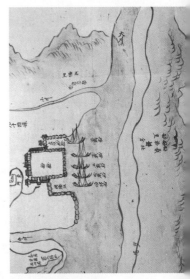

1872년 제작한 군현지도의 '경상좌수영 영지도
형' 부분. 수영강 지류 소천을 낀 강마을 구락리
(求樂里)의 원래 이름은 숭정리(崇亭里)였다. 충
절의 상징으로 우러러봤던 고려 정자 정과정이
있던 마을이었다. ©규장각

정과정 옛터 산자락. 1980년대 중반 개발되기 직전의 장면이다. 이 산 건너편에 수영강 삼각주가 있었고 그곳에 고려 사람 정서가 일군 오이밭이 있었다. 오옹건내 유래다. ©파전한국학당 연구총서

망미동 정과정유적지로 옮기기 이전 원래 자리의 경암. 1997년 파전한국학당이 펴낸 연구총서 《과정문학의 재조명》에 실린 사진이다. 다음은 사진 설명이다. 과정 선생이 이곳에서 개성을 바라보며 망배했다. 여기서 다시 위로 올라가면 망산(望山)에 이른다. 망산도 역시 망배하던 산이라 붙여진 이름이다. 지금은 주공 아파트촌이 되어 그 자취를 잃었다.'

> 곳의 옛 모습을 모두 바꾸어 놓았다. 과정도 없어지고 오이밭도 간데없다. 당신이 거닐던 오옹건내도 과정천도 사라졌다. 망산(望山)은 아파트촌으로 변모하고 망배지(望拜地)는 큰길이 나고 말았다. 슬프다. 옛 어른의 숨결이 서려 있는 이곳이 우리 손에 의해 훼손되었다니 어찌 통탄하지 않으리오.

정과정 중건(重建)기념비 한 구절이다. 낯선 단어가 꽤 보인다. 대충 이렇다. 오옹건내는 수영강 삼각주에서 오이 키우던 '오이 할아버지가 건너던 내'고 망산은 고려 시대 임금 계신 개성 쪽을 바라보며 절하던 산이다. 지금의 망미주공아파트 자리가 망산이다. 망배지 역시 임금 쪽 바라보며 절하던 자리로 경암 바위가 있던 자리다. 얼굴이 비칠 정도로 반들반들해서 거울 경, 경암(鏡岩)이라 했다. 현재 망미동 정과정유적지로 옮겨서 보존한다.

중건기념비는 수영강 망미동 강변에 조성한 정과정유적지에 있다. 복원한 정자와 경암 바위가 볼 만하다. 기념비 인용 구절을 거칠게나마 간추리면 이렇다. 고려 사람 정서가 동래로 유배됐다, 정서는 수영강 강변에 '정과정'이란 정자를 짓고서 오

해운대 쪽에서 본 수영강. 강변 아파트 뒤에 보이는 주공아파트 단지가 망산(望山) 자리였다. 고려가요 '정과정곡' 지은이가 임금 계신 개성 쪽을 바라보며 망배(望拜) 하던 산이라고 전한다.

과정교(瓜亭橋) 다리에서 본 수영강. 사진 중간쯤 강물이 밀려가는 곳이 부산환경공단 수영사업소 최종 방류구다. 하수처리장을 조성하면서 경동레미콘 옆으로 흐르던 하천은 직강 공사를 해서 수영강에 붙이고 최종 방류구는 하수처리 시스템 말단에 따로 매설했다. 이로써 옛날 지도에 보이는 소천(小川)은 흔적이 없어졌다.

이밭을 일구었다, 그 정자 자리가 개발 논리로 없어졌으니 안타깝다 그런 이야기다. 그 안타까움이 어찌어찌해서 부산교대 어린이들에게 이어졌고 그래서 세운 표지석이 '정과정 옛터'였다.

시비는 표지석 바로 옆에 있다. 고려 사람 정서가 지은 고려가요 '정과정곡'을 새겼다. '내 님이 그리워 우니나니'로 운을 떼는 정과정곡은 고려가요 가운데 유일하게 지은이가 알려져서 국보급 고려가요로 대접받는다. 내가 학교 다닐 때는 대입시험에 자주 나와서 달달 외워야 했다. 정과정곡 시비는 표지석을 세운 10년 후인 1984년 부산교육대학 부속 초등학교 학생들이 세웠다. 시비 뒷면에 새긴 문구다.

우리들도 선배님들의 본을 받아 십 년이 지난 오늘 여기 이 자그마한 시비를 세웁니다. 일천구백팔십사년유월 육일 부산교육대학 부속 국민학교 어린이회

표지석과 시비가 있던 곳은 수영강 강변. 강이 내려다보이는 풍광 좋은 자리였다. 그런데 아뿔싸! 이 좋은 자리 아래쪽에 하수처리장이 생겼다. 그때가 1985년이었

정과정유적지 경암과 400년 팽나무. 정과정유적지는 수영구가 1984년
조성했다. 수영강변 대림2차 e편한세상 202동 맞은편에 있다.

다. 86아시안게임, 수영만 요트경기 같은 국제대
회를 앞두고 수영강 폐수와 악취에 골머리를 앓
던 때였다. 폐수와 악취의 해결책이 하수처리장
이었다. 표지석과 시비는 남구 대연동 부산박물
관으로 잠시 옮겼다가 이후 지금 자리로 옮겼다.
정과정 옛터 비석은 왜 중요한가? 아니, 정과정은
왜 중요한가? 정과정에서 제목을 딴 '정과정곡'은
고려가요의 대명사이면서 고려 문화의 대명사다.
조선 500년 서울의 문화가 아무리 대단한들 역사
적으로 고려의 문화를 앞설 수는 없는 일. 긴말 필
요 없다. 정과정곡은 상징이자 원석(原石)이다. 수영환경공원 '정과정 옛터' 비석
을 다시 보는 이유고 다시 봐야 하는 이유다.

수영강 망미동 강변에 복원한 정과정유적지. 정자와 '정과정곡' 시비, 경암과 400년 팽나무 등을 볼 수 있다.

강서구

09

27

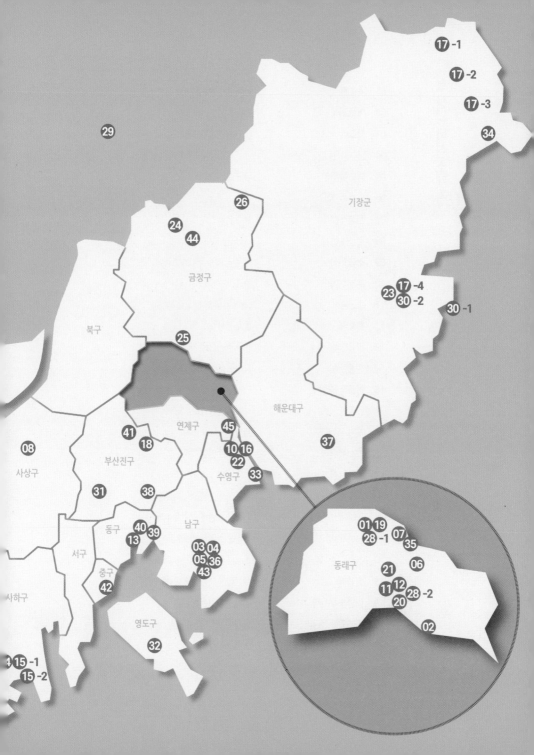

돌에 새겨진 부산이야기

부산의 비석

펴낸 날 2024년 7월 31일 초판 1쇄
펴낸 곳 **비온후** www.beonwhobook.com

지은이 **동길산**
사진 **박정화** 외
자료제공 **부경근대사료연구소** 외
편집디자인 **김철진**

ISBN 979-11-983983-4-5 03090
책값 16,000원

2024년 부산광역시, 부산정보산업진흥원 출판 제작 지원으로 제작되었습니다.